海の上の建築革命

近代の相克が生んだ超技師《スーパーエンジニア》の未来都市〈軍艦島〉

中村享一
Nakamura Kyoichi

忘羊社

装幀：田中慶二（Calamari Inc.）

目次

〔凡例〕

一　三菱の社名は、三ツ川商会（一八七二年〈明治五〉〜）、三菱商会（一八七三年〈明治六〉〜）、三菱蒸汽船会社（一八七四年〈明治七〉〜）、郵便汽船三菱会社（一八七五年〈明治八〉〜）、三菱社（一八八六年〈明治一九〉〜）、三菱合資会社（一八九三年〈明治二六〉〜）と変遷するが、本文中では「三菱」に統一し、一部注記を施した箇所もある。同様に長崎の造船所についても三菱の借り下げ以降（一八八四年〈明治一七〉〜）は三菱造船所、三菱合資会社三菱造船所（一八九三年〈明治二六〉〜）、三菱造船（一九一七年〈大正六〉〜）と変遷するが、長崎の他にも造船所があるため「長崎造船所」で統一した。

二　「炭坑」、「炭鉱」、「炭砿（礦）」の表記については通常、時代や偏（石偏・金偏）の意味で使い分けられることが多いが、引用部分や固有名詞を除き「炭坑」に統一した。また「高島炭坑」と記した場合は〝本坑〟である高島に加え、端島、中ノ島等の〝支坑〟を含めた三菱期の組織体を指す。逆に「高島坑」「端島坑」等と記した場合は支坑としての各島を単体で指す場合に用いた。ただしその場合も、各島の第一、第二、第三…といった複数の竪坑、坑道を含む。

三　各炭坑には採炭作業に従事する「坑夫」＝採炭作業員以外にも坑内施設管理の機械工や運炭作業等の労働者や配管工、ボイラー技術者などの「職工」が働いていたが、全ての年代を通して職種ごとに分別集計した資料が確認できないので、「坑夫」と限定して用いられる場合以外は炭坑労働者あるいは労働者とした。また「職員」と記した場合は三菱の社員（管理職）を指す。

関連地図

JR長崎駅
三菱重工長崎造船所
飽の浦町
出島
占勝閣（旧荘田平五郎邸）
立神船渠
大浦天主堂
小菅修船場跡
長崎港
伊王島
沖ノ島
香焼島
深堀町
高島炭田
横島
北渓井坑跡
グラバー邸跡
高島
南洋井坑跡
（旧二子島エリア）
長崎半島（野母半島）
中ノ島
端島（軍艦島）
野母町
樺島
若松
八幡
平戸
唐津
筑豊
三池
長崎
三角
天草

序　超技師《スーパーエンジニア》たちの未来都市

近代三菱を牽引した炭坑の島

一九九一年（平成三）、「都市の解体と再構築」をテーマとする都市設計コンペが長崎で開催された。日本建築家協会が主催したもので、同じテーマでのワークショップも開かれたが、招待されたのはオランダの世界的建築家レム・コールハースやイタリアのマッシミリアーノ・フクサス、槇《まき》文彦ら錚々《そうそう》たるメンバーであった。

筆者は彼らが審査に加わったコンペに参加。筆者の提案は、出島の時代から遡《さかのぼ》り、本書の重要な舞台である端島《はしま》（軍艦島）に至る長崎の歴史風土に注目しつつ、港内の埋立予定地に使われなくなった石油掘削リグ（船）を停泊させ、環境自然エネルギーの研究所に改造するというものだった。長崎造船所や高島炭坑を拠点に三菱が長い歴史を経て蓄積してきた内燃機関等の技術や、古くから異文化を受け入れてきた長崎の優れたホスピタリティを基盤とし、未来の可能性を探る基地をつくるというアイディアで、環境研究を軸とした都市の〝再構築〟を提案したのである（結果は幸いにも銅賞）。

端島は二〇一五年（平成二七）、「明治日本の産業革命遺産」の構成資産としてユネスコの世界遺産に登録された炭坑の島である。高層建築群を擁するその島影が軍艦「土佐」に似ていると大正時代の新聞で報じられた[*1]ことからいつしか「軍艦島」と呼ばれるようになり、採炭施設区と居住区を合わせてわずか六・三八三ヘクタール（六万三八三〇㎡）の土地に、最盛期には五二五九人が居住した。その人口密度は、居住区に限れば一ヘクタールあたり一三〇〇〇人を超え、東京都区の九倍という超高密度を記録した。

　肥前鍋島藩の家老格であった深堀《ふかほり》鍋島家がこの島の開発を始めたのは明治時代初頭（一八七〇年〈明治三〉ごろ）。一八八〇年代中ごろに岩崎彌《や》太《た》郎《ろう》（一八三五～八五）率いる三菱が採炭に乗り出して以降、近代炭坑発祥の地とされる高島炭坑の〝支坑〟として操業が続けられた。当時の三菱にとって炭坑業は会社全体を支える主力部門であったが、一八九七年（明治三〇）には本坑である高島坑の出炭量を抜き、以後、一九七四年（昭和四九）一月の閉山まで操業を続けたが、以降は無人島となり、立入禁止の時期が続いた。

　独特の景観が残される島はその後、学者や建築家を中心とした調査が限定的に行われていたが、閉山から三五年後の二〇〇九年（平成二一）、再び上陸が許可されると、にわかに脚光を浴び始めた。それまで年間五万人程度だった見学者は、一五年（平成二七）の世界遺産登録以降、二〇万人台後半に増加した。

　廃墟となった近現代の産業遺構がこれほどの注目を集めている理由は何なのだろう。そして端島に残された遺構が将来どのように保護されるのか。そもそも保護は可能なのか。確たる結論はまだ出されていないのが現状である。いずれにせよ、このブームが一時的な物見遊山《ものみゆさん》で終わってしまうのではもったいない。

　現在、島で目にすることができるのは、ほとんどが大正期以降に建てられた施設であるが、「明治日本

＊1……一九二一年（大正一〇）、長崎日日新聞が端島の外観を戦艦「土佐」になぞらえ、軍艦と見紛うようであると報道した。

北東側上空から見た1958年（昭和33）ごろの端島。向かって左手奥が採炭施設区、手前は小学校。右手の岩礁の急斜面や手前の埋立地に島民の集合住宅などの建築物が密集している様子がわかる（高島町教育委員会編『端島（軍艦島）――閉山30周年記念写真集』より）

の産業革命遺産」に直接該当する明治期の遺構や資料に触れる機会が充分に整備されているとは言えない。

筆者はわが国が近代の幕開けの時代に何を求め、当時の建築や都市計画がどのような役目を果たしたのかを深く理解したいと考え、二〇一六年（平成二八）、「明治期三菱端島坑の形成過程に関する研究」と題する博士論文（芸術工学）を発表した。筆者が研究を開始したのは冒頭に紹介したコンペ以降であるが、地元に生まれ、かつ建築家として長らく活動してきた筆者にとって、軍艦島の建築群はますます謎と魅力に満ちた存在となっていった。

この時代に、誰がこんな建築を？

端島閉山の翌月にあたる一九七四年（昭和四九）二月、当時長崎総合科学大学教授で大阪・千里《せんり》ニュータウンの設計者としても知られる建築学者の片寄《かたよせ》俊秀が端島の生活環境を調査し、「軍艦島の生活環境

（その１）生活環境形成史」と題して日本建築学会九州支部の研究報告会で発表した。端島が特殊な環境でありながら生活環境等の記録が整理されておらず、後世に活かされないことを片寄が懸念して行った研究である。資料収集と同時に島民の生活構造や住宅の分類別構成など閉山前の調査に基づきまとめた貴重な資料が含まれている。同年一〇月、片寄は北陸で開催された日本建築学会で「軍艦島の生活環境（その２）島内生活管理の構造」を発表。片寄は軍艦島研究の先駆者である。

閉山二年後の一九七六年（昭和五一）には東京電機大学（当時）の阿久井《あくい》喜孝《よしたか》や滋賀秀實《ひでみ》らが実測調査に入り、八四年（昭和五九）には成果として詳細な『軍艦島実測調査資料集』が出版され、以降の軍艦島研究のバイブルとなった。

一九八六年（昭和六一）に雑賀《さいが》雄二による写真集『軍艦島―棄てられた島の風景』が出版されて以降、全国的に関心を集めるようになったが、施設管理者や学術研究者など一部の関係者を除き立入禁止の期間が長く続いたため、厳しい自然環境の中で建築物の風化や自然崩壊が進んだ。二〇〇九年（平成二一）に一部区域での上陸が許可されると〝廃墟〟としての関心や観光遊覧船の営業、テレビの取材などが追い風となり、世界遺産への登録につながった。

ところが一方で、閉山以降の軍艦島の資料を目の当りにするにつれ、なぜこの時代に、誰がこんな海上都市を計画し、建築を手がけたのかという点についてわかりやすく解説したものがなく、謎を解きたいという欲求が抑えられなくなった。

例えば、鉄筋コンクリート造の高層集合住宅としてわが国で最も早くに建設された端島の通称「三〇号棟」は一九一六年（大正五）の竣工だが、鉄筋コンクリート造の建築物自体がまだ稀《まれ》な時代に、長崎沖の洋上に浮かぶ小島になぜそのような最先端の技術を用いた労働者向け住宅が誕生したのか——その発生理由と経緯を知るには、建築史のみではなく、三菱を取り巻く当時の経済情勢や、国力と直結する炭坑というエネルギー産業の位置づけ、さらにはそこに投じられた先端技術の意図、そして明治・大正期の高島や端島における労働環境など、複合的な視点による考察が重要であると筆者は考えた。

例えば『三菱鉱業社史』には、先に上げた「三〇号棟」を始めとした高層建築群の誕生に関して以下のような記述がある。

大正五年日本最初の鉄筋コンクリート造七階建のアパートを建て、以後順次アパートを建設して、のちに「軍艦島」の異名を受けたが、その遠因は納屋《なや》解体に求められる。

「納屋」とは、納屋頭《がしら》と呼ばれる下請け管理者が各地から集めた坑夫を炭坑へ派遣する間接雇用制度の一種である。居室（納屋）や食事、採炭道具などは支給されたが、採炭現場では坑夫の体調を無視した労働の強制や中間搾取が常態化していた。この苛酷な雇用制度による労資問題の解決が必要だったことは理解できるが、労働者向けの「日本最初の鉄筋コンクリート造」住宅が建設されたのがなぜ「大正五年（一九一六）」という時代で、なぜ「七階建」という異例の高層建築となったのか？　誰が発意し、誰が決定し、実行に移されたのか？　そうした疑問に答える記録はほとんど残されていない。[*2]

コルビュジエより一〇年早いモダニズム建築「三〇号棟」

加えて筆者にとってスリリングだったのは、この三〇号棟の構造やスタイルが、建築界の巨匠ル・コルビュジエ（一八八七〜一九六五）が定義したという「近代建築」の条件をほぼすべて備えたものだという点である。これは俗に「近代建築五原則」、または「新建築の五つの要諦」と呼ばれているもので、一九二六年に発表された。このような提唱がなされた背景には、当時鉄筋コンクリートの建築技術が確立されつつあったことが大きく影響していた。コルビュジエは鉄筋コンクリート造の骨格を前提として構想を練ったのである。その定義とは以下のようなものだった。

1 ピロティは建築全体を地上から持ち上げる。
2 自由な平面は、耐力柱を間仕切り壁から分離させて達成される。
3 自由な正面は、自由な平面の垂直面への必然的投影である。
4 横長引き違い窓、または「水平窓」が取り付けられる。
5 屋上庭園は建築が占める地上の面積を取り戻すことになる。

ところが、コルビュジエがこれを提唱するより一〇年も前の一九一六年（大正五）から一八年（大正

＊2……三菱鉱業セメント株式会社編『三菱鉱業社史』や三菱鉱業セメント株式会社高島炭砿史編纂委員会編『高島炭砿史』には、端島の高層建築群について、外国人技術者の関与の可能性が記されている。日給社宅については、『三菱鉱業社史』に「この五棟は当初アメリカの会社によって九階建てアパートとして設計されたものである」との記載があり、三〇号棟については高島炭砿史編纂委員会編『高島炭砿史』に「鉄筋コンクリート造り四階建は、（のち七階まで増築。設計はドイツ人の手によるものと言い伝えがある）……」との記載があるが、その出所・根拠は示されていない。なお文中で紹介した片寄俊秀はのちに筆者の質問に答え、「労働環境の問題にもふれようとしたが、課題が大きすぎて不十分だった」と述べた。

大正中期の端島。奥が1916年（大正5）竣工の30号棟（片寄俊秀氏より提供）

七）にかけ、端島ではすでにその定義をほとんど満たすような建築（三〇号棟、日給社宅＝一六～一八号棟、のち一九～二〇号棟）が誕生していたのだ。これらは国内では言うまでもなく世界的にも極めて先進的な事例であった。

従来、わが国における本格的な近代建築の歴史は一九二〇年ごろに東京帝国大学の学生であった石本喜久治《きくじ》（一八九四～一九六三）や堀口捨己《すてみ》（一八九五～一九八四）、山田守（一八九四～一九六六）らを中心に始まった「分離派建築会」の運動をもって嚆矢《こうし》とするものとされてきた。関東大震災の復興支援のために設立された「同潤《どうじゅん》会アパート」の建設開始も一九二四年（大正一三）以降である。三〇号棟はそれらをはるかに遡る事例であった。

ちなみに同潤会アパート初期の設計者として知られる内田祥《よし》三《かず》（一八八五～一九七二）は一九〇七年（明治四〇）三菱に入社し、当時最も先駆的な都市設計・建設がなされた東京・丸ノ内で、鉄筋コンクリート造への移行期の三菱館（一三号館）の建築に携わった人物である。内田は、三菱が誇る優秀な技術者を擁していた「丸ノ内建築所」（三菱地所設計の前身）の二代目所長・保岡勝也《やすおかかつや》（一八七七～一九四二）の下で設計に従事していた。

一九二〇年代から三〇年代初めになると、先に挙げた堀口捨己や村野藤吾《とうご》（一八九一～一九八四）、坂倉準三（一九〇一～一九六九）、前川國男（一九〇五～八六）などの俊英が欧米に渡って近代建築の最新の

1925年（大正14）当時の端島の建築群。左端は日給社宅（阿久井喜孝、滋賀秀實『軍艦島実測調査資料集』より）。鉄筋コンクリート造の高層集合住宅として1918年（大正7）に誕生した

動向を目の当たりにした。しかし、わが国において欧州の影響を受けた近代建築が広範囲に出現してくるのは、戦後の一九四〇年代後半以降だ。

端島の建造物はあくまで炭坑の付帯施設だが、三〇号棟は端島のみならず国内各地の近代建築、都市づくりなど多くの分野で活躍した三菱系の技術者の水準の高さを示す象徴的な建築と言える。さらに言えば、そのような建築がなぜ炭坑の島で生み出されることになったのかという背景について考えることこそ、近代以降のわが国の建築史を見直すヒントを与えてくれるのではないだろうか。

なお、ここまでに述べた「近代建築」という言葉の定義に関し、誤解のないように『建築学用語辞典』（日本建築学会編）の説明を以下に掲げておきたい。同書によればそもそも「近代建築（modern architecture）」とは「(1)合理主義や自由な空間構成を基礎に近代特有の問題解決に積極的な建築」を指すが、「(2)日本では近代の洋風建築をさす」（傍点筆者）という。本書ではこれ以降、近代建築を「モダニズム建築」と記すが、あくまで前者を指している。つまり、〝近代建築＝モダニズム建築〟と〝洋風建築〟はあくまで別物なのである。

もう一つの日本近代建築史

かつて大学の建築史講座においては、わが国に初めてモダニズム建築を持ち込んだのはル・コルビュジエらに師事した前川國男や坂倉準三などの建築家だったと学んだ。だが当時の私はモダニズム建築運動の前史としての、技術や思想の変遷などについてはきちんと理解していなかった。

ところが研究を進めるにつれ、大正初期から昭和初期にかけて建設された端島の建築群が、本場欧米のモダニズム建築運動とほぼ同時代に誕生していたばかりでなく、その建築がわが国の産業構造の矛盾（労働問題）や端島ならではの制約（面積、自然環境）に直面した三菱の経営陣および欧米の社会思想や建築の潮流を学んだ坑山師や土木家、建築家、技師といった職能人（プロフェッション）たちの間に蓄積されてきた技術を土台に生み出されたものだったことがわかってきた。建築史に興味を持たなかった自身の不勉強を恥じるばかりだが、一九一〇年代の端島において建設された、〝忘れられた技術者〟たちによるモダニズム建築誕生の背景を知るにつれ、大学では教わることがなかった〝もう一つの日本近代建築史〟を見るような思いがしたものだった。

ところが筆者の学位論文に対し、審査の段階で、「端島の建築群がそもそもモダニズム建築といえるのか」、また「モダニズム建築の定義とは何ぞや」という厳しいチェックが入ってしまった。もちろん建築用語の辞典類をひけば簡単なのだが、実際は、わが国におけるモダニズム建築の定義はいまだ議論が尽くされていないのだ。

モダニズム建築の様式は一九世紀末の欧州に端を発する思想・芸術運動と一体となって、建築教育の

筆者が調査に訪れた際の端島・30号棟。年々劣化が進んでいる（2008年、筆者撮影）

現場から複雑な経過を経て展開・発展していったものだが、日本では欧米とは違って社会の変革や芸術運動と関連して様式・思想が発展していったわけではなく、そもそも定義することは困難な気がする。

しかし筆者は、海底炭坑という厳しい採炭環境、自然条件（制約）や経営上求められる合理性が必然的に答え（技術・工法・設計）を導き、あのような建築群が誕生したはずだということを、なかば直感していた。

とは言うものの、明治大正期の史資料については三菱が編纂《へんさん》した『三菱鉱業社史』と『高島炭砿史』以外は断片的なものが多く、研究は困難が予想された。先述の阿久井らが本格的な調査に入った一九七五年（昭和五〇）ごろ、三菱高島鉱業所や島内の日給社宅の建設に関係した清水建設に対して資料発掘調査が行われたが、三〇号棟や日給社宅等の建築図面といった肝心の〝物証〟は発掘できなかった。[*3]

＊3……二〇一六（平成二八）年七月、端島の二四軒の施設の設計図が発掘された。炭坑労働者等が住んだ共同住宅、端島小中学校、合宿所、体育館、病院などの図面で、清水建設が作成した一九三〇～六〇年代の設計図である。三菱あるいは研究機関や工事関係者の間で埋もれている資料がさらに発掘されることを期待するばかりだが、今後の研究は益々困難となると予想される。

そこでまず筆者は、三〇号棟が誕生した背景から手をつけてみることにした。近世から西洋文明に接してきた長崎の歴史的特性も視野に入れつつ、幕末にオランダの技術によって生まれた長崎製鉄所、明治初期から先進的な蒸気機関の技術が導入された高島炭坑の変遷をたどった。

次に、日本近代の産業史や経営史、労資環境に関する論文や三菱の財務資料等にも注目し、端島のモダニズム建築群誕生の背景を探った。そのためには、当時の欧米における新しい建築（様式）、デザインの潮流を理解することも必要だと考えた。さらに、欧米で「シビルエンジニア（civil engineer）」と呼ばれる土木技術者や、欧米に渡って鉱山学を修めた技師（坑山師）に加え、かつて建築史家・村松貞次《ていじ》郎《ろう》（一九二四〜九七）が「エンジニア・アーキテクト（engineer-architect）」と名付けた、建築家的知識を有した一群の技術者たちの存在についても注意を払った。彼らは、社会・経済状況の変化、技術の進化を総合的にくみ取り、都市や建築の新たな方向を示すことに携わって具体的な計画を進める、いわば〝ゼネラリスト〟だった。

本書では、筆者の博士論文の内容を踏襲しながらも、元は海上の小さな岩礁に過ぎなかった端島が埋立によって拡張され、いつしか「軍艦島」と呼ばれる高密度の炭坑都市となっていく過程と、それに貢献した各分野の技師たちにフォーカスしつつ、できるだけ読み物として読み進められるような体裁となるように工夫した。彼らは日本近代の黎明期における、まさに〝超技師《スーパーエンジニア》〟というべき優れた職能人であるが、歴史のなかに埋もれていた人物も多く、伝記的事柄も含めて多くを書き加えた。

第1章 近代の幕開けと長崎

＊明治初期に落合素江が描いたグラバー住宅（「長崎大浦居留地英コンシュール始之建設家屋ヨンゴ松実図」部分、長崎歴史文化博物館蔵）

日本近代の〝ゆりかご〟

「日本は世界的な投機の対象となるだろう」

都市としての長崎の歴史はそもそも一五七一年（元亀二）、日本初のキリシタン大名として知られる大村純忠がこの地をポルトガル人の寄港地として開港させたことに始まる。あわせて「六ヵ町」が置かれ、オランダ、イギリス、中国や東アジア諸国との交易も行われた。開港当時、人口わずか一五〇〇人程度だった長崎の町は、急激な発展を遂げた。一六一四年（慶長一九）ごろには二万五千人を超え、内町（六ヵ町）の他に外町ができた。低地部分の護岸が整備され、新造成地が出現した〔図1-1〕。

一六三四年（寛永一一）には新旧街を繋《つな》ぐ眼鏡橋が架けられた。同年には地元商人の出資で、出島も築造された。しかし三七年（寛永一四）に発生した島原、天草地方の農民一揆をきっかけに、将軍・徳川家光は三九年（寛永一六）、ポルトガル船の来航を禁止した（第五次鎖国令）。これ以降、国外の様々な情報や文化、技術は幕府の制約を受けつつ、出島をはじめ限られたルートを通じて伝播するようになった。

黒船来航の約半世紀前の一八〇八年（文化五）、イギリスの軍艦フェートン号が長崎港に出現。オランダ艦隊の船を追っての入港であったが、不法侵入であった。イギリスはすでに多くの植民地を獲得して一大帝国を築いており、長崎はいち早く世界の覇権国の力を見せつけられた。長崎の防衛は鍋島藩（佐賀藩）と黒田藩（福岡藩）とが交替で務めていたが、事件は鍋島藩が警護にあたっていた際に起きた。幕府は藩主・鍋島斉直《なりなお》の責任を問い、閉門の処分を下した。

鍋島藩はフェートン号事件以降、一七歳で家督を継いだ直正《なおまさ》（号・閑叟《かんそう》、一八一五～七一）が中心となって反射炉の建設や大砲鋳造《ちゅうぞう》、長崎湾口部の伊王島《いおうじま》や神ノ島《かみのしま》などの台場《だいば》建設、海軍の創設、天草島の軍港化を単独で行う方針を打ち出した。老中に提言するも、認められなかったのである。

徐々にアメリカの国力が伸長する中、一八四三年のイギリスの新聞に「日本が世界貿易から閉ざされている政策上の障壁は、早晩破壊されよう。それが何処の軍事力によって行われるにせよ、その時全世界の通商的な投機は日本を対象とすることになるだろう」という趣旨の記事が掲載された。[*1] 長崎はそうした世界情勢の中で、日本近代の〝ゆりかご〟となったのである。

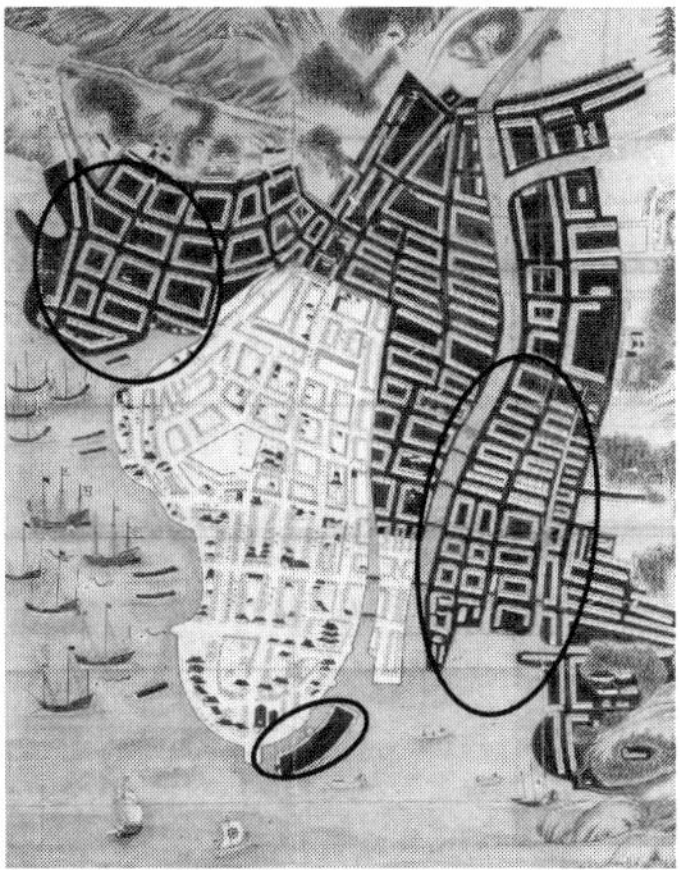

図1-1　寛永年間（1624～43）ごろの長崎の町を描いた「寛永長崎港図」（部分、長崎歴史文化博物館蔵）。丸囲み辺りが造成地

長崎海軍伝習所総取締役・永井尚志

幕末に始まる近代西欧の建築技術や炭坑技術の導入に貢献した人物として、佐賀一〇代藩主・鍋島直正やトーマス・ブレーク・グラバー（一八三八～一九一一）の名前はつとに知られている。彼らはすでに多くの研究で取りあげられているが、本書ではまず

＊1……A・ジーボルト、斎藤信訳『ジーボルト最後の日本旅行』62～63頁

図1-2　永井玄番頭尚志

最初に、長崎奉行目付・永井玄蕃頭《げんばのかみ》尚志《なおゆき》（「なおむね」とも）なる人物に注目してみたい。

永井は三河奥殿《おくとの》藩の第五代藩主・松平乗尹《のりただ》と側室の間に生まれた。父・乗尹はすでに晩年を迎え、養子に家督を譲っていたことから、二五歳のころに旗本・永井家の養子となった。ちなみに尚志は、三島由紀夫（本名・平岡公威《きみたけ》）の父方の養高祖父にあたる。

永井は一八五三年（嘉永六）、目付として「海岸防禦御用掛《がかり》」（国防を担当した幕府内の役職、「海防掛」とも）となり、砲台普請や大砲製鋳を担当していた。五四年（安政元）、長崎奉行目付として駐在し、翌五五年（安政二）、幕府が開設した長崎海軍伝習所の総取締役（所長）となる。五七年（安政四）に始まる飽之《あくの》浦《うら》の長崎製鉄所（計画当初の名称は飽之浦溶鉄所）の建設計画も主導。永井は同年帰府しているが、その間、伝習所総取締役として勝麟太郎（号・海舟）や榎本武揚《たけあき》らを指導した。五八年（安政五）には外国奉行となって諸外国との交渉にあたった。

長崎海軍伝習所と長崎製鉄所の誕生

一七世紀、オランダ東インド会社は広範な情報網によってアジア海域での覇権を維持していたが、一八世紀になると、次第にイギリスにとって代わられた。しかし、国際情報の収集をオランダに依存していた日本では依然として優位な関係を維持していた。その優位性を維持しながら、最後のオランダ商館長として知られるヤン・ドンケル・クルティウスは幕府の海軍創設に寄与すると持ちかけつつ、以下のように働きかけた。すなわち——近い将来、日本はオランダ以外の国と通商を始めるはずだが、蒸気船のメンテナンスが可能な修理設備が必要になるであろう。その際の設備・技術はオランダが請け負う——という〝紐《ひも》つき援助〟的な思惑だった。[＊2]

一八五五年（安政二）、幕府は長崎西役所の地に西洋式の航海術ならびに諸科学の教育・養成機関を設立する。前年に蒸気船（観光丸）を献上していたオランダは、指揮官としてヘルハルト・ペルス・ライケン他二一名を派遣し、伝習所での教育にあたった。これが世に知られる「長崎海軍伝習所」の起こりである。長崎は他都市に先駆けて近代化への扉が開かれることとなった。

伝習所には第一期生として幕府から勝海舟、薩摩藩の川村純義、五代友厚《ともあつ》、鍋島藩の佐野常民《つねたみ》らが参加した。『佐賀藩海軍史』によれば、鍋島藩からは他にも水夫一〇名を含む最多の二三人が送り込まれていた。また伝習所では航海術や艦砲術、蒸気機関学の他にも数学、物理、化学、分析学、自然地理学、造船など多分野にわたる教育がなされた。もとより海軍力の整備に意欲的であった藩主・鍋島直正はライケンに助言を求めたが、ライケンは造船や修繕を行う工場と職人養成の必要性などを説いたという。

開国に向けて国内外諸勢力の権謀術数がうずまく中、オランダ海軍中佐ゲルハルダス・ファビウスが一八五四年（安政元）、五五年と相次いで来崎していた。伝習所総取締役の永井尚志は、ファビウスに直接意見を聞く中で、操船技術だけでなく船艦の建造や修理を行う施設が不可欠であることを認識した。

永井は早速老中に対しその訴えを起こしたが、施設の建設には多額の出費が伴う。当時、幕府の財政

＊2……中西洋『日本近代化の基礎過程—長崎造船所とその労資関係（上）』。中西はクルティウスの書簡を引用しながら、オランダによる〝海軍伝習〟の始まりが、幕府当局者の「無関心、無理解にもかかわらず、長崎製鉄所の創設をすでにその日程表に組み込むことになっていた」という。

は逼迫《ひっぱく》していた上に、五四年（安政元）末から各地で大地震が頻発し（安政の大地震）、安易に決断できる状況ではなかった。長崎奉行は目付役である永井の提案を先送りにした。

ファビウスの帰国が迫る中、一八五五年（安政二）末、永井は独断で施設建設に関する人材の派遣要請と機械類の発注を行った。これがのちの長崎製鉄所の起こりで、永井の機知と英断が生み出した大きな功績といえる。幕府から遠く離れた長崎で起こった日本近代化の序曲だが、官吏《かんり》の目の行き届かない長崎だからこそ実現できたことかもしれない。

カッテンディーケ、咸臨丸で来崎

伝習所の誕生以後、開港前の長崎には様々な外国人が往来・滞在し、日本の近代化を促した。

一八五七年（安政四）秋、海軍伝習所の第二次派遣隊が到着する。幕府から発注された新造艦ヤパン号（のちの咸臨《かんりん》丸）での来崎であった。指揮官はヴィレム・ホイセン・ファン・カッテンディーケ。一八一六年生まれのオランダ海軍軍人で、帰国後の六一年に海軍大臣となり、一時は外務大臣も兼任した。大きな船が接岸できる入江があった港の西側の飽之浦《あくのうら》近辺で工場に適した平地を見つけたカッテンディーケはここに轆轤《ろくろ》盤や鋳物《いもの》の工場を建て、蒸気ハンマーを据え付けるとともに石の突堤《とってい》を築くことにした。突堤は長さ数百フィート（一〇〇m超）となり、干潮時で水深二〇フィート（六m）の護岸ができたため咸臨丸クラスの船が楽に二隻ほど横づけできるようになった。一八五七年（安政四）末には蒸気機関を据え付ける土台工事に取り掛かった。この工事についてカッテンディーケは、『長崎海軍伝習所の日々』に「蘭印のスラヴァヤを除いては、喜望峰以東他に匹敵するもののない立派なものに仕上げたいと思った」と記している。

工場は煉瓦造で計画し、一八五八年（安政五）夏に起工。その間、カッテンディーケは機関将校ヘンドリック・ハルデスを伴い高島を視察。西洋式の採炭道具を早く据え付けて運転させるよう提議した。同書には、婦女子を含め人々が忙しく立ち働く様子が記されている。

> そこには良質の石炭を産する炭坑があった…坑道は約五フィートの高さを有し…徒歩で二五分なだらかな下り道を辿って炭坑に着いたが…およそ海面より下に達したと思われる辺りまで来ると…石炭があって掘り出すときには大きな塊にして出せる…湧く水は、人間の足と手によって動かす水車によって、だんだん高い所に汲み上げ…設備の不備と人力を無駄に消費している点が、特に目についた。多数の女や子供が石炭を小さな竹籠に入れて、出口まで忙しそうに運んでいる…ガス爆発防止の安全ランプは日本人に紹介されたのであるが、まだ使用されていないのである。…坑内ではほとんど裸に近い男女に出遭うのは、全く奇怪な光景である。彼等は間断なく上を下へと走っている。

このほかカッテンディーケは乾船渠《かんせんきょ》（ドライドック）の模型を作らせ、書面と共に幕府に建設を提案した。

ハルデスの功績——内燃機関から煉瓦、セメントまで

さて、開所から四年あまりのちの一八五九年（安政六）、海軍伝習所は閉鎖となる。カッテンディーケは同年秋に帰国したが、この間、蒸気機関の技術指導にあたった。カッテンディーケによれば、「最も成

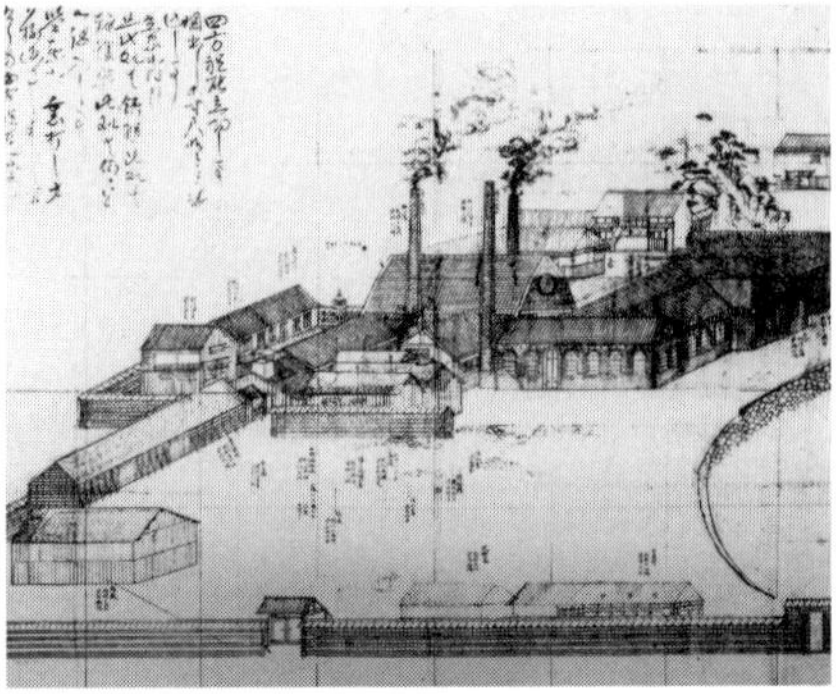

図1-3　1862年（文久2）ごろの長崎製鉄所（提供：三菱重工業㈱長崎造船所）

功したのは機関部員の養成である。…その暁《あかつき》には長崎の飽之浦工場が、日本に一大価値を有することとなろう」（『長崎海軍伝習所の日々』）と記すほどの成果であった。

一方、長崎に残ったハルデスは引き続き工場建設を指揮した。ハルデスは機関方士官だったが、指揮官のカッテンディーケよりも高給（カッテンディーケは月給四五〇ギルダー、ハルデスは六〇〇ギルダー）で、機関のみならず建築にも精通していた。

ハルデスは一八一五年、アムステルダムに生まれ、若いころからオランダの国立造船所で働いた。一九歳で海軍に入り一等鍛冶《かじ》工となる。ハルデスが日本を訪れたのは、来日の前年にあたる五六年（安政三）三月、ロッテルダムの造船所で、海軍伝習所の創設に貢献した海軍中佐ファビウスと出会ったのがきっかけであった。

ハルデスが伝えた技術には煉瓦の製造*3や硝子《ガラス》の製造、鉄骨トラス［写真1-4］、鋳鉄《ちゅうてつ》製の柱による架構等がある。楠本寿一の『長崎製鉄所―日本近代工業の創始』によれば、機械や鉄、ガラス、セメント等の資材類が調達され、オランダからバタビア（現インドネシア）等を経由して搬送された。ハルデスの後任を務めたオランダ人技師も六四年（元治元）、「ポルトランド石灰」（セメント）を発注した記録がある。

ちなみに横須賀製鉄所は長崎製鉄所と同じ造船施設で、一八六五年（慶応元）、フランス人技師の指導で建設が開始されたが、第一船渠（六七〈慶応三〉年起工、七一年〈明治四〉竣工）には「ベトン」（砂利石

図1-4　「トラス」と呼ばれる長崎製鉄所の構造梁（後藤和雄、松本逸也編『甦る幕末―ライデン大学写真コレクションより』より）

灰と火山灰の混和剤）とのみ記載があり、セメントの利用は第二船渠以降である。セメントについては長崎が横須賀に先行していた。

イギリス初代公使オールコックの見た長崎製鉄所

長崎製鉄所の計画は、工場のレイアウトから機械、部品まで一括してオランダに発注し、専門技術者を招いて建設する完全移植の方式がとられたが、その業績はイギリス初代公使ラザフォード・オールコックによっても高く評価された。

きわめて興味ぶかい事実のひとつは、湾の対岸（飽ノ浦）にオランダ士官の監督下にある日本の汽罐工場があることだ。日本人とオランダ人がいっしょになって、あらゆる困難にもめげずに、地球上のこのへんぴな一隅で、蒸気機関の修繕と究極的にはその製造のために、あらゆる複雑な方法と応用とを創造せんと努力しているの

＊3……ハルデスの功績の中でも煉瓦の製造は非常に大きなものである。のちに「ハルデス煉瓦」とも呼ばれ、長崎製鉄所建設のため、建築資材として一八五七年（文政四）に日本で初めて製造された（それ以前には反射炉建造のために耐火煉瓦が製造されていた記録がある）。この煉瓦はハルデス指導の下、瓦の製造業者によって焼かれた。焼きが不十分で、厚さも四五㎜前後と薄いことから「コンニャク煉瓦」とも呼ばれた。積み上げる際の目地には瓦用粘土と漆喰の混合材が使われていたようである。現存する建築では、世界遺産となった小管修船場の捲揚機小屋にこの煉瓦が使われている。横須賀製鉄所で製造されるのは六六年（慶応二）。以降、国内で煉瓦造の洋風建築が次々と誕生するが、長崎製鉄所はその嚆矢といえる。

図1-6　1861年（文久元）ごろの長崎製鉄所の轆轤盤細工所。オランダ人技師の姿も見える（前掲『甦る幕末』より）

である。…それから一年もたたないうちに、大きな旋盤《せんばん》工場は完全に活動するにいたり、良家の子弟も含む日本人労働者たちが、蒸気機関用の全部品を製造している。…工作が整然と行なわれ、損傷を修理するためのあらゆる必需品が製造されている。これこそは、日本人の進取の気象と器用さを示すずばぬけたこの上ない証拠であって、…かつては蒸気船ないし蒸気機関を見るだけであった日本人が、こんどはかれらじしんの手で管式ボイラーつきの蒸気機関をつくりだしたことを指摘しておきたい。

（オールコック著『大君の都—幕末日本滞在記（上）』より）

だがこうした功績にもかかわらず、一八六一年（文久元）、幕府はハルデスを解雇してしまう。主な問題はハルデスの給与が高すぎることだったようだが、まだ係留用の岸壁も完成してない状態だった。長崎製鉄所建設は、総指揮官をなくした状態で進められた。

伝習生として参加した勝海舟の報告でも、咸臨丸で太平洋を横断した時のサンフランシスコの鉄工所と比べて「製鉄工は街市所々に在り、大鉄鎚大鉄盤等皆蒸気力を持《もち》ゆ大抵我長崎の飽浦《あくのうら》に在る製造所等し」[*4]と評価しながら、一方では船架設備としての船渠の不備を指摘している。船渠建設に至らなかったことで、長崎製鉄所は造船業の基本的施設を完備するまでには至らなかった。

とはいえ長崎製鉄所は日本の近代技術史上の一大進歩で、ハルデスはその功労者であった。製鉄所の誕

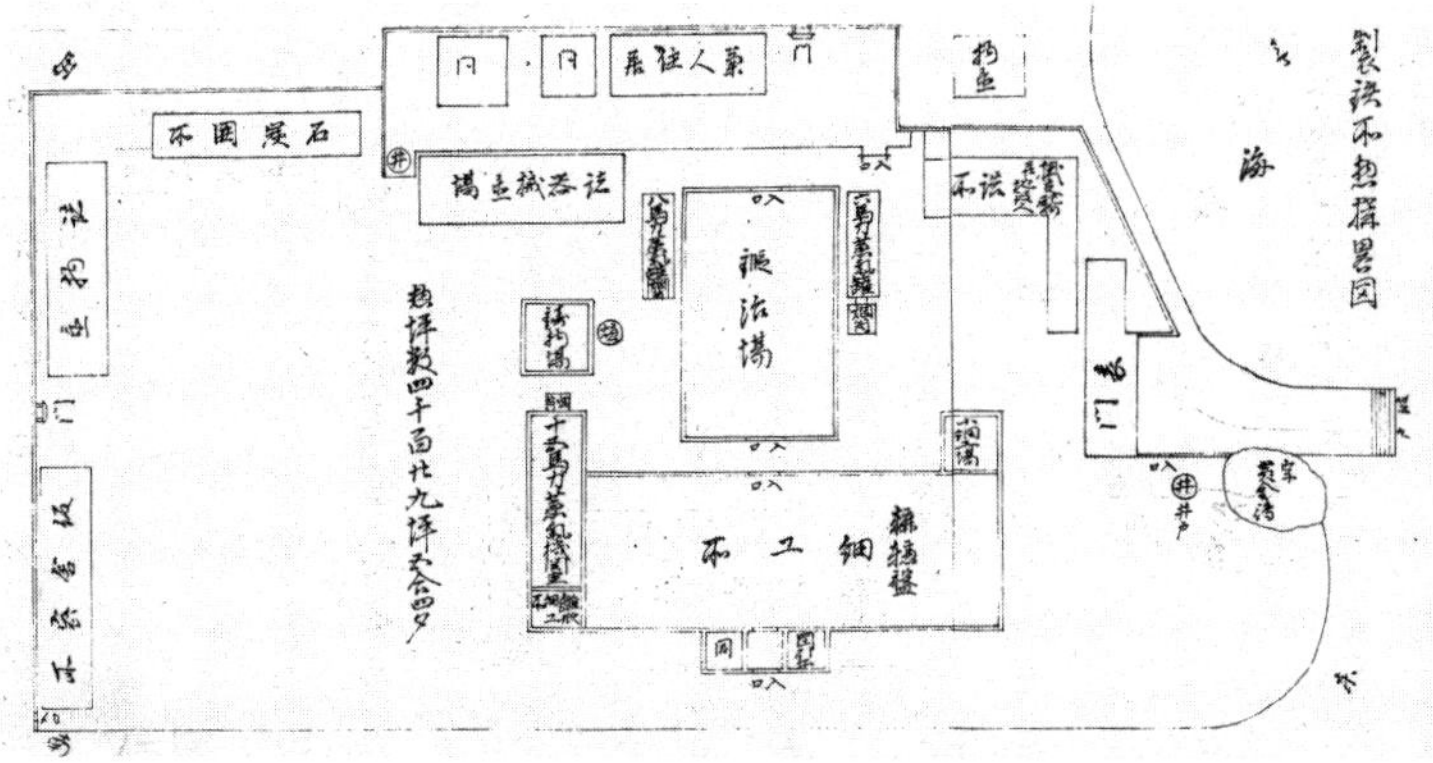

図1-7　1861年（文久元）ごろの長崎製鉄所見取り図（「製鉄所御普請出来栄見分相済候ニ付岡部駿河守」の別紙。提供：三菱重工業㈱長崎造船所）

生によって蒸気機関の点検整備や修理が可能となった上、幕末には港内に小菅《こすげ》修船場《しゅうせんば》の「建造願」が出され、一八六九年（明治元）初頭に竣工。ようやく上架による整備も可能となる。出島時代から航路が整備されていた長崎は、寄港地としての優位性をさらに高めることとなった。

筆者は船内機関が設備された帆船に時々乗るが、寄港地選びで重要な点は、まず安全性である。水深が十分か、台風被害に遭わないか。その他、燃料給油施設があるか、海事情報が入手可能か、船艇や艤装《ぎそう》の補修修理や船底の牡蠣《かき》殻《がら》落としの為の上架（船体を陸揚げして整備すること）が可能か、エンジン等のトラブルがあったら修理が可能か、という点も重要になってくる。海外の寄港地ではなおさらである。

その後、幕末から明治初期にかけて多くの〝御雇《おやとい》外国人〟が来日し、技術の向上に貢献したが、ハルデスは導入した機械や技術を通じて、近代化というものがどのような性質のものであるかという〝概念〟を移植したといえる。その礎《いしずえ》の上に、明治以降の産業革命が進められたのである。

＊4……『海舟全集』第八巻所収、「海軍歴史巻之八　咸臨艦米国渡航之中」

†column 居留地から鉄橋、近代病院まで

開港に伴い居留地が建設された長崎では、一八五九年（安政六）から大規模な土地造成、護岸整備が続けられた。居留地となる以前の梅ヶ崎や大浦付近は、地盤の悪い潟地であったため、高度な造成・護岸技術が必要とされた。工事は天草郡赤崎村（現・天草市有明町）の庄屋・北野織部《おりべ》が請け負った。埋め立て地の外周の石垣の材料は合津《あいつ》村樋《ひ》合《あい》島（現・上天草市松島町）などから天草石が運びこまれた。第一次外国人居留地の造成が完了したのは翌六〇年（安政七）である。

居留地が整備されると、外国人のための住居などが建設されることになった。北野織部の実弟・小山秀之《ひでの》進《しん》は一八六三年（文久三）にグラバー住宅を、六四年（元治元）には大浦天主堂を手がけた人物である。小山はわが国における（擬《ぎ》）洋風建築の先駆者といえる。

一八六九年（明治元）初頭には、薩摩藩とグラバーとの共同出資で小《こ》菅《すげ》に修船場《しゅうせんば》も竣工。これら居留地や修船場の護岸や居留地内の排水溝には伝統的な天《あま》川《かわ》の技術が利用されており、居留地の小屋組みもその多くが和《わ》小屋《ごや》式だったが、小菅修船場の捲揚《まきあげ》機小屋は長崎製鉄所と同じく「コンニャク煉瓦《れんが》」（ハルデス煉瓦とも）と呼ばれる薄く扁平な煉瓦で築かれ、鋳鉄の柱や鋼材、鉄棒が利用されたキングポストトラス［31頁、図1-4］の洋小屋組であった。

鉄橋（提供：三菱重工業㈱長崎造船所）

ちなみに長崎市街地中心部に「鉄橋《くろがねばし》」が出現したのは一八六八年（明治元）である。長崎製鉄所の技師ボーゲルが設計。長さ一三間、幅約四間の、日本

1879年（明治12）竣工の立神第一船渠（提供：三菱重工業㈱長崎造船所）

初の鉄橋であった。

長崎製鉄所では総括責任者に井上聞多《ぶんた》（馨）が任命されると経営の多角化が図られ、イギリス式元込式銃や精米機が製造され、精米所も開設した。一八七〇年（明治三）には伊王島灯台の工事も請け負った。イギリス人技師リチャード・ヘンリー・ブラントンの設計であった。灯台は七七年（明治一〇）に完成するが、ここの吏員《りいん》所は日本初の無筋コンクリート造であった。

一八七一年（明治四）、長崎製鉄所は工部省所管の長崎造船所と改称され、官営となる。七四年（明治七）、横須賀製鉄所の建設のため来日していたフランス人建築師長ワンサン・フロランを雇い入れるが、このフロランが長崎湾内の立神《たてがみ》第一船渠の基本設計を行い、五年後の七九年（明治一二）に竣工させた。船渠に隣接して煉瓦造のポンプ室や煙突も建設された。

一八七五年（明治八）にはパリ外国宣教会の神父マルコ・マリ・ド・ロの設計により、大浦天主堂に隣接する羅典《ラテン》神学校が建設された。ド・ロ神父はフランス北西部の生まれで、建築も学んでいた。このとき、フランスの伝統的なピゼ（リヨン地方の伝統的固化材料）の技術を導入したと考えられるが、ケネス・フランプトンの『現代建築史』によれば、ピゼや水性セメント合成等の技術は鉄筋コンクリートが発明される伏線になったという。長崎在来の技術である天川よりもさらに雨水に強い消《しょう》石灰を利用した技術も導入された。この技術は、のちに鉄川与助《よすけ》（一八七九～一九七六）などが手がける教会建築を中心に広がっていくことになる。

　一八七一年（明治四）、日本人技術者の養成のため工部省に設置された工部寮（七七年に工部大学校に改称）から第一期の造家学科生が卒業するのが七九年（明治一二）である。つまり長崎ではそれ以前からオランダ、イギリス、ドイツ、フランスなどの建築技術や情報が流入し、五七年（安政四）の長崎製鉄所建設開始から七七年（明治一〇）までのわずか二〇年の間に、当時の最新技術のほとんどが実践されていたわけである。

　建築・土木のみならず、医学においても新しい動きがあった。一八五七年（安政四）、カッテンディーケやハルデスと一緒に来崎したオランダ海軍医ヨハネス・ポンペ・ファン・メーデルフォールトは長崎製鉄所のある飽之《あくの》浦《うら》対岸の丘上に小島養生所《ようじょうしょ》を建設（一八六一年〈文久元〉竣工）し、西洋医学の教育を始めた。

　ポンペの方針には三つの柱があった。一つは系統的な近代医学教育、二つ目は患者最優先の医療、三

ポンペ（前列右端）と小島養生所の医学生たち

つ目は衛生の重視であった。ベッドサイドでの教育を重視した養生所では、身分の違いなく平等に治療を行ったといわれる。優秀な医師や学者だけでなく公衆衛生行政の礎を築く人材を輩出したほか、長崎医学伝習所（長崎大学医学部の前身）を創立した。これがのちに伝染病対策などで功績を残しただけでなく、衛生的な都市機能を担保する上水道（国内初の本河内《ほんごうち》高部《こうぶ》ダム等）の整備にもつながっていく。

　長崎におけるこうした技術や公衆衛生をはじめとする概念の流入こそは、日本における近代都市誕生のプロローグであった。

天草の大棟梁・小山秀之進

代々、貿易・造船・土木を手がけた土地柄

次に注目したいのは、天草の小山秀之進《ひでのしん》という人物である。

小山は初期の端島《はしま》（軍艦島）の炭坑開発に関係した棟梁《とうりょう》で、放送作家・脚本家の小山薫堂《くんどう》氏の高祖父にあたる。小山が請け負ったのは炭坑開発ばかりではなく、現在世界遺産ならびに洋風建築として初めて国宝に指定された大浦天主堂やグラバー住宅、ウォルト住宅、リンガー住宅などの施工も手がけた。だが、不思議なことに長崎の人はこれまで、小山の名をほとんど知らなかった。蒸気機関を用いた国内初の竪坑《たてこう》である高島・北渓井坑《ほっけいせいこう》の開削にも、単なる技術者としてだけではなく、採炭の労務管理者や出資者として関わっていた。端島での炭坑事業に失敗し天草に戻った後も、三角《みすみ》西港（旧港、世界遺産）の築港など多くの功績を残した。

小山は一八二八年（文政一一）、天草御領《ごりょう》村大島（現・天草市五和《いつわ》町）の豪商の家に生まれた。帯刀を許された家柄であった。小山家の初代・清兵衛宗勝は海外との密貿易で財をなしたらしい。財力だけでなく、小山家は凶作飢餓の時は百姓らを救済した。大島は天草造船業の中心となった土地で、多くの船大工がいた。対外密貿易の基地としても栄えていたようである。

文化年間（一八〇四〜一八）には、小山の父・清四郎が私塾を開き、大庄屋に取り立てられた。「明治維

新前から南蛮渡来のギヤマン温室を設けて綿花を栽培、中国人のコックを使用していた」（北野典夫『天草の郷愁』）との逸話も残っている。

天草近海には潮流の荒い灘があり、唐船やオランダ船の漂着が多かった。天草の大庄屋であった小山家はその救出作業にも協力していた。天草・島原一揆の直前までは天草近隣の島原や有馬、口之津《くちのつ》、千々《ちぢ》岩《わ》でキリスト教の布教活動が行われていたが、平戸から天草にかけての沖合は黒潮による漂流物も多く、天草の西側、五和町には通詞《つうじ》島があった。古来、東シナ海を越えた繋がりがあった土地柄なのである。

なお小山は一八七〇年（明治三）、四二歳のとき秀之進から秀《ひいで》と改名している。この年長崎県が発した「慎字」の触達をうけ、武士の名前と紛らわしいという理由だったらしいが、よくわかっていない。

小山には、一七歳年上で、養子に出たのち天草郡赤崎村（現・天草市有明町）の庄屋となった北野織部《おりべ》（一八一一～七七）という実兄がいた。織部は天草灘の漂着唐船《からふね》救出や新田開発、島原の大波止《おおはと》（護岸）築造に携わり、海事土木の専門家として知られていた。

天草周辺に高い石工《いしく》の護岸技術があったのは、この新田開発と関係する。天草・島原一揆（一六三七～三八）以前、三万五千人いた人口が騒乱後半減したため、幕府の天領となった天草は肥前、肥後、薩摩などの近隣諸藩を中心に人々を移住させ、再編を行う。三〇年後にもとの人口に戻ったが、その後自然増が進み、大飢饉《ききん》が起こる一七八三年（天明三）ごろには一〇万人を超えた。山間地の多い地形では段々畑の開墾だけでは賄《まかな》えず、幕府に願い出て新田開発のための干拓事業が行われた。干拓事業には資本、技術、労働の三要素が必須だが、小山家はそれらの事業に伴って資本や技術の蓄積を重ねてきた。北野典夫著『天草海外発展史』によれば、「天草石垣築立《つきたて》法」という地方独自の干拓技術があり、潟泥の上に羊《し》

《だ》葉類を敷き、その上に松の丸太を並べ、固定する杭を打って沈床《ちんしょう》させ、それを土台として石垣を積み上げたという。

また天草には、天川《あまかわ》（天川漆喰ともいう）を利用した護岸の石積みが多く残っている。天川とは、アモイ（厦門、中国福建省南部の港町）から渡来したとされる技術である。アモイ港が阿媽《あま》港と呼ばれていたことから天川と呼ばれるようになったともいう。ただしこれには諸説あり、旧ポルトガル領の澳門《マカオ》が転じたという説があったり、平戸の貿易港整備の際渡来したオランダの技術や宣教師の来日に伴って伝播した、という人もいる。石灰と粘土や風化土を材料として混和させた漆喰工法で、接着力や耐水性に優れている。ポゾラン反応と呼ばれる化学反応で硬化して接着力を持つ資材（工法）となる。

天草の干拓技術は天草・島原一揆後、紀州からの移住とともに渡ってきたとする説や、熊本や八代《やつしろ》、日田から渡ってきたなどと伝えられているが、恐らくさまざまな経路から伝播、融合し進化していったのだろう。

土木工事から労務まで、幅広く炭坑に関与

一八五八年（安政五）、アメリカを含む蘭、露、英、仏との修好通商条約（安政五ヵ国条約）により、すでに寄港地として開港されていた下田、箱館に続き、長崎、横浜、神戸が次々と開港した（しばらくのちに新潟も開港）。長崎では、開港に伴って五九年（安政六）から居留地建設のための護岸整備が開始された。翌六〇年（安政七）には長崎港の東側、大浦海岸の埋立地に第一次外国人居留地が完成した。だが当初、市中には大事業を請け負える者もなく、埋立工事の遅延が心配された。

図1-8　小山とその妻（鶴田文史『図説天草の歴史』より）

ところが小山の兄・北野織部は大浦埋立工事を始めて一四ヵ月で一万九九一七坪の陸地造成を成し遂げた。天草には小山家と関係の深い縁者が多く、造船業を営んでいる者も多くいたことから、沼船三〇〇隻、船頭人夫千人が動員されたという。その後しばらくは市中の異人館などの諸普請を続け、小山が兄・織部の事業を継承していくこととなった。

小山は「棟梁」もしくは「請負方」など様々な呼称で史資料に登場するが、現代でいうゼネコンのような活動をしていたのではないかと考えられる。すなわち請負の干拓地造成・護岸や建築工事、そして高島や端島においては採炭現場の施設工事のみならず、坑夫らの労務管理も担った。端島の炭坑経営は不幸にも台風災害などの被害で実現できなかったが、小山が残した建築・土木は世界遺産となり、後世に伝えられることとなった。

その後、長崎からは、大渡伊勢吉《おおわたりいせきち》や溝口一蔵、野原与吉、鉄川与助《よすけ》といった棟梁、建築技術者を輩出した。彼らは地域の伝統技術に西洋の技術を融合させて独特の建築様式を誕生させた。筆者はかつて、その流れをくむ人々を「長崎派」と名付けたが、彼らこそ幕末、西欧の建築技術を獲得した最初の技術者《エンジニア》だったのではないかと思う。

グラバー住宅の普請

一八六三年（文久三）築のグラバー住宅は、通商にまつわる交渉ごとや志士達の会談にも利用されたといわれている。

小山がグラバー住宅の普請を請け負ったのは一八六二年（文久二）。最初は敷地の造成であったらしい。ところが遡《さかのぼ》ること二年前の六〇年（万延元）初夏、小山はグラバーの別の私邸となった古家《こか》の改装工事をすでに請け負っている。その家は大浦にあり、グラバーはそこで丸山遊郭にいた「お園《その》」という女性と生活を共にした。お園は同じ年の秋、この私邸に越してくる。グラバーは、お園と暮らすためにこの古家を手に入れたのだろう。

最初、お園は〝異人さん〟のパーティでグラバーの番頭の眼にとまったという。棟梁として羽振りの良かった小山は丸山でも顔役であったため、グラバーと懇意にしていた小山がお園のいた遊女屋にグラバーとの縁談の話を持ちこみ仲介をしたらしい。お園はグラバーとの間に男子・梅吉を出産した。

長崎市がまとめた『グラバー邸物語　長崎市編』によれば、グラバーは当初借地であった南山手に新しい家を建て、お園たちと暮らそうと思っていた。この新居が、現存する日本最古の洋風木造建築として知られるグラバー住宅である。

最初に建てたL型のプラン［図1-9-①］は、純粋な住居というよりゲストハウスのように計画されていた。ベランダの丸い柱は杉を使ったが、あとは上質の松材が使用された。松材は、お園と暮らした大浦の私邸を解体したあとの古材が使われたようである。

初期グラバー住宅の美しさ

初期グラバー住宅の平面計画や全体の造形はまとまりが美しい。形を美しく仕上げるには、木構造の高い専門知識が必要である。グラバーがイメージしたものを小山が具体化したのではないかと筆者が推測する所以《ゆえん》である。突き出した部屋の瓦屋根部は多角形の寄棟《よせむね》だが、円形状に納められ、一三五度の五

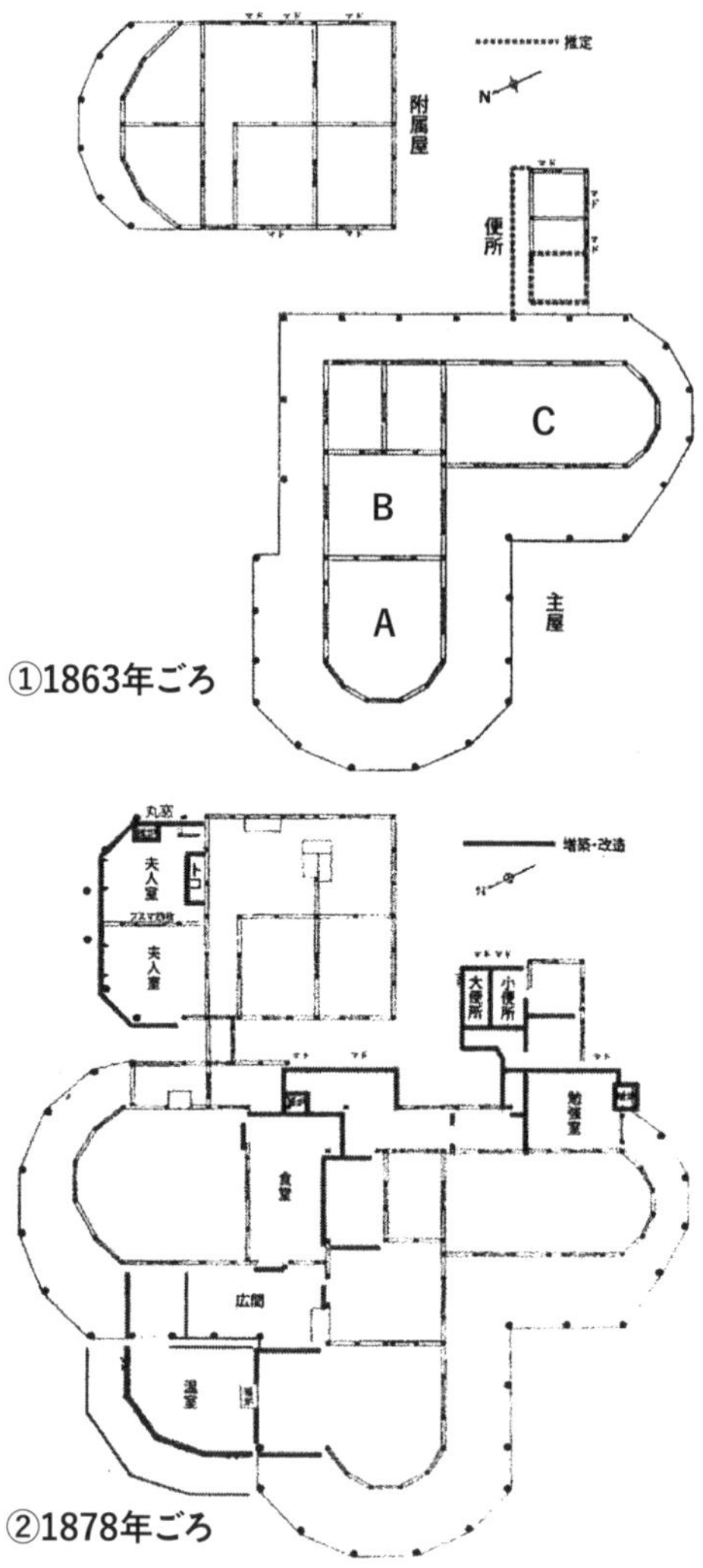

図1-9　グラバー住宅の平面図。1863年（文久3）から78年（明治11）ごろの間に北側方向を増築している（『国指定重要文化財旧グラバー住宅保存活用計画書』より）

図1-10　明治初期に落合素江が描いたグラバー住宅（長崎県立図書館蔵）

分割によって約二七度で均等に造形されている。その幾何学的美しさは、一五〇年を経た現在でも美しさを保っている。

南山手の丘に建つ、ベランダ・コロニアルのスタイルがグラバーのイメージだったのであろう、地元の稲《いな》佐《さ》石を張ったベランダは室内を囲み、少しの雨くらいでも景色を楽しめるよう、広々としている。丸柱を繋ぐ緩やかなアーチとベランダの天井は網代組《あじろぐみ》の透かし天井。屋根を支える小屋組みは伝統的な〝和小屋《わごや》〟の構造である。主寝室［図1-9-①のA部分］は港のある西側に向かって突き出し、一八〇度の展望が確保されていた。その部屋は港越しの山々に沈む夕日を楽しむために計画されたように思える。また南側に突き出した部屋はゲストの寝室［図1-9-①のC部分］であり、住居として使用するには充分な機能を有していないように思える。

しばらく後の慶応年間（一八六五～六八）には北側方向を増築している。さらに一八七〇年（明治三）から同部分の大改造工事が始まっているが、その後、L型プランからT型プランへと段階的に移行する［図1-9-②］。明治の初めごろに落合素江《そこう》が描いた貴重な絵［図1-10］が長崎県立図書館に収蔵されているが、筆者は素江が描いたこのT型期のグラバー住宅が最も美しいように思う。

ところがこの年、グラバーが破産。それにもかかわらず増築工事が継続されているのは、まだ炭坑などの収益があったのだろう（後で詳述するが、高島炭坑を共同で経営していた鍋島藩がグラバーの破産を知るのは一年後のことである）。

グラバーの破産によって高島坑の採炭・労務管理などを請け負い、労賃などを立て替えていた小山は大きな被害を被る。その後、北側大食堂の改造・拡張工事は一八七〇年代半ばまで続くが、小山が工事を請け負ったのがいつごろまでだったのかは不明である。

初代大浦天主堂を手がける

大浦天主堂は、一五九七年（慶長元）に長崎・西坂で処刑された二十六聖人をしのんで建設されたカトリック教会である。正式には「日本二十六聖殉教者天主堂」という。建築計画を主導した最大の貢献者はパリ外国宣教会のルイ・テオドル・フュレ神父であった。一九五三年（昭和二八）、洋風建築として初めて国宝に指定された。

フュレ神父の回想録[*5]によると、スコットランド生まれのグラバーはプロテスタントであったが、カトリック教会である大浦天主堂の建設を間接的に支援していたという。

創建時の教会［図1-11］は一八六四年（元治元）の建築で、やはり小山が施工を請け負った。現存する日本最古のキリスト教会建築としても大変貴重なもので、二〇一八年（平成三〇）、「長崎と天草地方の潜伏キリシタン関連遺産」の構成資産として世界遺産に登録された。現在の教会堂は増築され、正面の

図1-11　創建時の大浦天主堂（前掲『甦る幕末』より）

意匠も大きく変わっているので、ここでは小山が手がけた当時の天主堂について記してみたい。

長崎はすでに開港していたが、国内ではまだ禁教令が布《し》かれていた。ただし開国以降、徐々に政策は緩和されており、外国人が居留地の教会で礼拝などを行うことは許可されていた。

天主堂建設のため来崎したフュレ神父とベルナール・プティジャン神父はともにフランス人であった。到着したのはフュレ神父が先で、一八六三年（文久二）初め。

フュレ神父の回想録によれば、棟梁としての小山の力量を高く評価していたグラバーが小山を紹介してくれたという。工事用の図面はフュレ神父の指導で小山が描き、施工も小山が請け負った。大浦天主堂の複雑なリブ・ヴォールト天井は一見すると西洋式の工法で施工されたように思えるが、竹で小舞《こまい》を編み、その上に荒土で下地を造り、漆喰塗《ぬり》で仕上げられている。回想録には、「私は簡単に図面を描いたが、その図面をもとに大工はきわめて正確な設計図を作成した（この日本人の大工の線画は素晴らしかった。オランダ人からその技術を取得したということだ）」との記述がある。

＊5……『長崎県文化財調査報告書』第二一〇集所収

表1-1　小山秀之進の主な事績

1828（文政11）		小山清四郎の八男として天草御領村大島に生れる
'59（安政6）	31歳	実兄・北野織部が長崎大浦海岸の埋立（居留地造成）を請け負う
'60（万延元）	32	グラバー私邸（内妻「お園」との住まい）の改装工事を請け負う。大浦の外国人居留地が完成。引き続き排水溝等の付帯工事を請け負う
'62（文久2）	35	春、グラバー住宅第1期建築工事ならびに出島石倉（ハルトマン・ベシル商会倉庫）の普請を請け負う
'64（元治元）	36	大浦天主堂完成（献堂式は翌年）
'65（〃2）〜 '68（慶応4）	37〜 39	オルト住宅、リンガー住宅、グラバー別荘（高島）、グラバー住宅増築
'68（慶応4）	40	鍋島藩とグラバー商会の合弁による高島坑開削に参画
'69（明治2）	41	北渓井坑の開削に従事。請負賃金4,992両
'70（〃3）	42	グラバー商会破産。グラバー住宅増築工事を行う。この年、「秀（ひいで)」に改名
'71（〃4）	43	グラバー商会の破産に連鎖し、請負人である小山への支払が行われず困窮
'75（〃8）	47	深堀鍋島家の渡辺聞櫓、深堀煤伍と、翌年2月を期限として端島坑の出炭請負契約締結。小山は再起を期して一族より集めた10万両を出資し外国人技術者を招聘。機械設備も整備し、開発事業を開始
'76（〃9）	48	4月、御領村へ家督相続を届け出、小山家の当主となる。6月、端島坑で大出水、坑内崩壊。天草の私有地、家財を抵当に深堀会社より資金を借りて契約を延長し復旧に努める
'77（〃10）	49	夏、台風で端島の護岸等が崩壊し大打撃を被る
'82（〃15）	54	資産のほとんどを失い天草に帰郷
'83（〃16）	55	明治政府主導の三大築港事業である三角西港の築港が計画されると地元の同志らと共同で工事請負願を提出
'84（〃17）〜 '87（〃20）	56〜 59	三角西港の石造護岸工事で天草の石工を率いる（一画に建設された、西洋館の意匠をもつ「浦島屋〈宿泊施設〉」が1905年〈明治38〉大連へ移築される）
'98（〃31）	69	天草第三高等小学校の建設現場で倒れる。死去

フュレ神父の高い評価

一八一六年、フランス中部の町に生まれたフュレ神父は三七年、西部ル・マンの神学校を卒業した後、神学校で自然科学を教えた。さらに高校で物理学、化学等の研究助手を務め、四七年、パリ大学で理学博士号を取得。五二年、パリ外国宣教会神学校に入学し、宣教師となる。布教活動のため渡ってきた沖縄で日本語を学んでいたので、長崎では奉行の依頼で一〇人ほどの若い武士にフランス語と科学の講義を行った。該博な知識と経験の持ち主で、天主堂建設においても指導的な役割を担った。

フュレ神父は建設途中で一時フランスへ帰国しているが、その間無事に建設が進んでいたことを回想録の中で以下のように評価している。

「このような教会を建てた経験のなかったはずの日本人たちも、また優秀であったと言っておくべきだろう。まるでソロモンの神殿のように、計測は確実かつ正確だったため、教会の全体がほとんど鋸《のこ》もハンマーも用いずに組み立てられたからである」

小山らの仕事に対するフュレ神父の評価の高さがわかる。ところが、フュレ神父の後任となったプティジャン神父は書簡で以下のように記している。

「長崎のあなたのカテドラルの建築は、都合良く運んでいます。しかし、工事の歩みは遅々たるもので、吾《わ》が主の誕生日には竣工になりますか、私は大いに危ぶんでいます。三つの塔と大広間および脇間の屋根と破風《はふ》は半ば完成しました。もし、その気になったら、すくなくとも八日間で、外部は竣工するのですけれども、彼は仕事を全然、中止しているのではないと見せかけるためになるだけの職人しか、遣わしておりません」

この手紙はフュレ神父が横浜のジラール教区長に宛てたものだが、一八六四年（文久三）初めに請け負われた工事は、五月に大工切込み（上棟《じょうとう》前の材料加工）、同年末に完成し、翌六五年（元治二）初めに無事、献堂式が行なわれている。請負からの全工程は一年間であり、上棟以降は約半年で仕上げたことになるから、プティジャン神父が言うように小山がわざと工事を遅れさせたとは考えにくい。壁仕上げの工程では下塗りや中塗り等に乾燥期間が必要である。フュレ神父が日本の漆喰技術を理解していたかは不明だが、後任のプティジャン神父にはそれが工程を遅らせているかのように見えたのだろう。

天主堂の建設は、フュレ神父の離日の時点で上棟も済み、屋根や外壁などもできあがり、左官工事による仕上げを残すのみで、教会建設の目途はついていた。小山の技能も信用していたからこそプティジャン神父に後事《こうじ》を託せたのである。

パリのサン・ロラン教会をイメージ

結局フュレ神父の一時帰国中に教会は完成し、前述のごとく一八六五年（元治二）初めに献堂式があげられたが、その功績はプティジャン神父のみに与えられた。フュレ神父の回想録には天主堂建設の栄誉がパリの宣教会に誤って紹介されたことをフュレ神父が残念に思っていたことも記されている。

なお回想録によれば、フュレ神父がイメージしたのはパリにあった昔のサン・ロラン教会だったらしい。だが写真［図1-11］を見る限り、創建時の教会のプロポーションは上部（鐘楼部）のボリュームが大きすぎるように感じる。間口一四ｍほどに対し、鐘楼部の高さは二五ｍもあった。パリ宣教会本部に所蔵さ

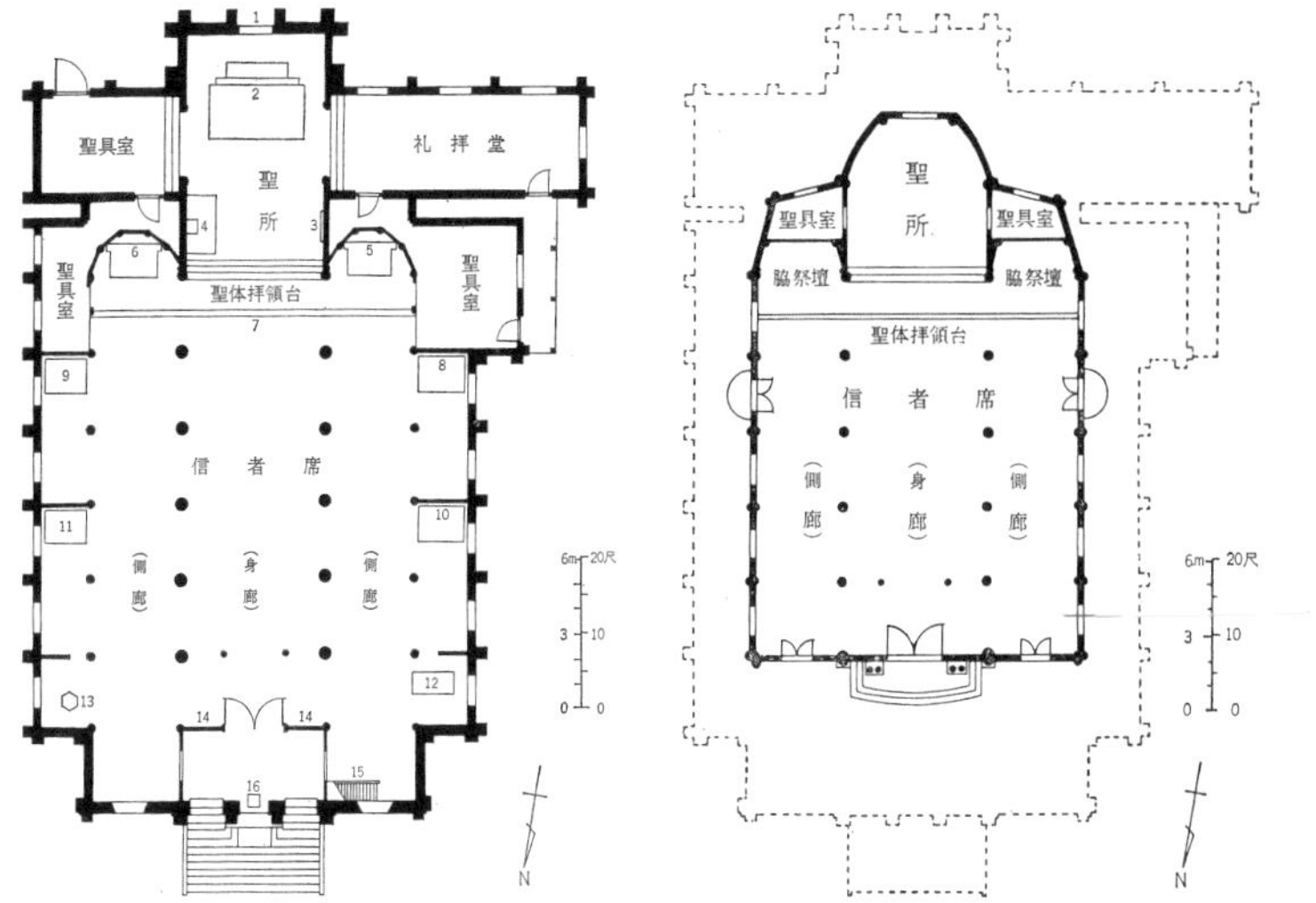

図1-12 創建時の大浦天主堂（右）と増築後の平面図（桐敷真次郎著『大浦天主堂』より）

れていた平面図を分析した元長崎総合科学大学教授の林一馬によると、平面計画は黄金比率が適用されたようだが、立面には適用されなかったらしい。大きすぎる鐘楼は鐘の大きさの問題か、あるいは二十六聖人が殉教した丘に向かって少しでも大きく見せたかったためではないかと考えられる。手前にある斜面地が基壇部の役目を果たし、なんとかバランスが取れているものの、正直、整ったプロポーションとは言い難い。

一方、平面［図1-12-右］は極めてシンプルである。堂内は三廊式であったが、中央の身廊部は約二〇尺（約六ｍ）、側廊下部は約一三尺（約四ｍ）の柱間で信者席部分は正方形に近く、奥行きが浅い。一八七五年（明治八）と七九年（明治一二）の増築で側面を外部に張り出して五廊式とし、正面は六間（一〇・八ｍ）となった［図1-12-左］。フュレ神父は、増築する可能性を最初から考慮し、少しでも大きく見せたかったのかもしれない。

日本の職人技を巧みに融合

それにしても正面のファサードは従来の伝統的な大工や左官の技術で実に巧みに装飾がなされている。石造や煉瓦造での教会のイメージを木造で、しかも漆喰や瓦を使用しながら工夫を凝《こ》らして実現している。内部は船大工も関係したようだ。漆喰を塗り重ねて美しい面に仕上げた天井の縁《ふち》部分は木材を使った美しい曲線である。硝子《ガラス》を入れた建具まわりもよくつくられているが、こちらは指物《さしもの》大工の手によるものと考えられる。硝子や丁番《ちょうばん》などの資材は地元で調達したか、上海あたりから取り寄せたのかもしれない。

ちなみに一八六一年（文久元）、出島に隣接する江戸町で輸入品の店「川野屋」を構えた川添甚兵衛が屋根上に掲げた看板に、「GLAS SHOP ガラスイタ売捌所」と銘打っていたとの記録がある。[*5]

なお大浦天主堂建設当時の外国人居留者は七〇人程度に過ぎず、うちカトリックはわずか一五人あまりで、他はプロテスタントであったという。グラバーもフュレ神父らへの支援を呼びかけ、カトリックの居留者をパーティに招待したりして仲介の労をとった。グラバーだけでなく、当時の長崎では進取の気性に富んだプロテスタントたちが活躍し、近代日本の幕開けに多大な功績を果たした。

天主堂の建設を請け負ったとき小山は三六歳で、すでに兄・北野織部とともに居留地の埋め立てを終え、グルーム住宅、グラバー住宅、オルト住宅を完成させていた。このころまでの洋風建築は、主に地域の大工や左官の伝統的工法によって施工された。西洋建築の技術が導入される過程においては、従来の技術と折衷《せっちゅう》しながら〝洋風化〟させる技能が大いに重宝された。

以降、長崎の居留地は、多くの洋館で埋め尽くされることになった。一八七五年（明治八）以前にイギリスの写真家フェリーチェ・ベアトが撮影したとされる写真［写真1-13］でも、多くの洋風建築を確認することができる。

図1-13　大浦天主堂（左奥）が改修される1875年（明治8）以前の外国人居留地。中央奥にはグラバー住宅が見える（前掲『甦る幕末』より）

明治以前の高島

製塩・鍛冶に利用

一九〇八年（明治四一）発行の『日本炭礦誌』によれば、高島での採炭は「宝永（一七〇四〜一〇）のころ肥前平戸の領民五平太《ごへいた》が対岸深堀《ふかほり》村より渡来し始めて石炭を採掘して付近の塩田に供した」のが始まりという。ただし口伝である。

一方、『高島町文化史』（一九四九年）では「宝永七年（一

＊5……『川添硝子株式会社沿革年譜』によれば、川野屋は一八六一年（文久元）に貿易雑貨商として川添甚兵衛によって創業。場所は江戸町で小山秀之進の小山商会の近く。甚兵衛はオランダ商館に勤めながら、店の経営は息子にさせ、指導していたという。店の表には「舶来小間物及び硝子板売捌所、洋酒日本酒類」との文言が掲げられていた。長崎では明治以前からガラス、金物、雑貨類の輸入が行われていたのである。ちなみにグラバー邸扉の丁番には「川添」の標が付いていたという。

七一〇）深堀鍋島家に仕えていた五平太という者が永年忠勤の恩賞として高島を給された。たまたま彼が野焼きをした際に黒い石に引火し石が燃え出した。五平太はこの燃石を深堀領主に献上し、鍛冶《かじ》用燃料として深堀の住民に提供した。石炭の別名を五平太というのは発見者の名前に由来する」とされている。

また、寛永～文化年間（一六二四～一八一八）における高島の政治文化等に関する古文書を集成した『高島記』（松尾兼治編『高島町文化史』所収）によれば、年代の記載が詳《つまび》らかでなく時代を特定できないものの、おそらく高島での石炭採掘は一八世紀初頭から行われていたと思われる。

この『高島記』には興味深い内容が記されている。概要を記すと――

高島炭は鍛冶用として利用された。他に塩田用に利用され、徐々に広域での利用となり大きな利潤を上げるようになった。採炭後五～六年後には領主の聞き及ぶところとなり、深堀家家来との協議の後、領主支配での炭坑事業となった。五平太の功績が認められ、石炭を五平太と呼ぶようになった。石炭は臭気もなく上質の名産品と評判となり、大阪、伊予、その他中国地方まで、二〇反帆船二五艘で運送した。坑道も六ヵ所に増え、浜近くに年番の役人が勤番する役所が置かれた。その近くには深堀より、町人の出店や諸色屋（筆者注・遊興娯楽施設と思われる）、金銀両替屋が出てきて、いろいろと便利となった。

というものである。記事は五平太が採炭を開始して二〇～三〇年後のものと推測される。

鍋島藩家老・深堀鍋島家が直営

高島での採炭事業は一七一六年（享保元）、鍋島藩の家老格だった深堀鍋島家の直営となり、八六年（天明六）になると年間販売高は一六〇〇貫を超えた。俵数にすると大俵約一万八千俵、中俵約一万俵あり、深堀鍋島家の大きな財政収入となった。翌八七年（天明七）には烏山平次郎という人物に対し、深堀鍋島家が高島炭の長崎での販売を許可している。高島の権現山頂に神社が創建されたのは一六二三年（元和九）で、荷積みの船の往来が盛んとなり、一八一二年（文化九）には船主らが航海安全のため鳥居を寄進している。

また、一八四〇年（天保一一）に起こった坑夫殺害事件を記した長崎奉行所の判決記録史料『犯科帳』には、事件の聞き取りや裁きの結果の他、関係者の所属や肩書等が記されている。「納屋頭《なやがしら》」、「掘子頭取」、「掘子」の記載があることを踏まえると、すでに採炭坑夫の組織化がなされていたようである。

さらに幕末期の鍋島藩の重臣・本島藤太夫《ふじだゆう》が記した『松乃落葉』には一八五五年（安政二）の高島の鉱脈に関する記載がある。――厚い炭層（八尺層が二層）があり、それは日本一の上質炭で、一〇年以上の採炭が可能な埋蔵量があった――というものである。

珍しい記録としては、足立巻一《けんいち》の史伝『虹滅記《こうめつき》』に、鍋島藩士の子で漢学や洋学にも通じた儒学者・谷口藍田《らんでん》（一八二二～一九〇二）とその門人らによって幕末の高島の開発事業が起こされたとの逸話が記されている。藍田はのちに有名な日田・咸宜《かんぎ》園の塾頭を務め、明治維新の立役者の一人に数えられる大村益次郎《ますじろう》らが薫陶《くんとう》を受けた。幕末には一時、江戸に出て佐久間象山《しょうざん》、伊東玄朴《げんぼく》、大隈重信、副島種臣《たねおみ》、江藤新平らと交流があった。年代こそ記されていないが、「長崎奉行に特にたのんで属吏になりすまし、停泊中の外国軍艦に乗りこんで艦内の構造、機械の運転を観察し、その原動力が石炭にあることを知って炭坑開発を思い立った」という。また、「個人の炭坑経営は藍田が最初だったといわれる。しかも、グラバー、オールスなどの外国商人と取引をし、広東米を安く輸入して鉱夫に支給し、炭価を一定にするようにした」とあるが、これはグラバーが貿易商として独立した一八六一年（文久元）以降であろう。六九年（明治二）には鍋島の支藩である鹿島藩主の鍋島直彬《なおよし》に懇願され藩校・弘文館の教授となっているが、鍋島本藩がグラバーとの共同で採炭事業を開始する時期とほぼ同時期のようである。藍田の炭坑事業については他に資料を見ていないので詳細はわからないものの、近代化に貢献した宣教師フルベッキとの交流もあったらしい。

†column　宣教師フルベッキと近代日本

一八五九年（安政六）秋、米国オランダ改革派教会から派遣された宣教師グイド・フルベッキが来崎した。グラバー来崎の少し後であった。

フルベッキは一八三〇年、オランダ・ユトレヒト州で資産家の子として生まれた。ユトレヒト工業高校で工学を学び、五二年に渡米。ウィスコンシン州の造船所（鋳造工場）で働き、その後アーカンソー州に移って橋梁《きょうりょう》や機械の建造に携わったという。

一八五四年の夏に重症のコレラを患い、それを機に宣教師になることを決意。ニューヨークの長老派オーバン神学校に入学し、卒業と同時に米国オランダ改革派教会の宣教師に選ばれると、サミュエル・ロビンス・ブラウン、デュアン・シモンズ牧師らとともに日本へ派遣されることになった。フルベッキは既に結婚していたが、ブラウンらとともに上海に立ち寄った後、単身で長崎に渡って崇福寺境内《けいだい》の広福庵に仮住まいし、妻マリアを呼び寄せた。

長崎は開港後間もない時期で、すぐ近くの大浦地区では北野織部《おりべ》、小山秀之進《ひでのしん》兄弟による居留地の護岸工事の最中であった。港の西対岸では長崎製鉄所の工事も進行中で、長崎港内の様子は大きく変わりつつあった。

来崎した年、長崎海軍伝習所が閉鎖され、指揮官のカッテンディーケと士官らは帰国したところであったが、製鉄所の造営を指揮していたハルデスと同行の技師達はまだ長崎に残っていた。

日本国内ではまだキリシタン禁制が続いており、日本人への宣教活動には制約があったが、フルベッキは自宅を私塾にして生活していた。一八六一年（文久元）には鍋島藩士の大隈重信と副島種臣《たねおみ》がフルベッキを訪ね、英語の個人教授を受けた。大隈はキリスト教の思想に興味をもったという。

一八六二年（文久二）九月、横浜で生麦事件が起き、翌年の八月には薩英戦争が勃発した。フルベッキ一家は上海に避難する。五ヵ月程の滞在ののち、

（左から）フルベッキ、ブラウン、シモンズ

帰崎すると、幕府の要請で長崎英語伝習所（のちの済美《せいび》館）の教師を務める。

フルベッキの伝習所には、のちに大阪洋学校を開く何《が》礼之《のりゆき》ら、多くの門下生が集った。一八六七年（慶応三）には鍋島藩に雇われ長崎に蕃学《ばんがく》稽古所（のちの藩校・致遠《ちえん》館）を開校、大隈と副島は教頭格となる。フルベッキは英語の他、政治経済についても講義を行った。

さらにフルベッキは一八六九年（明治二）、明治新政府の依頼で大学南校《なんこう》（東京大学の前身の一つ）の設立準備のため上京する。フルベッキはここで教頭を務めた。

このころフルベッキは、日本の近代化について大隈に意見書を出し、欧米への使節派遣を勧めた。大隈はこの意見書をのちに岩倉具視《ともみ》に見せたが、これが一八七一年（明治四）の岩倉使節団へとつながっていく。岩倉とともに欧米へ随行した留学生には、津田塾を創設した津田梅子や、のちに長崎の県令となり日本初の水道用ダム（本河内高部ダム）建設に寄与した日下《くさか》義夫（一八五二〜一九二三）らもいた。

フルベッキが長崎を拠点に活動した期間は一〇年程であるが、欧米の情勢をわが国に伝えた功績は計り知れない。第四章で紹介する土木家の白石直治《なおじ》（一八五七〜一九一九）はフルベッキとともに来日したブラウン牧師に影響を受けた。

かつて筆者はフルベッキゆかりの長崎教会の調査を行い、二〇一五年（平成二七）に長崎の景観重要建造物の申請を行った。築九〇年を超えた木造の教会はカトリックの教会と違って装飾が少なく、質実で合理的な印象をもった。それはモダニズム建築にも通じるものであった。フルベッキが日本に伝えたものは、宗派の枠を超え、変化を遂げようとする西欧社会の教育や技術、その思想を含む文明の〝総体〟だったといっても過言ではない。

第2章 高島炭坑と近代

*1873年（明治6）の高島・北渓井坑（上野彦馬撮影、日本大学芸術学部蔵）

高島とグラバー

幕末の動乱とグラバーの活躍

近世、出島は西欧諸国で唯一貿易が認められたオランダとの公式窓口だったが、一八五九年（安政六）の開港に伴い、長崎ではオランダに代わって次第にイギリスの影響を受け始めることとなった。開港から数ヵ月後、上海に拠点を置くイギリスの商社ジャーディン・マセソン商会の一員として来崎したトーマス・グラバーは、二年後の六一年（文久元）、同商会の長崎代理店として「グラバー商会」を立ち上げ、独立した。

翌一八六二年（文久二）、生麦事件が勃発し、六三年（文久三）の薩英戦争へと発展する。薩英戦争の裏で活躍したグラバーは薩摩藩との関係を強化。グラバーはそれまでの茶の輸出から艦船や武器の販売に移行して経営を拡大し、六六年（慶応二）には商会員二四名を擁する商社へと成長する。

グラバーの事業は、貿易商としての活躍の他に、薩摩藩との共同事業として行われた長崎港内の小菅《こすげ》修船場《しゅうせんば》（乾船渠《かんせんきょ》／スリップドック）建設に始まる近代造船業や紡績業など多岐にわたった。産業革命後のイギリスの情報を伝え、薩摩や長州の志士達の海外への密航を支援したのもグラバーであった。

一八六八年（慶応四）、グラバーは高島において日本初の蒸気機関を備えた近代炭坑事業に乗り出す。

高島炭は良質で、輸出の権利を独占することで急速な事業拡大が予想できた。

ただし当時の高島は鍋島藩が家老の深堀《ふかほり》鍋島家に与えた知行《ちぎょう》地であった。それまで深堀鍋島家は鍋島藩の長崎警備を担っており、経済的負担の大きい中で高島での事業は財源確保の重要な柱であった。

ところが鍋島藩とグラバー商会との合弁化計画は、それまで炭坑事業を行ってきた深堀鍋島家との相談なしに進められた。鍋島藩は武器や軍艦購入等で財政的に厳しく、採炭機械の購入費用も販路もなかったから、グラバー商会との合弁事業は望むところだったのである。

鍋島藩とグラバー商会が共同経営化

一八六八年（慶応四）二月、鍋島藩は藩主らの上京のために急遽《きょ》軍艦ユージン丸（のちの孟春丸）を購入した。このとき、ユージン丸やスペンサー銃などの代金をグラバー商会が立て替えたが、残代金四万三七五〇両を高島坑の売上金から充当することで支払おうとした。契約では、輸出石炭トン当たりの補償（一両／トン）を地主である深堀鍋島家に支払うとの内容が記されている。一二箇条からなる契約書には、鍋島藩が生産及び人事面を担当し、グラバー商会が販売面を管理すること、「炭坑有用水揚炭揚蒸気器械」を除く固定資産は双方が等分に分担し、利潤は折半すること、契約期間は調印から七年半であることなども記されていた。

グラバーは高島開発の資金と機械設備調達のため、契約前年の一八六七年（慶応三）、イギリスに帰国し、翌年初めに帰崎。「長崎英商ガラブル（グラバー）社中」と鍋島本藩の松林源蔵、羽室雷助との間で正式に契約が結ばれた。藩内には外国人との共同経営に反対する者も多くいたので、松林、羽室両人とグラバーの個人的契約の形式をとったのである。松林は藩の「物産局器械御取入方」であったが、炭坑事業の採算性や機材を購入した場合の費用を算出し、報告書を提出していた（報告書では六〜七千両）。鍋島藩から突然炭坑事業をとり上げられた深堀鍋島家だったが、紆余曲折《うよきょくせつ》を経て、結果的には一八七一年（明治四）、高島坑の藩営化による代償金三万両を鍋島本藩から交付する旨の通知が出ている。この代償金は深堀鍋島家が周辺の島々を炭坑へと開発するための財源に充てられた。

国内初の蒸気機関による竪坑

グラバーはイギリス人技師サミュエル・モーリスらを高島に招き、西洋式竪坑《たてこう》の開削工事に着手。一八六九年（明治二）、深さ一五〇尺（約四五ｍ）の地点でようやく八尺（約二・四ｍ）の炭層に到達（着炭）した。

高島坑で最初に近代化されたのは揚水ポンプと捲揚《まきあげ》機だった。揚水は長さ約二・九ｍ、内寸二〇㎝の鉄管を坑底まで接続し、蒸気機関を利用したポンプで坑内の排水を行った。また石炭の搬出や資材の上げ下ろしには蒸気式捲揚機を稼働させ、船への積込み場までの移動には線路を敷設した。一八七〇年（明治三）の「諸向払方《しょむきはらいかた》仕分書」には、小山秀《ひいで》（この年、秀之《ひでの》進《しん》から改名）が請け負い、煉瓦造で築造された「風トリ築立《つきたて》」の明細が記されており、換気・排気の設備も整えられていたことがわかる。

蒸気機関の利用によって、高島坑の出炭量は飛躍的に向上した。一八六五年（慶応元）の記録では、通常、民営の炭坑が月産一〇〜一〇〇トン、藩営では一〇〇トンが年のうち数回だったのが、高島最初の竪坑である北渓井坑では、七〇年（明治三）末の時点で日産三〇〇トンにも達している。年産に換算す

図2-1　1873年（明治6）の高島・北渓井坑（上野彦馬撮影、日本大学芸術学部蔵）

ると一〇万トン超になるが、明治期の同坑のピークが三〇万トン程度なので、当時の技術力としては驚異的な量である。

ちなみにこの契約は七年半であったが、鍋島藩主代理の松林源蔵は契約満了後の準備として二年後には上海、香港、長崎に商館を建設する計画まで立案していた。

一八七一年（明治四）には、同時に掘削を開始していた別の炭層にも着炭した。到達時の深さは一三八尺（約四二m）。これらの竪坑の設計および施工も小山だったといわれているが、詳細は不明である。六九年（明治二）に着炭した最初の竪坑は北渓井《ほっけいせい》坑《こう》、新たに着炭した竪坑は南洋《なんよう》井坑と呼ばれるようになった。

高島での事業は、のちの端島《はしま》（軍艦島）開発の伏線となった。先に述べたごとく、深堀鍋島家は高島坑を譲渡した代償として得た資金で周辺諸島の炭坑開発を行い、旧当主・鍋島孫六郎と家臣（渡辺聞櫓《ぶんろ》、峰如松、峰眞興、深堀楳伍《ばいご》ら）によって、香焼《こうやぎ》島、沖ノ島、伊王《いおう》島、端島、二子《ふたご》島、中ノ島の開発が行われたからである。

グラバー商会の破綻

さて、グラバーは先にも述べた小菅の修船場や造幣寮の建造など多くの事業に関与して実績を上げていたが、多額の借り入れの返済がうまくいかず、一八七〇年（明治三）八月、破産してしまう。艦船や武器輸入などの代金回収が滞ったことなどに加え、高島の開発や造幣寮の建設に関わる機械の輸入で親会社にあたるジャーディン・マセソン商会への負債が膨らんでいたのである。

グラバーは薩摩藩と共同で建造した小菅修船場を政府に売却し利益を得たものの、造幣寮の建設機械購入で利益を出せなかったばかりか、すでに出炭を開始していた高島坑で一八七〇年（明治三）初めに二度にわたって坑夫らの暴動が起こり、グラバーが期待した量には至っていなかった。春の段階でようやく日産一五〇トンに至ったものの、賃下げ等への反発は騒乱にまで発展。三度目の暴動では鍋島の支藩である諫早藩が出動してようやく鎮圧された。グラバーはジャーディン・マセソン商会への債務返済を遅らせ、かつグラバー商会が保有している炭坑利権への共同参画と負担を呼びかけたが、ジャーディン・マセソン商会はもはや応じることなく、これまで続けてきたグラバーへの支援を打ち切った。

この負債はオランダ商社（Nederlandsche Handel-Maatschappij）による融資によって肩代わりされたが、鍋島藩側がこの事実を認識したのはグラバー商会の破綻から実に一年後のことだった。

破綻したグラバー商会に代わって債務を引き継いだオランダ商社はイギリス人技師フレデリック・ポッターに高島の調査を行わせた。一八七一年（明治四）四月の『高島石炭坑記』「諸向払方仕分書」には「坑山師ポタルス（＝ポッター）上海ヨリ当港迠舟賃、ヨーロッパヨリノ諸雑費、ソクリョウ道具代」と記されている。[*1] 九月の記録に「ポットル（＝ポッター）君船賃」とあるので、約半年の調査であったことがわかる。

「坑山得失論」と題されたポッターの報告では、まず高島炭の炭質について、イギリスのニューカストル坑の石炭（無煙炭）と同様に不純物も少なく最上級と評価し、「ガスの恐れもなく、…裸火を用いることも危うき事なし」とある。報告には、北渓井坑の改善内容と共に、第二竪坑である南洋井坑の掘削にまつわる提言もある。「北渓立坪（筆者注・竪坑を指すと思われる）之風抜用《もち》ひあり」との報告がある一方で、水揚げ（排水）に関しては、「日本の水車を用ひあれとも、是《これ》は唯其《ただその》雑費莫大にして…其働《はたらき》も又不快なり」として改善の必要性を指摘している。南洋井坑の掘削時にはイギリスの竪坑と同様の造営を行い、石炭搬送についても「近キ所ハ人夫…遠クハ馬…」として馬による坑内輸送を提案し、送風機等、機械化の必要性を述べている。同年九月の「諸向払方仕分書」には馬送り荷船賃や馬具用諸品の賃金が計上されているので、ポッターの提案に基づいた整備が行われたようである。

高島坑の官営化

一八七二年（明治五）春、旧鍋島藩主・鍋島直正《なおまさ》は改めてオランダ商社との合弁による経営を改めて出願したが、工部省は同じ月に政府が発した「鉱山心得書《こころえ》」を理由に、鍋島藩とオランダ商社との合弁事業を許可しなかった。この「鉱山心得書」には、坑区所有権が外国人に移ることを阻止する規定があった。「鉱物は皆、政府の所有たり。故に、諸府県下において国民の開採せるものは、ことごとく政府よ

＊1……秀村選三、武野要子、田中直樹、細川章校註『明治前期肥前石炭礦業史料集』319頁

りの請負稼ぎにあらざることとなし。外国人への引当てに請負鉱山の稼ぎ方を譲ることは決して成らざる事」とし、鉱物資源の国有及び外国資本の排除をうたったのである。これにより、民間では期間を定め、政府から坑区を借り受けて（これを「借区」という）して開坑することとなった。

鍋島藩とオランダ商社との合弁申請を却下した工部省は同年、高島坑の官営化の方針を打ち出す。工部省はイギリス人の坑山師長ゴッドフレーを派遣し、外国資本排除の交渉を進める。同時に経営や会計に明るい外国人等も投入したが、この時の調査で、グラバー商会のずさんな経営によって本来であれば鍋島藩が得ることが出来たはずの利益の一〇％以下しか支払われていなかったことが発覚するなど、事態は複雑化した。

結局、鍋島藩は炭坑経営の一切を政府（伊万里県）に引き継ぐが、一八七三年（明治六）、「鉱山心得書」に続き発せられた「日本坑法」では坑区所有権が外国に移ることを阻止する規定がさらに厳格化された[*2]。破綻したグラバー商会の管財人となっていたオランダ商社は同年九月、この規定を不服として領事裁判所に提訴し、明治政府側が四〇万ドルを支払うことで決着がついた。

その後のグラバー

グラバー商会の事業は多岐にわたっており、負債整理には七年を要したが、破産の四ヵ月後には息子の富三郎が誕生するという吉事があった。グラバーは一八七一年（明治四）神戸に移り、さらに負債整理の目途がついた七六年（明治九）には麻布の狸穴《まみあな》町に転居するが、八〇年（明治一三）になると長崎に戻り、次節で述べるように後藤象二郎《しょうじろう》（一八三八～九七）が経営を引き継いだ高島坑の支配人となる。高

図2-2 グラバーと三菱2代目社長・岩崎彌之助（1900年ごろ）

島坑は翌八一年（明治一四）、岩崎彌太郎《やたろう》率いる三菱の手に渡ることとなったが、何と後藤とグラバーの間には彌太郎に無断で三年間の雇用契約が結ばれており、三菱が引き続きグラバーを雇わねばならなくなった。この事実を知った彌太郎は「誠に不快の事に候」と立腹したという。[*3] その後もグラバーは三菱に籍を置き、高島坑の顧問を務めている。

一八八六年（明治一九）ごろ、再び東京・芝公園に転居し、三菱の顧問となる。邸宅は伊藤博文から送られた広大なもので、伊藤や陸奥《むつ》宗光《むねみつ》などの面々が出入りした。このころ、ジャパン・ブルー・カンパニー（のちの麒麟麦酒《キリンビール》）の設立にも尽力している。

一九〇八年（明治四一）、政府は明治維新への功績を認め、グラバーに勲二等旭日重光章を授けた。日本の近代化に大きな足跡を遺したグラバーは三年後の一一年（明治四四）一二月、七三歳で世を去った。

＊2……小林正彬「後藤象二郎より買収以後の三菱高島炭坑」（二〇〇三年）によれば、日本坑法では「外国人ハ借金引当ニ請負鉱山ノ稼方ヲ譲ルコトハ決シテ不相成候事」、「雇レ西洋人ハ技術方ニ限ルヘキ事」、「此鉱物ナルモノ都テ政府ノ所有トス故ニ独リ政府ノミ之ヲ開採スルノ分義アリ」などといった文言が条文で明示された

＊3……東定宣昌「石炭産業における私雇外国人」（一九九六年）

小山秀、後藤象二郎の挫折と岩崎彌太郎の登場

小山秀、端島に進出

一八七四年（明治七）一月、晴れて官営となり鉱山寮の管轄に移行した高島坑だったが、早速問題が表面化した。例えば小山秀は高島炭坑開発に関する請負金がオランダ商社から一部未払いになっているとして同月、鉱山寮へ口上書を提出。七〇年（明治三）からの『高島石炭坑記』「諸向払方仕分書」には、グラバーらと並び小山が出資者として記録されている他、機械設備や建造物の支払いなどに頻繁に名前が記されているが、坑夫の派遣者として賃金の立替分もあったと考えられる。

また北野典夫著『天草海外発展史（上）』によれば「鉱山寮ニ引継キノ節、右同様ニテ壱名ヲ増ス。杉森吉松・内田安太郎・島谷國吉・小山秀」との記述があり、官営になっても小山が引き続き採炭を請け負ったことがわかる。

小山は高島坑の請負を続けながら、一方で端島の開発にも関わることとなった。[*4] 長崎歴史文化博物館には一八七五年（明治八）、小山が鍋島藩の家老で端島の開発事業に乗り出していた深堀鍋島家の渡辺聞櫓らと交わした出炭請負契約書の写しが所蔵されている［200頁、図5-3］。すでに述べた通り、深堀鍋島家は一八六八年（慶応四）、鍋島藩から高島を接収されたため、周辺の香焼島、伊王島、沖ノ島、中ノ島、端島など周辺地域での炭坑開発を始めていた。契約期間は二年間で、七七年（明治一〇）まで。採炭費

用分配の他、「汐留石垣破損修理」などの請負事項も記されている。

端島の坑道が台風で崩壊

さて、一八七三年（明治六）に制定された「日本坑法」によって鉱物はすべて政府の所有となり、民間は採炭地域を「借区」した上で採炭事業を行う規則となった。

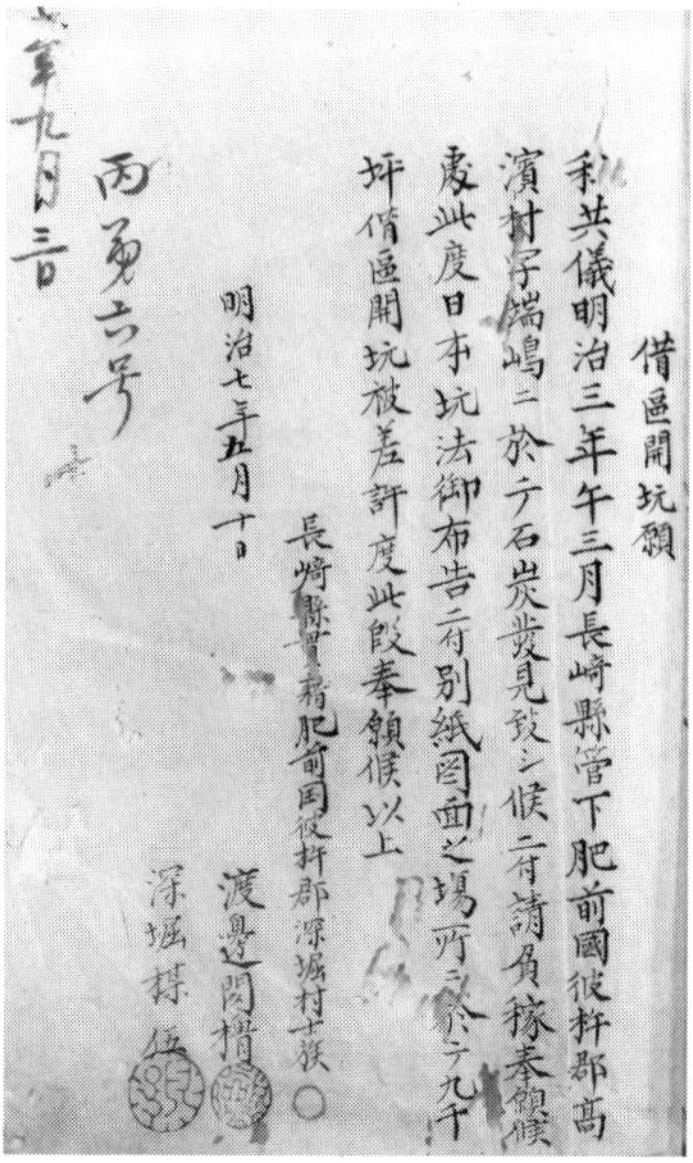
借區開坑願
私共儀明治三年午三月長崎縣管下肥前國彼杵郡高濱村字端嶋ニ於テ石炭發見致シ候ニ付請負稼奉願候處此度日本坑法御布告ニ付別紙図面之場所ニ於テ九千坪借區開坑被差許度此段奉願候以上
明治七年五月十日
長崎縣貫属肥前國彼杵郡深堀村士族
渡邉聞櫓
深堀楳伍

図2-3　借区開坑願、1874年（明治7）。「私共儀明治三年午三月長崎縣管下肥前国彼杵郡高濱村端島ニ於テ石炭発見致シ候ニ付請負稼奉願候…明治七年五月十日 渡邊聞櫓 深堀楳伍」とある（長崎歴史文化博物館蔵）

高島、端島においても例外ではなく、翌七四年（明治七）五月、渡辺聞櫓、深堀楳伍の連名で端島の「借区開坑願」が提出されている［図2-3］。

なお端島の元々の地形は岩礁と急峻な斜面である。一八七〇年（明治三）ごろから整備が開始されて以降、護岸（「汐留石垣」）の築造・補修と海面の埋立が繰り返された結果、二ヘクタール（二万㎡）程の岩礁に過ぎなかった小島が、一九〇〇年代初頭には五・七ヘクタールもの陸地へと拡大していくのだが、

＊4……最初期の端島の開発について、『高島炭砿史』には「明治二年春、長崎の六海社が官許を得て採炭したが、一年で休業した。同三年夏、峯如水（深堀出身）がその業を継ぐが一年足らずで廃業、同七年八月、渡辺聞櫓（深堀出身）が島中の九千坪を借区し、同八年春から洋式採炭で横坑を穿って目的を達しようとした時、九月の大風の台風で失敗して、翌年春、これを天草出身者小山秀に託した」と記されている。後藤象二郎の蓬莱社の前身を「六海社」とする資料もあるため、「長崎県史稿庶務課史誌挂事務簿・工業」等を確認したが実態はよくわからなかった。ちなみに同史料によれば端島は「明治七年八月開業　七年中出炭ナシ／借区坪数　九千坪／明治八年一月ヨリ六月迄／出炭高　百六拾三萬八千百弐拾四斤」。

黎明期＝旧深堀鍋島家と小山らの時代の端島は、まだ労働者の居住区を埋め立てて拡張した様子もなく、炭坑施設区が先行して整備された。比較的波浪の影響の少ない坑口近くの東側を護岸によって整備し、石炭船の荷積み用に利用したと考えられる。

小山は天草の一族から資金を集め、イギリスから技術者を招聘して機械を整備した。名義上の採掘権者（借区人）は旧深堀鍋島家の重臣らが起こした「深堀会社」だったが、社長の渡辺聞櫓や深堀楳伍と出炭量の歩合で支払う約束をし、石炭の売却については小山の裁量に委ねられた。ちなみに一八七三年（明治六）上半期の端島坑の出炭高は約一六四万斤。下半期は三六一万斤との記録があり、これは端島で護岸を含め一定の整備がすでになされていたことの証左といえる。

ところが、開発着手から一年足らずの一八七六年（明治九）六月、海底の坑道に浸水。次いで七月の台風襲来で坑道が崩壊してしまう。その後、小山は契約を七九年（明治一二）まで延長して復旧を試みたが十分な資金調達ができず、ついに事業を完遂することはできなかった。

その後小山は一八八三年（明治一六）、政府が主導した〝三大築港事業〟の一つとして三角《みすみ》西港（旧港）の建設を天草の同志と共同で請け負う（竣工は一八八七年）。この港は当初、大牟田・三池炭坑からの石炭搬出用に計画されたが、予定されていた鉄道が延伸されず三池港も整備されたため、結果的には充分活用されなかった（二〇一五年、「明治日本の産業革命遺産」の一つとして世界遺産に登録）。

ちなみに一八七六年（明治九）、初代上海総領事・品川忠道《ただみち》は外国資本による高島炭坑への経営介入を問題とし、大蔵卿・大隈重信《おおくましげのぶ》に意見書を提出している。目下行われている端島坑の開発を、官金による補助によって外国資本から独立して行うべきとの提言だった。[*5]

高島坑、後藤象二郎に払い下げ

石炭産業史の大家として知られる東定宣昌《とうじょうのぶまさ》によれば、[*6] 官営時代の高島坑に新しく雇用された〝御雇《おやとい》外国人〟は坑山師として雇われたマーティンがいるくらいで、書記トンブリンクとグラバー他の六名は鍋島藩―グラバー時代からの継続である。雇用期間が一年以下と短期であることからして政府には高島坑を本気で経営する意思はなく、外資の排除が主眼であったようだ。

一方、官営期の日本人坑山師の中に高取伊好《これよし》（一八五〇〜一九二七）がいたことは特筆すべきであろう。高取は肥前多久《たく》出身で、一八七二年（明治五）、政府がイギリス人坑山師ゴッドフレーを招いて開設した鉱山寮で学んだ。のちに詳しく触れるが、高取は鉱山寮卒業後すぐに高島に派遣された。のち三菱に移ったがすぐに独立して杵島《きしま》炭坑をはじめとした唐津の諸坑の発展に尽力し、「肥前の炭坑王」と呼ばれた人物である。

さて工部省の管轄となった高島坑だったが、政府は相応《ふさわ》しい希望者があれば民間に払い下げる意向だった。ちょうどそのころ、大蔵省を辞して後藤象二郎が主宰する蓬萊《ほうらい》社に参加していた竹内綱《つな》（一八四〇〜一九二二）は、工部卿・伊藤博文から高島坑払い下げの情報を得、後藤に出願を勧めた。

＊5……品川忠道が大隈重信あてに外資排除を提言した一八七六年（明治九）一一月当時、端島は渡辺聞櫓及び深堀楳伍の借区下にあり、小山は採掘の請負人だった。ところが端島では同年六月出水、七月には台風の被害が出たため、小山はグラバーを頼る。英国に帰国中だったグラバーは、かつて破産した際に小山に迷惑をかけた経緯もあり、グラバー商会の代理人が一万円を用立てる。一〇月グラバーが帰国すると小山は再建のため融資を頼む。結局「日本坑法」の規定により実現しなかったが、おそらくその噂が上海の品川にも伝わったものと思われる。

＊6……前掲、「石炭産業における私雇外国人」

図2-4 後藤象二郎

一八七四年（明治七）、高島坑は後藤の蓬莱社に払い下げられ、「後藤炭砿舎」として操業されることになった。払い下げにあたっての代金は五五万円、うち即納金二〇万円、残る三五万円は七年賦となった。ところが、後藤があてにしていた大阪の資本家からの出資金が予定額を大きく下回ってしまう。後藤は資金の不足分をイギリスのジャーディン・マセソン商会からの借入金で賄《まかな》ったが、これは外国資本の排除をうたった「日本坑法」に違反した契約であった。

官営時代がわずか一〇ヵ月の短命に終わったこともあり史料は少ないが、高島坑の出炭量は年産七万トン、設備増設や補修に六万七千円が投じられたという。また官営になったことで流罪等の囚人が労働力として利用されていたとする記述[*7]もあるが、後述する後藤炭砿舎への移行期に至る時期の労働の実態については詳しいことがわからない。とはいえこの官営期には外国船の寄港が可能となり（一八七四年〈明治七〉九月）、高島から直《じか》に石炭が輸出できるようになった。これは合弁時代にグラバーが要望していたことでもあった。[*8]

納屋制度下、相次ぐ事故・疫病と坑夫暴動

機械による近代化が進んでいた高島坑だったが、坑夫らの労働環境は、納屋《なや》頭《がしら》傘下での旧来の納屋制度が維持されていた。

少し時代を遡《さかのぼ》るが、一八七〇年（明治三）には早くも炭坑労働者の騒動が三回起こっている。まず

図2-5 竹内綱

同年一月に納屋間の喧嘩が起こり、三月には数百人が小山秀の事務所を襲った。六月には賃下げに対して四〇〇人が集結し「異人部屋」や「器械場」に狼藉《ろうぜき》を働いたが、藩が出動して収まったという。

一八七二年（明治五）一二月には労働者二〇〇人程が過酷な労働に耐えきれず監督官の解雇を要求、炭坑社員や外国人を襲い、死傷者まで出る事態となった。イギリス領事館の依頼で警察が派遣され鎮圧されたが、翌七三年（明治六）二月にはさらに大規模な暴動が起き、再度警察が出動。死傷者や脱走者も出た。七四年（明治七）一月にようやく鉱山寮による官営となるが、労働者の斡旋《あっせん》請負人として小山ほか三名の名が出てくることからすると、少なくとも従来の労務管理方式（納屋制度）が継続していたことになる。

後藤炭砿舎時代の一八七五年（明治八）一二月にも、ガス爆発で四八人が死亡。翌七六年（明治九）三月には「出炭請負舎エノ達書」を発し、納屋頭と坑夫間の不満解消や分配の平等化など労務対策を講じたが、同年七月に坑内で大火災が発生。九月にはコレラが発生する。七八年（明治一一）七月には二千人もの同盟罷工（ストライキ）が起こった。

生産効率は上がったが、官営期を除いては外国資本の投機的な要素が強く、高収益を強いられた状況下での厳しい労資関係が垣間見える。

＊7……前掲、『明治前期肥前石炭礦業史料集』56頁
＊8……前掲、「後藤象二郎より買収以後の三菱高島炭坑」

図2-6　岩崎彌太郎

難航した岩崎彌太郎への譲渡

一八七四年（明治七）の払い下げ以降、後藤炭砿舎の下で操業が続けられた高島坑だったが、翌七五年（明治八）に年産一二万五千トン（日産三五〇トン）を記録したものの、同年一二月のガス爆発（坑夫死者四八人）以降、出炭量が落ちる。続く七六年（明治九）三月前半まで日産一〇〇トン台、四月も二〇〇トン台と低迷する。いわゆる武家の商法式の放漫経営で、近代的な資本主義経営にはまだ遠い状況だった。

そこで翌五月、ジャーディン・マセソン商会への負債を返済できなくなった後藤に代わり同郷の竹内綱《つな》が蓬莱社社長を引き継ぎ、経営にあたる。ところが一八七八年（明治一一）二月、後藤がジャーディン・マセソン商会の鉱山代理人を解任したことから、逆に同商会から提訴されるといった問題が発生した。さらに同年四月、高島の開発用務で長崎に出張していた竹内が、土佐の同志である林有造、大江卓《たく》ら二四人とともに、板垣退助の土佐挙兵事件に関与した咎《とが》で一年にわたり禁固に処せられる。七月には先にも述べた二千人もの同盟罷工（ストライキ）が発生、後藤がジャーディン・マセソン商会と約束していた支払いの見通しが立たなくなった。加えて二年前に発生したコレラの余燼《よじん》もくすぶっており、下半期の出炭量は上半期約八万トンの三〇％以下まで下った。

この時、経営難に陥った蓬莱社を救った一人が福沢諭吉だった。三菱を率いる岩崎彌太郎への譲渡を仲介したのである。福沢は一八七八年（明治一一）末ごろから彌太郎の側近であった石川七財《しちざい》を通じて話をもちかけ、高島坑の譲渡は後藤、三菱双方にとって益があり国のためになると熱心に説いた。実は後藤は彌太郎の弟、彌之助《やのすけ》（一八五一～一九〇八）の義父でもあった。

だが後藤に不信を抱いていた彌太郎はなかなか了解しなかった。不信の理由としては、仲介者の福沢諭吉を通じて提示された譲渡額が当初は六〇万円だったにもかかわらず最終的には九七万円にまでつり上がったことや[*9]、前述したグラバーの処遇をめぐる行き違いなどもあった。一八八〇年（明治一三）一一月に後藤から石炭の単価値上げが伝えられるに至って、三菱の社内では、唐津多久《たく》炭のほうが廉価であるにもかかわらず何故高島炭を優遇するのかという不満も上がった。

確かに後藤炭砿舎時代、ジャーディン・マセソン商会のテコ入れによる機械化が進んだ結果、高島の合計出炭量は八九万トンを数え、一時は利益をあげていた。加えて彌之助は石炭の推定埋蔵量や出炭予想、収支予測、既存施設の資産評価、さらに海運業にとっての燃料の価値や石炭販売の利ざやなどを示し、ようやく兄・彌太郎を説得した。

ジャーディン・マセソン商会への負債を抱えていた後藤は、譲渡にあたり借財の清算や販売権等、煩雑な問題を解決せねばならなかったが、一八八一年（明治一四）三月、ようやく彌太郎への譲渡が完了する。

三菱、中ノ島坑を入手

一八八一年（明治一四）、後藤象二郎から高島坑を買い受けた三菱は、三年後の八四年（明治一七）には隣の中ノ島坑も獲得。八七年（明治二〇）段階での年間総出炭量は四〇万トンに達した。稼働開始期

＊9……小林正彬「高島炭坑における官収と払下げ」（一九七四年）

	高島坑	中ノ島坑	端島坑	横島坑	合計
1881（明治14）	237,666	-	-	-	237,666
'82（〃 15）	254,687	-	-	-	254,687
'83（〃 16）	236,881	-	-	-	236,881
'84（〃 17）	226,912	2,558	-	-	229,470
'85（〃 18）	258,188	12,654	-	-	270,842
'86（〃 19）	270,397	49,881	-	-	320,278
'87（〃 20）	302,086	99,359	-	-	401,445
'88（〃 21）	306,548	101,635	-	-	408,183
'89（〃 22）	265,008	95,024	-	-	360,032
'90（〃 23）	238,925	138,039	-	-	376,964
'91（〃 24）	166,724	137,857	29,904	-	334,485
'92（〃 25）	180,759	158,632	49,518	-	388,909
'93（〃 26）	124,593	43,249	79,222	-	247,064
'94（〃 27）	120,209	-	92,512	-	212,721
'95（〃 28）	104,363	-	85,046	-	189,409
'96（〃 29）	95,483	-	82,384	-	177,867
'97（〃 30）	68,475	-	84,892	6,962	160,329

表2-1　三菱経営下の高島炭坑の出炭量（1881年～ 単位：トン、参照：『高島炭砿史』）

の一六〇%である。戦前で四〇万トンに達したのは他に一九四一年（昭和一六）のみであり、高島炭坑は事業の大きなピークを迎える［表2-1］。三菱は一方で八三年（明治一六）、端島にも進出し、採炭準備に入っていた。

さらに三菱は一八七三年（明治六）に岡山の吉岡鉱山（銅山）等も入手し稼働を始めていた。炭坑業と鉱山業を並行して行うことで、景気の良いときには炭坑が、不景気の時は鉱山が利益を上げるようになり、好不況の変動に強い企業体質が育まれていった。

ちなみに一八八六年（明治一九）から九三年（明治二六）の八年間の三菱の全所得を平均すると、七四・三%を炭坑事業が、一四・四%を鉱山事業が占め、この段階では炭坑事業が他を大きく引き離し、多角経営の筆頭として貢献した［表2-2］。

しかし、炭坑での雇用は相変わらず旧習の納屋制度で運用されていたため、その矛盾が徐々に顕在化しつつあった。

年　度	各事業部門の所得割合（%）				事業部門計（千円）	株配当他（千円）	計（千円）
	鉱山	炭坑	造船	地所			
1986（明治19）	7.5	81.4	10.3	0.8	631	607	1,238
'87（〃20）	9.2	84.7	4.4	1.8	818	518	1,336
'88（〃21）	24.8	66.7	6.1	2.4	861	558	1,419
'89（〃22）	1.8	86.0	7.7	4.6	710	643	1,352
'90（〃23）	-0.5	91.0	6.2	3.3	987	721	1,708
'91（〃24）	13.3	73.2	8.3	5.3	660	552	1,212
'92（〃25）	19.0	68.1	7.5	5.5	657	535	1,192
'93（〃26）	40.4	43.5	15.7	0.4	406	651	1,058
期間平均／計	14.4	74.3	8.3	3.0	5,731	4,783	10,514

表2-2　1886年（明治19）～93年（明治26）の各事業部門別の所得比率（参照：『高島炭砿史』）

高島炭坑事件

納屋頭による圧制を糾弾

明治前期最大の労働争議といわれる高島炭坑事件は、その出炭量が操業開始以来最大のピークを迎えつつあった一八八七年（明治二〇）末の『福陵《ふくりょう》新報』の記事に端を発する。『福陵新報』は、福岡の政治結社・玄洋社の首領であった頭山《とうやま》満《みつる》が中心となって同年創刊された。紙面では惨状で苦しむ労働者の救済を訴えたが、この記事が『大阪日報』に転載された。翌八八年（明治二一）には土佐の中江兆民が主筆を務める『東《しの》雲《のめ》新聞』でも紹介され、高島炭坑における労働者の処遇をめぐって演説会が催されるに至った。六月には雑誌『日本人』に松岡好《こう》一《いち》による「高島炭礦の惨状」が掲載される。松岡は八五年（明治一八）一一月から高島に入り、四ヵ月にわたって坑夫として雇われ、潜入取材を行っていたが、八月に発生したコレラ禍によって二ヵ月ほどで一三二名が発病、八〇余名が死亡していた。松岡が取材を開始した直後の一二月には天然痘も流行し、発病者二九九名、死亡者九九名もの被害が出ていた。

図2-7　端島より中ノ島を望む（明治初期ごろ、提供：長崎歴史文化博物館）

追随した暴露記事によって騒ぎはさらに増幅され、一大社会問題へと発展した。

報道による糾弾の内容を大まかに記すと、納屋頭による請負人制度（納屋制度）で坑夫の賃金が搾取され、また鉱山寮（官営）時代は囚人を労働にあて、後藤炭砿舎を経て三菱の経営下になると労働者が不足して近傍で充足できなくなったため納屋頭らが各地の博徒に支援を受け、鉄道建設などと偽って高島に連れてきたばかりでなく、過酷な労働を強いられた上、逃亡した場合は制裁のようなことまで行っている——。

三菱のイギリス人坑山師ジョン・ストダートは、長崎で発行されている英字新聞『The Rising Sun & Nagasaki Express』に坑夫らの住環境や食事などの明細を記し、また医師からの報告をもとに医療・衛生管理状態[10]なども記して反論した。

政府は一八八八年（明治二一）八月、事実調査のため内務省警保局長の清浦奎吾《けいご》を高島炭坑へ派遣。清浦は元勲・山縣《やまがた》有朋《ありとも》によって当時の警察のトップである警保局長に抜擢され、のちに第二三代内閣総理大臣となった人物であり、政府の調査は本腰だったと思われる。

都下の『朝野新聞』『郵便報知新聞』『東京電報』も事件に関心を示し、記者を派遣した。特に『朝野新聞』では立憲改進党の犬養毅《いぬかいつよし》が連載し[11]、『日本人』の論調と対立した。犬養は「納屋頭を廃し炭坑労務者を炭坑社の直轄と為すこと」を提案。他の二紙も結果的には三菱を擁護した。

一八八八年（明治二一）九月、清浦警保局長の談話が発表される。清浦は三菱に対し、納屋制度の改善勧告を行った。清浦警保局長の談話発表後、報道は徐々に下火となっていった。その後、清浦を中心に、国内で多発し始めた労働問題の法的整備を含めた検討がなされることになった。

日本最初の鉱業法規といわれる「日本坑法」では、鉱物は政府の所有とし外資からの保護を図ったが、労働者を保護する条項は欠如していた。一八九〇年（明治二三）、「日本坑法」に代わり「鉱業条例」が制定され、九二年（明治二五）六月施行される。プロイセンの鉱業法を基にしたものであった。本国人主義（海外資本の排除）は引き続き維持したが、民間の鉱業権、地主に対する鉱業人の優位等に加えて、坑夫の使役規則や保護が明記されることになった。高島炭坑事件から納屋制度廃止に至る流れは、その後の労働環境整備に大きな影響を与え、最終的には端島（軍艦島）に近代都市が誕生する転換点ともなった。

納屋制度の廃止

高島炭坑事件から一〇年が経過した一八九七年（明治三〇）七月、ついに納屋制度の廃止が実行される。廃止の契機となったのは、同年四月、高島炭坑の支坑である端島で起こった同盟罷工（ストライキ）

＊10……三菱は一八八六年(明治一九)、コレラ等の感染症予防策として便所や納屋の改築改良を行い隔離施設の整備を決めたほか島民には掃除の励行と不潔物の投棄を禁止。消毒作業の励行も行い、蒸留水製造機械を設置した。

＊11……『朝野新聞』一八八八年(明治二一)八月二九日から九月一四日にかけて連載された論説記事。前掲『明治前期肥前石炭礦業史料集』456頁。犬養毅が一二項目に実況を記述し、視察の上で提案も行っていた。一二項目は緒言、住所(附下水)、食物、(附飲水)、衣料(附用水)、病院、納屋頭沿革其職掌、坑夫募集、坑夫取締法(附違約処分)、使役及賃金、坑夫の生計及其進退、患者取締法及死亡について報告。坑夫取締法の項で犬養は、「吾輩をして之が改革案を計画せしめば左の如くするの外なし納屋頭を廃し坑夫はすべて炭坑社の直轄と為す事」と述べている。

であった。『鎮西《ちんぜい》日報』によると、発端は三月に発生したガスの発火だったという。坑内には海水が浸入している箇所もあり、労働者は「機械を以《もっ》て坑内を上下する様《よう》に設け呉《く》れざれば就業せん…」と不服を訴えた。それに対し管理側は四月二三日、扇動者二〇名に高島坑への異動を命じた。坑夫らも作業に戻ったため鎮静するかに見えたが、五月末から六月初めにかけて高島でもストライキが起きる。

同じく『鎮西日報』の四月二一日の記事は以下のように報じている。

「同盟罷工したる坑夫等は彼の賃銀上げ強請するがごとき無茶苦茶とは異にして彼等は警官等に対しては決して不敬な挙動あることなく、至《いたっ》て鎮静にして…聞く処《ところ》に拠《よ》れば彼等坑夫中には大学生或《ある》いは中学卒業生或は曾《かっ》て巡査たりしものもある由《よし》なれば或は此輩の煽動に成りしならん乎《か》　彼等罷工の口実情理あるが如し夫《そ》の無学文盲なる普通坑夫の言ひ得る所にあらず…」

一八九七年（明治三〇）五月三〇日、「坑夫一統」からの六項目からなる「願」が、次いで六月初めに「追願書」が出される。以下、「追願書」の内容を『高島炭砿史』から引用する。第二項に納屋頭の圧制を糾弾するくだりがある。

追願書

第一項　当坑々夫ニ対シ衛生上注意アリタキ事

第二項　従来納屋頭ノ坑夫ニ対スル使役用法ハ圧制ノ処為アルヲ以テ改良アリキ事

第三項　抑《そもそ》モ炭坑事業ハ通常事業ヨリハ過激ニシテ人身上甚タ不適当ノ処アルヲ以テ適当ノ就業時間及相応ノ事業ヲ仰付ラレタキ事

右ノ通懇願ニ及候也　　坑夫一統

こののち納屋制度は廃止され、納屋頭には精算金を渡すことを決定。坑夫は直轄雇用となる。『高島炭砿史』によれば、翌七月、改革の要点として以下の一〇項目が会社側から示された。

一、納屋頭を廃止する事
一、坑夫は可成《なるべく》妻帯し分離する事
一、坑内事業に婦女使役を始める事
一、炭坑が直接に賄方《まかないかた》を取り扱う事
一、道具や必需品の代価支払いの事
一、坑夫事業賃六歩手数料廃止の事
一、就業日数に応じた負債返済の事
一、坑夫勘定支払いは月二回又は三回とする事
一、坑夫分離をはかり家屋の模様替え改築を行う事
一、納屋頭廃止への炭坑が支払う支出の事

注目したいのは、妻帯を促進させ所帯ごとの生活分離を推進すること、婦女を坑内の労働力として利用すること、そしてその為の家屋の模様替えと改築を行うと記されていることである。労働力を確保し

安定した採炭を維持することは、三菱側の大きな課題でもあった。妻帯と所帯分離は同盟罷工（ストライキ）が起こりにくい生活環境を整えることが目的であろう。婦女の労働は、妻帯による生活の安定とも関わり、より安価な坑内労働力の確保という側面もあるだろう。

高島炭坑の二代目炭坑長（在任：一八八八〜九六）を務めた南部《なんぶ》球吾《きゅうご》（一八五五〜一九二八）は高島への赴任前にイギリスの炭坑を見学しており、既にイギリスで婦女の坑内労働が禁止されていたことからこの方針には批判的だったが、婦女の労働を認めている他炭坑との競合の中では生産性向上が大命題となっていたため、この問題は課題として積み残された。

ともあれ納屋制度が廃止されたことで、労働者の供給は三菱が直接担うこととなり、火種を残しつつも近代的な労使関係がここに誕生する。その後、炭坑業界だけでなく、国内のさまざまな産業における労働改革の先駆けともなった。

所帯分離と労働力の安定確保

高島炭坑事件以来、宿痾《しゅくあ》となっていた労働者の処遇をめぐる問題は一八九七年（明治三〇）の納屋制度廃止によって一つの画期を迎えた。三菱は労働者の直轄管理を行うようになったが、これに伴い「所帯分離」と「婦女使役」が推進されることとなった。納屋制度の廃止を現代的に表現すると、〝人材派遣会社〟（納屋）から労働者が派遣される「間接雇用制」から企業による「直接雇用制」への転換である。

納屋制度では、派遣手当の他に居住費、食費、皮靴、衣類等の諸経費が差し引かれた。炭坑労働者にとっては、厳しい環境であった。納屋制度の廃止によってそうした〝中間搾取〟をする業者をなくす代わりに、企業が直接、労働者を確保せねばならなくなった。

一方端島の狭い島内には、労働者用の居住施設は納屋以外にまだ整備されていなかった。合宿形式で納屋頭の管理下に暮らす、いわばタコ部屋同然の居住形態に代わる施設が必要だった。

納屋制度廃止の引き金となったのが端島での同盟罷工（ストライキ）だったことは先に述べた。納屋制度の廃止が通知されたのはその三ヵ月後だが、当時としては速やかな対応である。三菱の渡欧経験者の中には、欧州の動向を知った上で納屋制度が早晩廃止に至ることを予測していた者もいたのではないだろうか。

改革の指揮をとったのは三代目炭坑長の大木良直《よしなお》（在任：一八九六〜一九〇八）であった。大木は「所帯分離」と「婦女使役」を推し進めた。以前のようなタコ部屋暮らしによって不平不満が醸成され労働争議へとエスカレートしていくことを防ぐだけでなく、妻帯の促進によって労働者の定着が進み、労働力が安定して確保される利点があった。

当時、九州の炭坑、特に筑豊地方では婦人労働者が大きな比率を占めていた。切羽《きりは》（坑道の先端）での採炭は「先山《さきやま》」「後山《あとやま》」と呼ばれる二人組を基本単位とし、多くは夫婦一対によって編成されていた（世界記憶遺産に登録された山本作兵衛翁の炭坑記録画でも確認できる）。大木の前任だった南部球吾はのちに「納屋制度廃止により風紀が管理できるようになった」（「懐古談　高島炭坑の今昔」）と述懐している。

不況から生まれた大改革

そもそも高島炭坑事件は、一八九〇年代に入って以降の高島炭坑の業績悪化による三菱の苦境と合理化問題を背景としていた。合理化を主導したのは一八八二年（明治一五）以降、坑外部の元締役として改革の任務にあたっていた近藤廉平《れんぺい》（一八四八〜一九二一）である。近藤はまず経費削減に加え、納屋の再編成に取り組んだ。

近藤が着任したころ、三菱は共同運輸との海運競争を繰り広げており、高島炭坑にはその危機を支える重要な役目があった。主坑である高島坑の出炭量が一八八八年（明治二一）をピークに下落していく中にあって、九一年（明治二四）から出炭を開始した端島坑は特に重要な位置付けとなっていった［表2-1］。

端島坑の財務資料から生産性と売上、利益の推移を見てみると、納屋制度が廃止された一八九七年（明治三〇）から日露戦争までの一九〇四年（明治三七）までの間は生産性が向上したため売炭勘定は二・五倍に増加している。ただし利益のほうは、九九年（明治三二）まで上昇するものの採炭地点が深くなるにつれ運炭費が上昇し、緩やかな減少に転じていく［194頁、表5-2］。

この苦境から脱却すべく、高島に隣接する二子《ふたご》島を三菱が手に入れるのは一九〇五年（明治三八）のことである。この二子島の開発こそは、のちに端島が洋上の高層建築都市「軍艦島」へと変貌を遂げる前の大きな〝エポック〟なのだが、続きは第五章に譲り、ここからは明治・大正期の三菱を形作る上で大きな功績を残した技師や建築家たちにスポットを当て、端島が「軍艦島」へと変貌を遂げるまでの流れを別の角度から掘り下げていきたい。

資料　端島研究史

1　埋立の変遷に関する研究

端島《はしま》（軍艦島）は明治初期から護岸を築造し、埋立によって拡張しながら採炭可能な環境を獲得してきた。しかしながら筆者が様々な史資料にあたりながら埋立の変遷をたどった結果、これまで通説とされてきた課程と重大な齟齬《そご》があることがわかってきた（詳細は第五章を参照）。端島の護岸は「明治日本の産業革命遺産」に登録されている構成資産の一つであり、埋立の変遷を事実に即して明らかにするのは当然重要である。

これまで、埋立の変遷に関する史資料は、長崎歴史文化博物館蔵の事務簿や三菱史料館での存在が確認されていたが、未整理の状態だった。

一九七四年（昭和四九）、日本建築学会九州支部の研究報告会で、当時長崎総合科学大学の片寄《かたよせ》俊秀が「軍艦島の生活環境（その1）生活環境形成史」を発表。その後、日本住宅協会の機関誌『住宅』（一九七四年五月号）において、端島における生活環境史を追記。その時、埋立拡張図を掲載しているが、埋立による拡張は昭和期までを含め四回行われたという。

続いて、当時東京電機大学の阿久井《あくい》喜孝《よしたか》、滋賀秀實《ひでみ》らが、雑誌『都市住宅』の特集「実測・軍艦島

（序）高密度居住空間の構成」に島の拡張変化図を掲載する。これは三菱高島砿業所の資料からの引用である。埋立については拡張期の回数が細かく記されているが、埋立の変遷に大きな違いは見られない。

二〇〇九年（平成二一）、池上重康らが発表した「大正・昭和初期の高島炭坑端島坑社宅街の変遷」の埋立変遷図は、出典元が東京大学となっており、その元図が作成されたのは一九四〇年（昭和一五）に遡《さかのぼ》る。埋立の大まかな変遷は阿久井らの主張と同じだが、そのうち、〇七年（明治四〇）の拡張地の形状に違いが確認できる。これらは九州帝国大学鉱山学科の学生による報告や、三菱史料館所蔵の資料等を基礎としている。しかしこの資料は、明治期の埋立変遷において、長崎地方法務局所蔵の字《あざ》図や長崎歴史文化博物館所蔵の詳細な「海面埋立願添付図」等と食い違っているのである。

2　端島の生活環境に関する研究

一九五二年（昭和二七）一〇月、西山夘《う》三《ぞう》（当時京都大学工学部助教授）らの研究グループが端島に上陸した。翌年、『住宅』誌に「軍艦島の生活」と題した報告が掲載される。西山の報告以前は端島の生活環境に関する資料が乏しく、一九〇八年（明治四一）発行の『日本炭礦誌』まで遡る必要があった。ちなみに当時の端島は、戦時下に記録した三〇万トン超という出炭量から終戦後八万トン程度まで落ちていたものがようやく二〇万トン近くまで回復していた時期であった。

一九七四年（昭和四九）に発表された、前述の片寄俊秀の発表は、端島が特殊な環境でありながら生活環境等の記録が整理されておらず、後世に活かされないことを片寄が懸念して行った研究である。同年一〇月、片寄は北陸で開催された日本建築学会にて「軍艦島の生活環境（その2）島内生活管理の構造」

を発表。片寄はのちに筆者の取材に答え、「生活環境を主題とする研究であることから、労働環境問題にもふれようとしたが、課題が大きすぎ不十分であった」と述べた。

片寄はその後の軍艦島研究の先駆者というべき存在である。特に『軍艦島の生活〈1952/1970〉住宅学者西山夘三の端島住宅調査レポート』において、土木系技師として関わった千里ニュータウンと端島の居住地を比較した部分は示唆に富む指摘である。[*1] ただし「軍艦島の生活環境（その2）」で、三〇号棟の設計者がグラバーであった可能性をあげているが、グラバーは一九一一年（明治四四）に亡くなってお

＊1……NPO西山夘三記念すまい・まちづくり文庫編『軍艦島の生活〈1952/1970〉住宅学者西山夘三の端島住宅調査レポート』155～156頁。「…それはおそらく両者がともに自然発生的な集落でなく、まさしく人為的に作りだされた都市空間であったことによろう。加えてニュータウン開発が独立採算事業としてすすめられたことから、単一の事業主体が全体を統括し、かつ経営の視点から、利益をもたらさない住宅以外の施設投資を最小限に抑えたいとするインセンティブが働いていたことが端島と共通していたのではないかと考えた。そう思って比較してみると、端島の方が歴史も古く、自立性が高くて成熟しており、施設としては千里ニュータウンと同じ程度の施設はほぼ充足したうえで、さらに若干の豊かさが感じられた。住環境の改善や充足についての要求主体として、ニュータウンにはない労働組合が機能していたとみるべきかもしれない。興味深かったのは、わが国のニュータウンには心の拠り所や娯楽の場所が少ないことが住環境の大きい欠点であると指摘されてきたが、端島には島の最高位置に炭坑神社があって、会社も労組も一緒になって島を挙げての祭礼があったし、また全宗と島の人たちが呼んでいた、葬儀の際などにはどの宗派の人にも対応されていた禅宗のお寺と僧侶の存在が、ニュータウンとは大いに異質な点であった」「まず、端島がわが国の近代化過程の本質的な部分を表現する、きわめて重要な産業遺産の一つであり、多くの人々に開かれた観光地にすることは決して悪いことではないと考える。観光とは本来その光（すばらしさ）を観るあるいは観せるという行為であったことに思いを致すならば、抽象的な表現になるが、端島という異様な空間に接したことで、観光客自身が学び、自らを高めるきっかけを得ることができるという方向こそが、端島整備の基本的な方向ということになるのではなかろうか。そこで、端島の威容に衝撃を受けた人々が、さらに踏み込んで端島のすべてに興味と関心を広げ、さらにその延長上に、端島を含む長崎というまち全体へと関心を広げ、そこに刻みこまれた日本近代化過程での歴史へと思いを馳せ、また、その知的な要求に対応できるよう、これからの整備のあり方を方向づけるのが良いと思う。……人間が絶海の孤島に無理に造った栄華の都が、役割を終えてものの見事に風化して自然に帰って行くという壮大なドラマが、いまここで展開されているのである。それを観光客が遠巻きにみつめ、さまざまな思いをめぐらすという接し方こそが、端島の光（影を含めて）を観せるあり方ではないだろうか」

り、その可能性は極めて低いだろう。

3　建築群に関する現地調査

片寄に続き、一九七四年（昭和四九）の閉山後から前述の阿久井喜孝、滋賀秀實らによる現地実測調査が開始され、膨大な実測図面が作成された。建築家としての実務経験がある阿久井はディテールまで細かく図面化し、以降の軍艦島研究のバイブルとなる『軍艦島実測調査資料集』をまとめた。また、阿久井らによる「軍艦島の近代建築群に関する実証的研究」では、構造技術などの発展過程が報告されている。

4　社史

一九七三年（昭和四八）、『三菱鉱業社史』の編纂《へんさん》が開始される。経済・経営史を専門とする法政大学の森川英正や関東学院大学の小林正彬《まさあき》ら外部の執筆陣が加わり、三年後の七六年（昭和五一）に発刊。小林は同書に続き、『高島炭砿史』の編纂も手がけているが、『高島炭砿史』には特に埋立の諸届けに関する資料や坑内の技術、機械化や電化、製塩に関する情報が坑内図や施設一覧等とともに示されており、貴重である。

なお『三菱鉱業社史』には高島が三菱（岩崎彌太郎）へ譲渡される以前、すなわち後藤象二郎が関わった一八七四年（明治七）ごろからの詳細な資料が掲載されている。三菱が後藤から端島坑を取得する経緯や三菱内部の経営、組織的変遷などもわかる。外部執筆者の小林正彬はのちに「後藤象二郎より買収以後の三菱高島炭鉱」（二〇〇三年）と「〝政商〟より〝財閥〟へ」（二〇〇五年）の二件の論文でさらに詳しい経緯を明らかにした。ただし、譲渡契約が結ばれた年や経緯には触れているものの、端島に対する実質的な三菱の関与がもっと早かったのではないかと思われる点についてはふれていない。

また『三菱鉱業社史』には「この五棟（筆者注・一六〜二〇号棟のこと）は当初アメリカの会社によって九階建アパートとして設計された」との記述があるほか、『高島炭砿史』には三〇号棟について「設計はドイツ人の手によるものとの言い伝えがある」と記されているが、あくまで言い伝えであり根拠は示されていない。また同書では、労働環境の変遷の内容を詳細に確認できる。高層のモダニズム建築を有した端島の都市化の「遠因は納屋解体に求められる」と述べられているが、極めて貴重な指摘である。

5　労働環境と端島の形成との関わりについての研究

納屋制度廃止以降の労働環境改善とモダニズム建築都市・端島の発生は深く関係している。管見の限り、端島の労資問題に特化した研究は確認できないが、三菱全体については中西洋の『日本近代化の基礎過程―長崎造船所とその労資関係』（上・中・下）がある。幕末期に開設された長崎・飽之《あくの》浦《うら》の製鉄所から官営時代、そして三菱に払い下げられて以降の長崎造船所の変遷がまとめられている。端島の労資問題についても大まかな経緯は綴られている。しかしながら、中西が述べた内容はすでに『三菱鉱業社史』、『高島炭砿史』、『創業百年の長崎造船所』の社史年表などで確認できるものである。そこで筆者は、労働環境の改善と端島の変遷の相関関係を、施設整備の内容と詳しく照合することにより、端島が高密なモダニズム建築都市へ成長していく過程がはじめて具体的に検証できると考えたのである（第五章参照）。

鉄、ガラス、セメント技術の進化によってもたらされた新しい建築材料の受容・導入は、長崎、横須賀などの開港地が他所に先駆けていた。とりわけコンクリート技術の発達は、モダニズム建築が出現するための重要な前提要素である。

6　生産技術史に関する研究

幕末から明治初期にかけての石灰やセメント技術に関しては、宮谷慶一の論文「横須賀製鉄所建設に使用された結合材および混和材について」（二〇一〇年）に詳しい。同論文では、一八六五年（慶応元）起工の第一船渠で使用されたベトンや、七一年（明治四）起工の第二船渠での輸入セメントが言及されている。

幕末の長崎では、一八五七年（安政四）、飽之浦の長崎製鉄所の建築資材と共にオランダからセメントが運ばれてくる。六四年（元治元）、製鉄所からセメントを発注した記録もある。

村松貞次《ていじ》郎《ろう》は「日本建築近代化過程の技術史的研究」（一九六一年）で、engineer-architect（エンジニア・アーキテクト＝建築家的技術者）の重要性を指摘しつつ、土木家・白石直治《なおじ》（第四章参照）が手がけた神戸・和田岬の三菱の鉄筋コンクリート造倉庫群について、「かなり高度な技術のものがこつ然と出現した感じがする」と述べているが、一九〇六年（明治三九）、白石が寄稿した米国土木学会の論文集には、パナマ運河の論文や鉄筋コンクリート造の綿花倉庫の経済優位性についての研究などが掲載されている。白石はこの当時、すでにこうした情報を得られる環境にあったのである。

また堀勇良の論文「日本におけるコンクリート建築成立過程の構造技術史的研究」（一九八二年）は、日本国内における鉄筋コンクリート技術の伝播を明らかにしたものである。

第3章　明治の三菱と士魂の坑山師

＊明治期三菱を代表する坑山師・長谷川芳之助（『博士長谷川芳之助』より）

大改革への布石　海運業の切り離しと長崎造船所の払い下げ

反三菱・渋沢栄一率いる共同運輸との競争

そもそも三菱の歴史は、一八七〇年（明治三）、土佐藩の海運事業を引き継ぐ形で設立された九十九《つくも》商会に源を発する。主な航路は東京〜大阪や神戸〜高知で、藩から払い下げられた汽船による貨客の廻漕や物産の売買を手がけた。もとより商才と胆力に恵まれ、長崎や大阪で通商にまつわる経験も積んでいた岩崎彌太郎《やたろう》だったが、当初は藩士の川田小一郎《こいちろう》（一八三六〜九六）、中川亀之助《かめのすけ》（一八三一〜八七）、石川七財《しちざい》（一八二八〜八二）らによる経営を、藩吏《はんり》として監督にする立場だった。九十九商会は七二年（明治五）に三ツ川商会、翌七三年（明治六）に三菱商会へと改称する。さらに七四年（明治七）に三菱蒸汽船会社、翌七五年に郵便汽船三菱会社となる。この時代、三菱は台湾出兵（一八七四年〈明治七〉）や西南戦争（一八七七年〈明治一〇〉）の兵員輸送・兵站《へいたん》業務を支援したことで莫大な利益を上げ、飛躍を遂げていく。

一八七六年（明治九）には上海のボイド商会との合弁で横浜に三菱製鉄所を設立し、海運業に加え造船業者としての歩みを始める。製鉄所は当初、自社船の修繕を目的とした施設だったが、八〇年（明治一三）には横浜港内の三万四千坪の埋立計画を申請。四〇〇人から五〇〇人の従業員を擁する規模となり、本格的な造船業へと移行するための準備が整いつつあった。*1

だが一八八一年（明治一四）、三菱にとって最大の後ろ盾だった大隈重信が国会開設をめぐる混沌とした情勢の中で失脚（明治一四年の政変）すると、新政府は海運を半ば独占していた三菱に対する規制強化を図るようになる。反三菱の渋沢栄一ら財界人と半官半民の「共同運輸会社」が設立されると、三菱（当時は郵便汽船三菱会社）は共同運輸との激しい競争にさらされるようになる。

長崎造船所の借り受けと海運業からの撤退

一八八四年（明治一七）、工部省から三菱に対し、長崎造船所（当時の名称は「長崎造船局」）を借り受けないかとの打診が入る。内々の打診は、岩崎彌太郎に対して「極密にて或《あ》る人」から事前に電信で行われていた。副社長の岩崎彌之助《やのすけ》は打診の内容を管事の川田小一郎に伝えた。*2

図3-1　川田小一郎

詳しくは第五章で述べるが、三菱は前年の一八八三年（明治一六）、端《は》島《しま》（軍艦島）の「仮坑区券」を下付され、すでに採炭準備に入っていた。ちなみに彌太郎が打診を受けた「或る人」とは工部卿・佐々木高行《たかゆき》と思われる。佐々木は一八三〇年（文政一二）生まれの土佐藩士で、岩倉使節団の理事官を務めた人物である。板垣退助、後藤象二郎とともに〝土

＊1……中西洋『日本近代化の基礎過程―長崎造船所とその労資関係（下）』3頁。「三菱は明治一七年に造船業に乗り出したのではない。明治九年初頭から横浜で上海ボイド会社との合弁で「三菱製鉄所」の創業をはじめて以来、このときまで八年間もの経験を蓄えてきていたのである」

＊2……前掲『日本近代化の基礎過程（中）』635頁注、岩崎彌之助から川田小一郎宛書簡

	海運	炭坑	鉱山	造船	その他
1870（明治3）	九十九商会発足				
'72（〃5）	三ツ川商会				
'73（〃6）	三菱商会		吉岡鉱山買収		
'74（〃7）	三菱蒸汽船会社				本社を東京移転
'75（〃8）	日本国郵便汽船会社と合併、郵便汽船三菱会社設立				
'76（〃9）				三菱製鉄所設立（85年、日本郵船会社横浜鉄工所となる）	
'80（〃13）					三菱為替店、千川水道会社設立
'81（〃14）		高島炭坑買収			
'84（〃17）				長崎造船所借り受け	
'85（〃18）	共同運輸と合併し日本郵船会社設立				第百十九国立銀行買収
'86（〃19）	三菱社発足				
'87（〃20）				長崎造船所払い受け	東京倉庫会社設立
'90（〃23）					丸ノ内の土地払い受け、丸ノ内建築所設立
'93（〃26）	三菱合資会社発足				

表3-1 明治前期における三菱の沿革（参照：『三菱鉱業社史』）

佐三伯〟と呼ばれ、工部省時代には省内の改革を断行したほか、深川セメント製造所、品川硝子《ガラス》製造所、長崎造船所など多くの官営工場や鉱山を民間に払い下げたことで知られる。彌太郎とは同郷で、その商才と手腕を評価していた。

一八八四年（明治一七）六月、三菱は政府と「長崎造船所貸渡条約」を締結。当初は二五年の借用期間が設定されていた。

造船所を借り受けた翌年の一八八五年（明治一八年）二月、共同運輸との熾《し》烈《れつ》な競争の渦中に岩崎彌太郎が病没する。三菱と共同運輸の共倒れによる海運事業の混乱を恐れた政府は両社に合併を勧告。彌太郎亡き後の事業を引き継いだ彌之助が決断し、同年九月、ついに両社は合併して日本郵船を設立。このとき彌之助は政府に対して願書を提出し、「たとえ三菱

役職	氏名	月給	備考
社長	岩崎彌之助		
管事	川田小一郎	（月給 250 円）	［三菱炭鉱事務所長］
	山脇正勝	（月給 250 円）	［高島炭鉱事務長］
	荘田平五郎	（月給 250 円）	［三菱造船所所長］
本社支配人	荘田平五郎（兼）		
副支配人	長谷川芳之助	（月給 200 円）	〔鉱山課主任〕
	萩友五郎	（月給 150 円）	〔会計課主任〕
	二橋元長	（月給 150 円）	〔庶務課主任〕
	吉永治道	（月給 100 円）	〔内方〕
第百十九銀行頭取	肥田正作	（月給 150 円）	

表3-2　1889年（明治22）ごろの三菱中枢部（『日本近代化の基礎過程（下）』より）

の旗号は倒れても」、「国家の大計」のために解散を申し出たという。

長崎造船所の払い下げ

共同運輸との合併によって海運業を切り放した三菱は第一段階として、鉱業（金属・石炭）を軸にした事業へと大改革を図る。二代目社長となった岩崎彌之助と荘田《しょうだ》平五郎（一八四七～一九二二）、〝九州探題《たんだい》〟と呼ばれた山脇正勝（一八四九～一九〇五）、さらに欧米への留学から帰国した坑山師・長谷川芳《よしの》之助《すけ》（一八五六～一九一二）らが実質的なリーダーとして重責を担った。

一八八六年（明治一九）三月には新体制としての「三菱社」が創立。翌八七年（明治二〇）四月、借り受け中の長崎造船所の払い下げ願いを政府に提出。六月に受理され、長崎造船所はついに三菱の所有となる。初代造船所支配人は山脇正勝。借り受けから払い下げまでの三年間は、工部省時代からの残留者が山脇の代理を務め、財務部門も製造部門も、官営組と三菱組の二重管理体制で推移した。同年、三菱為替店（のちの三菱銀行）の倉庫業務を引き継いだ「東京倉庫会社」（のちの三菱倉庫）を深川に設立し、八九年（明治二二）には神戸にも造船所を設立することが決まった（長崎で完成した浮船渠《うきせんきょ》が神戸に回航され、操業が開始されたのは一九〇五年〈明治三八〉である）。

ただし、一八九〇年（明治二三）ごろまでは、設計部門や取引の指示については依然としてイギリス人が主導していた。日本人に主導権が移るのは事務会計方の中村久恒が副支配人となる九二年（明治二五）ごろになってからである。

明治期三菱の坑山師　炭坑・鉱山事業を率いた超技師《スーパーエンジニア》たち

新体制の陣容

一八八五年（明治一八）、海運部門を切り離し再出発の途に就いた三菱は彌太郎時代から補佐をしてきた管事（明治期の三菱においては社長の最側近で補佐する〝番頭〟のような立場）の川田小一郎を筆頭に、荘田平五郎が本社支配人となり、社内の職制や財務会計の改革を主導した。

なお、共同運輸と郵便汽船三菱会社の合併によって新しく設立された日本郵船の株二二万株のうち一〇万株は三菱に割り当てられ、その九〇％が岩崎家の所有するところとなり、一五年間八％の配当があったので、高島炭坑からの収益を含め財源は確保できたが、改革を確たるものにするためにも、事業所得の七割以上を占める炭坑事業に力を注ぐ必要があった。

政府から後藤象二郎《しょうじろう》を経て高島坑が三菱に譲渡された一八八一年（明治一四）、初代高島炭坑事務長に任命されたのが山脇正勝である。

山脇は一八四九年（嘉永二）、伊勢桑名藩士の子として生まれた。藩主・松平定敬《さだあき》の小姓となり、鳥羽・伏見の戦いにも参戦したが敗走し、その後新選組隊士となって箱館戦争に従軍。六九年（明治二）、政府軍に収監され、七二年（明治五）に釈放後、米国へ留学。帰国後の七五年（明治八）、翻訳係として三菱社員となった。のちに長崎造船所支配人を兼務するが、その後も管事など重職を歴任した。

欧米帰りのエリート坑山師

山脇と同時期に海外に留学し、帰国したばかりの長谷川芳之助と南部《なんぶ》球吾《きゅうご》も、このころ三菱の社員となって高島に送り込まれていた。

図3-2　南部球吾（『高島炭砿史』より）

長谷川芳之助は一八五六年（安政二）、唐津藩士の子として生まれた。脱藩した父に伴われて上阪し、六九年（明治二）大阪に設置された官立の洋学校で蘭学や英語を学んだ。七〇年（明治三）、諸藩より優秀な若者約三〇〇名が貢進《こうしん》生として集められたが、長谷川もこの中に選抜され上京。フルベッキが教師を務める大学南校《なんこう》（東京大学の前身の一つ）に学んだ。七五年（明治八）には第一回文部省留学生一一名の一人として渡米。コロンビア大学で鉱山学を修めた後、許可なく渡欧し、ドイツのフライブルグ大学で製鉄業を研究、博士号を取得して帰国した。三菱への入社は八〇年（明治一三）である。長谷川はのちに岡山の吉岡鉱山（銅）や秋田の尾去沢《おさりざわ》鉱山（銅・金）の鉱山長を務め、三菱の筑豊進出にも多大な貢献をしたほか、三菱を退社した後は八幡製鐵所の創設に参画するなど、ここでは書ききれないほどの功績があるのであらためて触れたい。

図3-3　大木良直

一方、南部球吾は一八五五年（安政二）、越前（福井）に生まれた。長谷川と同じく大学南校に学んだ後、第一回文部省留学生としてアメリカに派遣され、コロンビア大学で鉱山学を学んだ。帰国後の八一年（明治一四）、三菱に入社。八九年（明治二二）に第二代高島炭坑長、のちに本社鉱業部長兼炭坑部長を務めた人物である。

この時期の三菱に入社した優秀な技術者として、大木良直《よしなお》や松田武《ぶ》一郎《いちろう》も挙げなければならない。大木良直は一八六〇年（万延元）の生まれ。八二年（明治一五）、東京帝国大学理学部採鉱冶金《やきん》学科を卒業し、三菱に入社。八九年（明治二二）には筑豊・飯塚《いいづか》の鯰田《なまずた》炭坑初代坑長、第三代高島炭坑長を務め、納屋《なや》制度廃止の大改革を行った。一九〇七年（明治四〇）に始まる高島の二子《ふたご》坑開発を提唱したのもこの大木である。

片や松田武一郎は一八六二年（文久二）、三河（愛知）に生まれた。八三年（明治一六）、東京帝国大学理学部鉱山科を卒業し、同年一二月三菱に入社。翌年一月高島に赴任し、イギリス人技師の下で試掘調査技術を習得。九〇年（明治二三）、筑豊・直方《のおがた》の巨大炭坑、新入《しんにゅう》坑の初代坑長を務めた。一九〇一年（明治三四）からは欧米を視察し、ロンドン採鉱冶金学会の正会員となる。〇七年（明治四〇）、満洲の都市計画や関東大震災後の帝都復興に尽力した後藤新平の誘いを受け、翌年、南満州鉄道（満鉄）に迎えら

図3-4　松田武一郎（『松田武一郎小伝』より）

れると、日露戦争の勝利によって満鉄の管理下におかれた撫順《ぶじゅん》炭坑の初代炭坑長として活躍した。

「肥前の炭坑王」高取伊好

一八七二年（明治五）、工部省はイギリス人技師ゴッドフレーを雇い、官営の教育機関として鉱山寮を開いた。唐津出身の実業家で、官営期から後藤炭砿舎時代を経て三菱時代初期に至るまで高島坑に勤めた高取伊好《これよし》はこの鉱山寮で学んだ一人である。

高取は一八五〇年（嘉永三）、鍋島藩多久《たく》の儒学者・鶴田斌《ひとし》の三男として生まれた。高取（当時は鶴田姓）は五歳で多久家の教育機関である東原庠舎《とうげんしょうしゃ》に通い始め、高取家の養子となってからも和漢学をよく学んだ。体格もよく人柄も温厚で、周囲の信頼は厚かった。多久家の継嗣《けいし》・乾一郎《けんいちろう》とは同年代で気があったので学友に選ばれて共に学んだ。六九年（明治二）、鍋島藩校の弘道館で学んでいたころ、乾一郎のお供で長崎に行った際、高島にも足を伸ばし、揚水ポンプや昇降機などの近代採炭設備に圧倒されたという。この時の体験は、のちに「肥前の炭坑王」と呼ばれる高取を誕生させる大きなきっかけとなった。

高取は一八七一年（明治四）に上京。浜町（現在の日本橋蛎殻《かきがら》町）にあった洋学塾・三叉《さんさ》学舎に通って工学に興味を持った。さらに慶應義塾へ進み英学（英米の学問）を修めたのち鉱山寮で学ぶ。高取が鉱山寮で学んだのは鉱山地学、鉱床学、採鉱学、選鉱学、鉱山衛生など多岐にわたった。七四年（明治七）一月、工部省に採用されるとすぐに高島入りし、そのまま工部省派遣の技手として着任した。

図3-5 高取伊好

鉱山寮は一八七七年（明治一〇）には廃止となり鉱山学の教育機関は工部寮工部大学校（東京大学工学部の前身の一つ）へと引き継がれたが、当時は機械導入を含め、外国人技師に頼らざるを得ない状況だった。

一八八一年（明治一四）、高取は後藤炭砿舎から三菱に移籍し、イギリス人技師ジョン・ストダートの下で坑山師助役となった。しかし高取はわずか四ヵ月後の八月、後進に道を譲るとして退職してしまう。高取はまだ三一歳であった。

三菱から独立、唐津炭田の発展に寄与

高取はその後、深堀鍋島家の旧領主・鍋島孫六郎による長崎の香焼《こうやぎ》島や中ノ島、ならびに端島（軍艦島）の事業にも協力し、唐津に移る。唐津では一八八五年（明治一八）、かつて後藤象二郎とともに高島坑に関わった竹内綱《つな》とともに海軍直営の芳ノ《よしの》谷《たに》炭坑を買い取り、「芳ノ谷炭鉱会社」を発足させる。当時すでに唐津近郊の石炭の評価は高く、事業は竹内を筆頭に、高取を含む四人の共同出資で始められた。竹内が社長を務め、高取は技師長に就任した。

採炭は順調で、一九〇九年（明治四二）の出炭量は年産二〇万トンを超え、国内でも有数の規模となった。周辺には家族を含めて五千人規模の炭坑町が形成された。

一方で高取は芳ノ谷近くの相知《おうち》地区に眠る炭層に目をつけ、試掘を繰り返していた。一八九五年（明治二八）、地下七〇ｍに良質の炭層を発見すると、関西の資本家に呼びかけ「相知炭坑株式会社」を設立。

表3-3　高取伊好の事績

1850（嘉永3）		多久藩士族・鶴田斌の三男として小城郡多久村にて生誕
1855（安政1）	5歳	多久郷の東原痒舎に通学し和漢学を学ぶ
1858（〃4）	8	多久藩士族・高取大吉（東原痒舎教諭）の養嗣子となる
1863（文久3）	13	多久家幼主・多久乾一郎の読書相手を命じられる
1865（慶応1）	15	養父・大吉没。高取家家督を相続
1867（〃3）	17	本藩主（鍋島家）より36人の俊秀に選ばれ、長崎英学修行の命を受けるも養祖母が大病下にあり辞退
1868（明治元）	18	乾一郎に付き藩学弘道館へ寄宿し、和漢学及び武芸を学ぶ
1869（〃2）	19	乾一郎に随行し長崎に行った際、松林源蔵の案内で高島坑を見学
1870（〃3）	20	乾一郎に随行し東京遊学。箕作奎吾私塾、三叉学校で英学を学ぶ
1871（〃4）	21	乾一郎の渡米に伴い、弟・寛三郎付きとなり慶応義塾に転入
1872（〃5）	22	工部省鉱山寮に入学し、ゴットフレーから鉱山採炭学を学ぶ
1874（〃7）	24	鉱山寮を卒業。官営となった高島坑に赴任
1875（〃8）	25	高島坑が払い下げとなったため工部省を辞し後藤炭砿舎に移る
1878（〃11）	28	高島坑大出水の際、大怪我を負う
1881（〃14）	31	高島坑が岩崎彌太郎に譲渡されたのに伴い、4月、「鉱山師助役」として三菱雇となる。8月、依願退社
1882（〃15）	32	鍋島孫六郎（旧深堀鍋島家）の招きにより香焼、中ノ島坑の技術長となる
1884（〃17）	34	多久の柚ノ木原炭坑の拡張計画に伴い監督を依嘱される
1885（〃18）	35	竹内綱と共同し佐賀北波多村・芳ノ谷炭坑の開発に着手
1886（〃19）	36	芳ノ谷炭坑着炭。鍋島孫六郎の委嘱により端島坑の要務を兼務する
1890（〃23）	40	多久村・坂口炭坑の経営計画を委嘱される（～1892まで）
1892（〃25）	42	唐津鉱業組合総代となる
1894（〃27）	44	芳ノ谷炭坑株式会社を設立。技師長として技術上一切の要務を管掌
1895（〃28）	45	唐津鉱業組合長となる。東松浦郡相知村で試錐し新炭層発見。第4回内国勧業博覧会に芳ノ谷炭を出品し二等を受ける
1896（〃29）	46	相知坑において目的の炭層に着炭
1898（〃31）	48	次兄経営の柚ノ木原、赤坂口坑の経営を引き受ける
1899（〃32）	49	相知炭坑株式会社を設立、専務取締役となる。柚ノ木原坑は貝島に譲渡
1900（〃33）	50	佐賀県石炭同業組合の組合長就任。唐津石炭組合長を辞任。唐津石炭鉱業組合の石炭がパリ博覧会で銅牌。相知炭坑を三菱に譲渡
1901（〃34）	51	相知炭坑株式会社を解散。赤阪口、杵島福母炭坑買収
1903（〃36）	53	佐賀県石炭同業組合解散。第5回内国勧業博覧会に赤阪口、福母坑の塊炭を出品し二等を受ける
1905（〃38）	55	芳ノ谷炭坑株式会社を辞し、持株等を竹内綱に譲渡
1909（〃42）	59	多久村での試錐で新炭層を発見、杵島炭坑を創業
1913（大正2）	63	肥前電気鉄道の取締役社長となる
1917（〃6）	67	高取合資会社を設立し代表となる
1918（〃7）	68	高取鉱業株式会社を設立。杵島炭坑を傘下に収める
1919（〃8）	69	肥前電気鉄道並びに高取鉱業会社と高取合資会社の代表を辞任
1927（昭和2）	77	1月7日正六位に叙せらる。同日逝去

（参考：『石炭研究資料叢書No.5』1984年、九州大学石炭資料センター）

図3-6　操業当時の相知炭坑（国立国会図書館デジタルコレクション、佐賀県編『佐賀県写真帖』より）

だが一九〇〇年（明治三三）以降の恐慌が経営を圧迫し、やむなく三菱へ売却することとなった（その後、相知坑は三菱傘下で整備が行われ、従業員五千人を超える大炭坑へと成長した）。

　高取はこれにくじけず、一九〇一年（明治三四）ごろから佐賀県南部の炭田開発に挑む。古い小坑を買い取って試掘を繰り返し、好成績で推移していた芳ノ谷炭坑の権利を竹内綱に譲ると、その資金を開発につぎ込んだ。〇九年（明治四二）、杵島《きしま》郡の四一〇万坪に及ぶ坑区を買収し、杵島炭坑を創業。ここは有明海に近く、海運による輸送の面でも好条件であった。発足翌年の一〇年（明治四三）、一二万九千トンだった出炭量は一七年（大正六）に六〇万トンを超え、従業員も五千人を超えた。炭質にも優れていたため汽船用石炭として重宝された。搬出港である住ノ江《すみのえ》港の港湾整備にも力を注ぎ、一日あたり二五〇〇トンの搬出を可能とした。

　また、出身地の多久では旧多久家が所有していた柚ノ木原《ゆのきばる》炭坑の再興も手がけたほか、唐津鉱業組合長として唐津炭田全体の発展にも貢献している。

　三菱のように豊かな財源をもたなかった高取は、鉱山学の豊富な学識と経験をもとに、開発と売却の悪戦苦闘を繰り返しながら、生涯を通じて実業家としての目覚ましい活躍を見せた。近代炭坑を開発整備し、新しい技術を九州北西部に広めた功績は「肥前の炭坑王」と呼ぶにふさわしい。

坑山師の役割

さて、長谷川や南部、大木、松田、高取といった人物はいずれも鉱山学を修めた「坑山師」であった（「砿山師」、「鉱山師」とも書くが本書では固有の職名を除き「坑山師」で統一）。この坑山師の役割について、松田武一郎の孫で建築家の松田順吉がまとめた『松田武一郎小伝』に触れられているので紹介したい。

松田は撫順炭坑へと移籍する際、当時南満州鉄道総裁だった後藤新平に対して以下のような手紙を送り、承認されたという。

一、小生の貴社ニ於ケル資格ハ鉱業部ノ嘱託技師長トシテ理事以上ノ待遇ヲ被与度事
一、鉱業経営ニ関シ技術上ノ事柄ハ総テ武一郎ノ意見ヲ採用被与度事
一、鉱業部ニ属スル技師ノ進退黜陟《ちっちょく》ニ関シテハ予《あらかじ》メ武一郎ニ被与度事
一、鉱業経営ニ関シ不幸ニシテ若《も》シ理事ト意見ヲ異ニスルコトアルトキハ、武一郎ハ直接総裁ニ具申スヘキニ付、出来得ル限リ武一郎ノ意見ヲ採用被与度事

（松田順吉著『松田武一郎小伝』）

松田が撫順炭坑において相当の権限を有していたらしいことがわかる。撫順駅と炭坑の周囲には新市

図3-7　グラバーと松田武一郎（松田順吉著『松田武一郎小伝』より）

街が建設されたが、人口一〇万超、満鉄附属地の中でも最大であった撫順の整備について、松田は街づくりから建築に至るまで大きな権限を与えられていた。前掲の『松田武一郎小伝』によれば、「武一郎は撫順着任前に一度視察をし、その結果から前記の契約をしているはずであるが、着任の前に現地に指示を出したか、着任後自ら指揮をしたかは判然としないが、先ず着手したのが街づくりである。このような発想、手法は、当時はおろか相当近代に至るまで日本には無いはずで、この辺りは武一郎が外遊して学んだと思える。日本から人材を受け入れるには先ずは生活の安定が第一と、住宅（煉瓦造）、そして単身者用宿舎、学校、病院、共同浴場、公会堂、銀行、郵便局、神社、寺院、葬祭場から墓地、マーケット。更には外国式クラブハウスなどを建築し、これはお手のものの石炭を焚《た》くボイラー室から蒸気を各建物に供給（地域暖房）して暖房、給湯ができるようにした」。

なお筆者が松田順吉から直接うかがったところによれば、採炭に関連する事業であれば、都市計画や建築も統轄するのが坑山師の仕事であったという。当時、松田武一郎のように欧米人から直接指導を受けたり海外留学を経験したエリート坑山師は、経営・労使関係を含む炭坑事業に関係する全てを統括する役目を担っていた。埋蔵量の調査や掘削坑道の整備、掘削技術等を主導するばかりでなく、坑外での石炭置場や運搬搬送網の整備を指揮したほか、労働者の住環境整備や居住区に付帯する教育、医療、福祉、娯楽等の関連整備――すなわち工業都市としてのインフラ整備を指揮する〝ゼネラリスト〟だった。三菱の坑山師もこれと同様、幅広い見識と能力をもった者でなければ務まらない、統率者としての仕事だったのであろう。

初期の外国人坑山師

近代炭坑としての歴史が始まった一八六八年（慶応四）以降、高島では長らく外国人技術者の指揮下で採炭を行ってきた。鍋島藩とグラバー商会の合弁事業に始まり、オランダ商社から官営時代に至るまで、採炭を主導したのはいわゆる〝御雇《おやとい》外国人〟だった。後藤炭砿舎時代も、イギリスのジャーディン・マセソン商会の関与が続いた。

彼ら外国人技師は炭坑事業を統括する坑山師や機械師といった職種で活躍した。高島で活動した主な坑山師としてまず挙げられるのは、グラバーが連れてきたサミュエル・モーリスである。次にオランダ商会が呼び寄せ、高島坑の調査をさせたイギリス人フレデリック・ポッター、さらには高島坑の官収が決まった一八七四年（明治七）一月に派遣され、後藤炭砿舎時代まで務めたマーティンもいる。

三菱は初代・彌太郎の時代から優秀な人材確保に積極的だったが、その人材は国の内外を問わなかった。一八八一年（明治一四）、高島炭坑の初代坑山師として活躍したイギリス人ジョン・ストダートなど、多くの外国人技師が関係した。七二年（明治五）に入社したデンマークの坑山師フレデリック・クレブスは、のちに彌太郎側近の重役である管事まで上りつめた。

その後、外国人坑山師の立場は技術部門に限定されるように改編される。

一八八一年（明治一四）、三菱が後藤象二郎を経て高島の採掘権を取得し経営を開始すると、岩崎彌太郎の側近だった川田小一郎が「坑主代理」として送り込まれた。四月には「高島炭坑事務所役員心得」が出され、中枢部の職制が改組される。

一八八一年（明治一四）と翌八二年（明治一五）の高島炭坑の組織表［図3-8-①〜③］を比較すると、管理体制が大きく変わっていることがわかる。まず①八一年の技術部門では坑山師ジョン・ストダートの配下に「坑山師助役」や「機械師」、「坑内検査役」が設けられ、高取伊好や長谷川芳之助、南部球吾の名前が記されている。さらに②八二年（明治一五）二月の改正では事務部門（俗務部）と技術部門が分けられ、退職前に高取が務めていた坑山師助役の席はなくなっている。技術部は坑山師のストダート以下、第一坑主任、第二坑主任、機械師、検査役から組織されている。長谷川は「炭坑部調役」として高島炭坑事務長（二代目以降は「高島炭坑長」へと名称が変わる）の山脇正勝の直下に配置され、ストダート以下を長谷川が管理することになった。③同年一一月の職制改正では、外国人の指導下になる技術方は炭坑経営にタッチできなくなる。

外国人技師の権限を制限

①一八八一年（明治一四）の時点では三菱出身の役員は山脇正勝、長谷川芳之助、南部球吾のわずか三名であり、後藤炭砿舎時代の社員（①の中の○印）が継続して配置されていた。予定では長谷川と南部がそれぞれ第一坑長、第二坑長となるはずだったが、外国人坑山師主導の人事体制からの段階的な刷新を

図3-8　1881年（明治14）～82年の高島炭坑の組織図（『高島炭砿史』を元に一部改編）

①1881年（明治14）4月

- 高島炭坑事務長 ＝ 山脇正勝（月給175円）
  - 坑夫方元取締役　○富田秀三
    - 坑夫方元締助役　徳弘為章
  - 坑外取締長　○横山直陽（坑外取締係・坑外運炭兼）
  - 倉庫方主管　○永富定吉
  - 坑山師　○ジョン＝ストダート（月給785円）
    - 坑山師助役　○高取伊好（月給150円）
      - 第一坑長　○岸川欽平（心得）
      - 第二坑長　○松林公二郎（〃）
    - 機械師　○ジョセフ＝ウォータース（月給685円）
      - 坑内検査役兼機械師助役　長谷川芳之助（月給100円）
    - 坑内検査役　南部救吾（月給100円）
    - 〃　大八木喬朶（心得）

②1882年（明治15）2月

- 高島炭坑事務長 ＝ 山脇正勝
  - 炭坑部調役　長谷川芳之助
  - 俗務部
    - 坑外部元締役　近藤廉平
    - 坑内部元締役　徳弘為章
      - 内部作配役　岸川鉄平
      - 〃　松林公二郎
  - 技術部坑山師　ジョン＝ストダート
    - 第一坑主任　岸川欽平
    - 第二坑主任　松林公二郎
    - 機械師　デヴィット＝ロベルトソン
    - 検査役　南部救吾
    - 〃　大八木喬朶（心得）

③1882年（明治15）11月

- 高島炭坑事務長 ＝ 山脇正勝
  - 事務長助役 … 徳弘為章
  - 事務長助役 … 近藤廉平
  - 調役 … 長谷川芳之助
  - 事業方
    - 元締役 … 徳弘為章
      - 第一坑坑内作配役 … 岸川欽平
      - 第二坑坑内作配役 … 松林公二郎
  - 技術方坑山師 … ジョン＝ストダート
    - 第一坑主任 … 岸川欽平
    - 第二坑主任 … 松林公二郎
    - 機械師
    - 検査役
      - 第一坑検査役 … 大八木喬槼
      - 第二坑検査役 … 南部救吾
      - 検査助役 … 大木良直

目論んだ坑主代理の川田は、両者を〝目付役〟として坑内検査役に配置した。

川田はストダートの権限の範囲を限定した上で、山脇が「炭坑事務長」として統轄の任務を負い、ストダートには採炭の保安と原価を低くして出炭する方針への協力と責任を求めた。人事や経営は山脇の手に移り、それまで高値で買い付けていた機械等の購入も事前の届けが必要とした。まずは坑内全般の管理を掌握する人事を行ったわけである。

後藤炭砿舎時代までは、事務長（炭坑舎々長）の役割はあくまで外国人坑山師の補佐役であったが、②八二年（明治一五）二月以降、炭坑事務長へ権限を集約していった。

またこの際の人事異動で、のちに日本郵船の社長として活躍し、豊川良平（一八五二〜一九二〇）、荘田平五郎、末延《すえのぶ》道成《みちなり》（一八五五〜一九三二）とともに「三菱四天王」と呼ばれた近藤廉《れん》

図3-9　近藤廉平

平《ぺい》が坑外部の元締役として高島炭坑に送り込まれる。

近藤は一八四八年（嘉永元）、阿波（徳島）に生まれ、大学南校で学んだ。岩崎邸内の英語塾で学生の監督をした後、七二年（明治五）三菱に入社する。七三年（明治六）に買収したばかりの岡山・吉岡鉱山（銅山）に赴任すると、坑区内の係争事や採掘現場の諸問題に取り組んだ。近藤は高島においても厳格に改革を進め、節約を徹底した。社内だけでなく、納屋《なや》の管理体制にも介入して、納屋の縮小や統廃合も行った。八三年（明治一六）には共同運輸との商戦のため横浜支店に呼び戻されるが、近藤が築いた厳格な労務管理体制はその後も維持された。八四年（明治一七年）ごろには二九人いた納屋頭《がしら》を一九人に削減したことで、逆に納屋頭一人当たりの坑夫は約七〇人から一〇五人へと増加し、さらに厳しい環境となった。[*3]

ところが一八八五年（明治一八）八月、深刻なコレラ禍が発生する。隔離病棟一〇棟を建設し、医者三名を雇い入れたが、約二七〇〇名の島民中、[*4]発病患者一三二名、八〇余名の死亡者を出した。次年になるとコレラは収束したが、今度は天然痘《とう》が蔓延し、三〇〇人程が発病、内三分の一が死亡した。

徹底した合理化を進めていた三菱だったが、そんな矢先に発生した伝染病で衛生環境や居住環境の改善が課題となっていった。

＊3……前川雅夫編『炭坑誌―長崎県石炭史年表』80頁（原出典「日本労働運動史料」）

＊4……前掲『日本近代化の基礎過程（下）』606頁。明治一七年秋の大蔵省派遣官員の「視察報告」で、「坑夫ハ凡ソ二千百人職工ハ男五百五十二人女五十人アリト云」と報告されているとの記述がある。

†column 三菱と〝御雇外国人〟坑山師

三菱が高島坑を入手した一八八一年（明治一四）当時、外国人技師の給与は日本人技師に比べてはるかに高額であった。例えば入社当時のイギリス人坑山師ジョン・ストダートやジョセフ・ウォータースの月給はそれぞれ七八五円、六八五円。一方日本人坑山師の給与は、坑山師助役であった高取伊好《これよし》が一五〇円、長谷川芳之助《よしのすけ》、南部球吾《きゅうご》は一〇〇円だった［105頁、図3-8-①］。

もともとグラバー商会が機械技術者として招いたウォータースは一八七三年（明治六）、工部省本局に招かれ〝御雇《おやとい》外国人〟となった人物である。工部省を辞任した時の給与は四一五円であったが、三菱に移籍するとともに昇給している。他の外国人技師とのバランスをとった結果と考えられる。ストダートは高取の五倍もの給与を得ていたが、平均して外国人と日本人技師の間には三倍くらいの格差があった。

ちなみにストダートは一八五六年生まれで、当時はまだ二五、六歳であった。高取は三〇歳のころ。長谷川は、炭坑での実務経験こそまだないもののストダートと同い年だった。

三菱は当初、技術部門のトップにこの若いストダートを配置し、新体制への段階的移行を図りながら採炭を開始した。ストダートには責任者として定期報告が課せられ、技術的課題や対策も報告されているが、その中で労働環境の問題に言及していることは注目に値する。『高島炭砿史』には、三菱に経営が移行してから過重な採炭を促す強制は行われていないとの報告がある一方で、後藤炭砿舎からの継続雇用となった職員からの、新体制や規則に対しての不満があったとの記録も残されている。

三菱の経営となってからの出炭量は、コレラや脚《かっ》気《け》の流行もあり当初三年程伸び悩むが、次第に上昇していく。一八八七年（明治二〇）には年産三〇万トンに達し、移行時の約二〇%アップした。ストダートの定期報告書からは、採算と施設維持や整備の折り合いをどのようにつけていくかの葛藤が垣間見える。

三菱は埋蔵量の予測から、当初の採炭可能年限をわずか八年と設定していた。そのため、譲渡された設備は老朽化が進んでいたにもかかわらず更新も行わず、注意深く保守しながら稼働を続けつつ、採炭効率の向上を図った。一八八七年（明治二〇）末に始まった高島炭坑事件にはこのような背景もあったのである。

なお採炭年限を八年とした根拠は、後藤炭砿舎時代の坑山師マーティンの算出によるものだったようだが、三菱がその調査を信用していたかは不明である。確かに新規の設備投資を抑えてはいたが、優秀な人材を投入し、その後の三菱を支える能力の高い技師を多く輩出していることも事実である。

ストダート直下の部下となったのが、のちに満鉄・撫順《ぶじゅん》炭坑長となった坑山師・松田武一郎《ぶいちろう》である。高島に赴任したのは一八八四年（明治一七）一月。『松田武一郎小伝』によれば、「（武一郎が）高島炭坑に就職した時直上のイギリス人技師スタッドラルト（＝ストダート）氏が、何時《いつ》も洋服のポケットに二本の鉛筆をさしていたので、父がなぜ二本の鉛筆を持っているのかと尋ねたそうだ。その時の英国人曰《いわ》く一本の鉛筆は公用の時、一本は私用のとき使うと答えた」という。ストダートの職務に対する姿勢をうかがい知ることができる。

一八八七年（明治二〇）二月、ストダートは南部球吾に坑山師の役を譲り、顧問に退く。まだ三一歳であった。翌八八年（明治二一）、南部は山脇正勝の跡を継いで高島炭坑の二代目炭坑長となり、のちに本社鉱業部長兼炭坑部長を務めた。

なおストダートはダイヤモンド・ボーリングのスペシャリストであった。松田はストダートから最新技術を学び、採炭技術の第一人者となる。当時ボーリング機械を使えたのはイギリス人だけで、かつ機械は日本に一台しかなかった。高島及び周辺の炭坑における採炭年限が当初の想定以上に伸びた一因に、このボーリング技術があった。

ちなみにこの新技術の恩恵を受けたのが、大牟田の三池炭坑を率いた団琢磨《だんたくま》である。

団琢磨

団は一八五八年（安政五）、福岡藩士の四男として筑前国荒戸《あらと》町（現福岡市中央区）に生まれ、長じて藩校・修《しゅう》猷《ゆう》館に学んだ。岩倉使節団に同行して渡米し、そのまま留学してマサチューセッツ工科大学で鉱山学を学ぶ。帰国後は東京大学等で教鞭を執り、八四年（明治一七）に工部省鉱山局次席、次いで三池鉱山局技師となる。

一八八五年（明治一八）七月、三池鉱山は三菱の松田武一郎の派遣を要請し、試掘調査を行う。松田は国内で唯一、三菱のみが所有していたダイヤモンド・ボーリングの機械を持って二ヵ月、調査に出向き、無事着炭する。

このように、明治初期の採炭の新技術は高島炭坑で導入され、三菱の資本下で蓄積しながら各地へ継承された。高取や松田のように高島炭坑に従事した技術者が他の九州の炭坑に進出・協力した結果、三菱の技術が先行しながら三池や筑豊の炭坑地帯にも広がっていったのである。

四年後の一八八九年（明治二二）、三池鉱山が官営から入札によって三井に払い下げられる。当時、三井と三菱はともにその九割を上海に輸出し、売炭高では両者互角だったが、炭質に優《まさ》る高島炭は三池炭より一割ほど高価だった。

一方、三池は高島と違い、政府の手厚い保護のもと基盤が整備され、低価格を武器として発展した。販路は三井物産により上海市場で急伸し、一八八七年（明治二〇）ごろには香港市場で高島炭より優位に立つようになる。

その後、三井三池炭鉱社事務長となった団琢磨が手腕を発揮し、三池港の港湾設備強化や鉄道などの物流機能の強化を進めた。英国製のデーヴィーポンプを採用し、水没した勝立《かつだち》坑を復活させるなど近代技術を導入。「三井のドル箱」と呼ばれるようになった。団は一九一四年（大正三）、益田孝《たかし》の後任として三井財閥の総帥へとのぼり詰めた。

士魂の坑山師・長谷川芳之助

居並ぶ英才が認めた鋭利さ

明治期三菱の技師達について順を追って触れてきたが、ここから改めて坑山師・長谷川芳之助について詳しく触れたい。もしこの時代に、三菱が長谷川の構想に従って製鉄業に進出していたら、日本の近代化の構図は大きく変わっていただろう。

唐津藩士の子として生まれた長谷川芳之助は、日本近代建築の父といわれる辰野金吾《きんご》（一八五四〜一九一九）らとともに唐津藩・野辺《のべ》英輔《えいすけ》の開いた私塾で学んだ。塾では二歳年下の長谷川が辰野より一級先輩だった。

長谷川の遺稿追悼文集である『博士長谷川芳之助』に寄せられた辰野の追悼文によれば、長谷川は「遊んでばかり居《い》て勉強はしない」にもかかわらず優秀で、「神童とも称せられる程」だった。塾長の野辺も、議論が起こると「長谷川はどう思う」と意見を求めた。同時に「非常の癇癪《かんしゃく》持ち」であり、「怒って脇差《わきざし》を抜く癖があった」ため、長谷川が怒り出すと他の者は逃げ出す始末だったという。

父が志を立て唐津藩を脱藩して上阪すると長谷川も一緒に移り、官立の大阪洋学校で英語を学んだ。一四歳のころには「助教」として、のちに長崎県令となる日下《くさか》義夫や、三菱で岩崎彌太郎を支える豊川良平など年長者にも英語を指導した。

さて長谷川は一八七〇年（明治三）、各藩選抜の貢進生として上京し、大学南校に学んだ。学生時代も持ち前の正義感を発揮し、素行の悪い同窓生に対し「腹を切れ」と詰め寄り、遂にその学生は「学校を逃げ出してしまった」。同級生にはのちに外交官となる小村寿太郎《じゅたろう》や、明治の土木界を代表する工学者・古市公威《ふるいちこうい》*5らがいたが、長谷川は常にトップの成績だった。

一八七五年（明治八）、長谷川は第一回文部省留学生の一員としてアメリカに派遣された。留学生は一一名で、小村や古市のほかに鳩山和夫（法学）、斎藤修一郎（法学）、菊池武夫（法学）、原口要（工学）、南部球吾（化学）らがいた。長谷川はコロンビア大学で鉱山学を修め、無断でドイツに渡るとフライブルグ大学で製鉄に関する研究で博士号を取得し、七九年（明治一二）に帰国。

八〇年（明治一三）、長谷川は三菱に入社する。帝国大学教授になる予定であったが、前掲の『博士長谷川芳之助』によれば、前述の豊川良平が岩崎彌太郎に紹介し三菱に引き入れたらしい。彌太郎は豊川に、「君は大変な山師を連れて来たネ」と言って長谷川を優遇した。

彌太郎の最側近で長谷川に目をかけた管事の川田小一郎は、「長谷川は言い出したらきかぬ男で、あの男は技術の方ばかりでは承知せぬ、技術もやり、一切のマネージメントもやって経済迄《まで》遣《や》らなければ承知しない、善《よ》く行けば善いが間違ふと其《その》間違いが全体に及ぶから困る」と危惧していたが、実際、人間関係では衝突することも多かったようだ。

高島炭坑の№2を経て国内屈指の吉岡鉱山長に

長谷川は入社した翌年の一八八一年（明治一四）、坑山師ジョン・ストダートの配下で高島炭坑の「坑内検査役」となる。長谷川はこのころ、深堀鍋島家から譲渡される以前の端島（軍艦島）で測量調査を行うが、在任は短く同年のうちに本社詰めとなっている。翌八二年（明治一五）になると本社に詰めながら高島炭坑事務長の次席「炭坑部調役」を務め、かつて技術部門のトップだった坑山師ストダート以下を長谷川が管理することになる。

同年には岡山の吉岡鉱山（銅山）の事業刷新案を提起し、組織を改めて経営合理化を図る。新しい知識を有した学者を採用し、技術の刷新も図った。『博士長谷川芳之助』によれば、長谷川はまず吉岡鉱山に「視察の任を帯びて出張し、大改革案を立て帰へり、一五年には更に之が実行に着手すべく理学博士堀田連太郎を伴ひ登山せり。…出張前近藤廉平鉱長として経営しつつありしも殆んど収支相償《あいつぐな》はざるの状態にありき、彼は先《ま》づ鉱山の事務を起業営業の二部に分《わか》ち一方に新知識の学者を採用して学理の応用を励行する」。そして自ら率先して「鉱脈の調査に従事し、苦心焦慮危険を顧みず汚糞を意とせず、一々自ら古来の旧廃坑を探検」したという。

吉岡鉱山長として赴任するのは入社四年目の一八八三年（明治一六）。長谷川は改革をさらに進めるべく、八五年（明治一八）末までの三年間を過した。この間、周辺の鉱区を率先して踏査し、彌《や》高《たか》、青瀧、大鳴

＊5……古市は一八五四年（安政元）、姫路藩の江戸屋敷で生まれた。開成学校を経て大学南校で長谷川と机を並べた。少し遅れて入学した長谷川は英学徒の中ですぐに頭角をあらわし、仏語生徒を代表する古市に議論を吹っかけてきたらしい。古市、長谷川、斎藤修一郎、小村寿太郎、安東清人等は学内で五人組と呼ばれた。この五人組が中心となって官費による留学を文部省の当局に働きかけた結果、官費留学制度が実施されたと言われている（第二回の留学生に山口半六がいる）。古市はフランスのエコール・サントラルとパリ大学理学部を卒業して帰朝し、内務省土木雇となる。八一年（明治一四）からは東京大学講師を兼任し、八六年（明治一九）に三二歳で帝国工科大学学長に就任。公平無私な性格で学生を導いたといわれている。九四年（明治二七）には内務省の初代土木技監として土木法規を制定するなど土木界に貢献、日本工学会の初代会長を務めたが、慎重な学者肌の性格で政治的な駆け引きとは一線を画したといわれている。一九三四年（昭和九）、七九歳で没した。

図3-10　長谷川芳之助

などの諸山を獲得。そのころ、わが国の鉱山事業は官営から三菱、三井、住友、古川など民営に移行しつつある時期だった。

『三菱鉱業社史』に以下の記述がある。

「(明治)一四年ごろより活況を取戻して通洞完成後の一七年には二〇万斤台に進み、一八年には六一万斤余を上げた。そして精錬設備が改善される明治二四〜二五年のころには一〇〇万斤台を超えるに至った。…吉岡鉱山の利益が安定かつ増大するのは明治一八年以降であって…」。

長谷川は文字通り寝食を忘れて業務に勤しみ、「此《この》間得る所の給料は多く之を付近鉱区の調査に費やし、或《あるい》は之を坑夫奨励の資に投じ」た。その結果、吉岡鉱山はわが国屈指の大鉱山となった。

また「傭員規定」や「坑業規則」を定めて従業員の作業、賃金、労働時間等を規定する諸規則を設けるなど、当時としては画期的な管理組織がつくられることになった。

「経済に精通する鉱山学者」

吉岡鉱山の歴史は古く、室町時代に遡《さかのぼ》る。八〇七年（大同二）の開坑説もあり、古くから採鉱がなされた鉱山であることは確かである。

三菱が吉岡鉱山を入手したのは一八七三年（明治六）。「日本坑法」が公布された年である。フランスの坑山師コワニエによれば、それ以前（一八六八年）の吉岡鉱山は「旧式の採鉱作業が相当進められているが、現在では全く浸水している。従って目下採掘は上層部に集中せられ、昔棄てられた鉱石を採って居る。此《こ》の鉱山も再び本格的に始めるには、長さ約千米の排水路を開く事や、或は揚水及び採掘の機械を具《そな》えねばならない」（『三菱鉱業社史』）ような状況だった。

図3-11　操業当時の吉岡鉱山（提供：吉岡銅山を世界遺産にする会）

長谷川の前任者として吉岡鉱山に赴任していた「三菱四天王」の近藤廉平は、まず規則を定めて組織づくりに取り組んだが、課題は山積みだった。罷業（ストライキ）の影響で労働者の確保にも苦しみ、延長約四〇〇間（七二〇m）に及ぶ通洞の開削は難工事となった。

一八八〇年（明治一三）六月、難工事打開のために、削岩機の使用が立案された。蒸気機関他の設備が整い試験運転が開始されたのは、翌八一年（明治一四）一二月であった。長谷川が高島から本社に転じ、吉岡鉱山の刷新に着手したのはこのときからである。

その後長谷川は、再び本社勤務となって以降も福井の面谷《おもだに》（銅）や宮崎の槙峰《まきみね》（銅）、秋田の尾去沢鉱山の買収を主導した。その大胆さは「人をして多少の危険を感ぜしむるものありしが是等《これら》の諸鉱山は皆当今三菱金属鉱業の基礎」（『博士長谷川芳之助』）となった。事実、三菱は炭坑部門においては高島や筑豊の新入《しんにゅう》、鯰田《なまずた》炭坑などを手に入れ、一方で鉱山部門は吉岡や尾去沢をはじめとした有力鉱山を手に入れた結果、国内の好景気の時は石炭部門が、逆に不景気の時は鉱山部門が利益を上げるという多角経営の屋台骨となった。大いなる貢献を果たした長谷川は「経済に精通する鉱山学者」（前掲書）として岩崎彌太郎の寵愛を受けたという。

長谷川は一八八七年（明治二〇）一二月、弱冠三一歳で本社副支配人となる。だが長谷川が願ったのは自らの出世や三菱の繁栄以上に、「日本鉱業の発達」だった。

なお、吉岡鉱山は最盛期には一六〇〇人以上が従事したが、次第に粗鉱の品位が下がり、一九三一年（昭和六）に休山。戦後になって再開した後ほそぼそと続いたが、端島坑が閉山する二年前の七二年（昭和四七）、ついに閉山した。

三菱の筑豊進出と製鉄業への夢

長谷川には先見性もあった。当時、九州北部の筑豊地方はすでに優良な炭田地帯として注目されていたが、長谷川は一八八九年（明治二二）三月に海軍予備炭坑（有事の際の軍艦等の燃料供給のため指定されていた炭坑）の指定解除がなされた中山、植木坑の払い下げに尽力。これによって三菱は筑豊での足がかりを得る。内陸の炭坑にとって港湾設備を含む輸送手段の確保は死活問題であったが、長谷川は九一年（明治二四）に若松―直方《のおがた》間で開通した筑豊興業鉄道の設立にも寄与している。用地買収などで困難が生じたときは人脈を生かし、株式の買収や社債の引き受けにあたった。その結果、三菱は北部九州における鉄道経営の主導権を握る。

さらに特筆すべきは、長谷川が三菱に入社した当時から鉄鋼の国産化、すなわち製鉄業への進出を模索していたことである。元々、長谷川を三菱に勧誘したのは前に述べた豊川良平説と、彌太郎に近かった肥前出身の元老院議官・鶴田皓《あきら》（高取伊好の実兄）の二説がある。製鉄業の必要性を感じていた松方正義（計七期にわたり大蔵大臣を務め、のちに第四、六代内閣総理大臣。日本銀行を設立）の思惑も関係していたようである。だが結局長谷川は一八九三年（明治二六）、次節で述べる丸ノ内の土地取得と引き換えに製鉄業への進出計画が潰《つい》えたことに憤激して三菱を退職したため、三菱の製鉄業進出という夢は長谷川の在職中、現実のものとはならなかった。

このころ国内の製鉄業は、一八八〇年（明治一三）設立の官営釜石《かまいし》製鉄所の挫折後、その洋式高炉設備を民間に払い下げて継承した釜石鉱山田中製鉄所での銑鉄《せんてつ》の生産、ならびに陸海軍工廠《こうしょう》での鋳鉄《ちゅうてつ》及び平《へい》炉《ろ》による鋳鋼、そして官営の広島鉄山と山陰での民間砂鉄精錬などを数えるのみであった。

ちなみに三菱が製鉄業に進出するのは一九一七年（大正六）、現在の北朝鮮・平壌近くの兼二浦《けんじほ》に建設された三菱製鐵所の設立まで待たねばならない。『三菱鉱業社史』によれば一一年（明治四四）、鉄鉱石の試錐が開始され、銑鋼一貫製鉄所として計画された。三四年（昭和九年）、製鉄会社の大合併によって設立された日本製鐵の製鉄所として終戦まで操業を続けた。

なお長谷川は三菱を去った後、八幡製鐵所の設立に構想段階から加わっている。長谷川とともに製鉄事業取調嘱託の委員会に参加し、のちに八幡製鐵所長官や南満州鉄道総裁を歴任した中村雄次郎は長谷川の功績を評し、「製鐵所の今日あるは深く同君（長谷川）に負う所が多いことを断言する」（『博士長谷川芳之助』）としている。

製鉄か地所か　丸ノ内開発計画と長谷川芳之助

「大番頭」荘田平五郎

長谷川芳之助の転機となった一連の出来事を語る上で重要なのが、「三菱の大番頭」と呼ばれた荘田平五郎の存在である。荘田は長崎造船所支配人などを経て、三菱合資会社理事長、日本郵船社長といった要職を歴任。日本勧業銀行や南満州鉄道（満鉄）の設立に携わったほか、若いころから三菱商業学校や三菱工業予備学校の校長として教育にあたった。端島（軍艦島）のモダニズム建築誕生にもつながる人物なので、ここで紹介したい。

荘田は一八四七年（弘化四）、豊後臼杵《うすき》に生まれた。藩校で優秀だったので、一九歳のとき選抜されて江戸の英学塾に入門。一時薩摩藩の開成所に転じ、七〇年（明治三）、三田の慶応義塾に入塾した。福沢諭吉にその卓越した識見と才能を評価され、入塾後四ヵ月で教師待遇となった。やがて分校建設に奔走し、福沢の期待に応えたという。七四年（明治七）、三田に戻り再び教鞭をとったが、嘱望され、三菱（当時は三菱蒸汽船会社）に入社した。以降三菱の中枢部にあって、初代・岩崎彌太郎、二代目・彌之助、三代目・久彌《ひさや》（一八六五～一九五五）の三代に仕え、一九一〇年（明治四三）に引退した。

一八七五年（明治八）、福沢諭吉の後押しで三菱に入社した荘田は、同年九月に官営の日本国郵便蒸気船会社と合併して発足した郵便汽船三菱会社の職能機構と財務会計組織を整え、近代的企業にふさわしい形につくり上げた。一方で「当商会ハ…全ク一家ノ事業ニシテ…故《ゆえ》ニ会社ニ関スル一切之事及ヒ褒貶《ほうへん》黜陟《ちっちょく》等都《すべ》テ社長ノ特裁ヲ仰クヘシ」という、岩崎家によるワンマン体制を宣言した「三菱汽船会社規則」[*6]をまとめた功績で彌太郎から全幅の信頼を得た。

製鉄業進出を前提に筑豊の大坑区を獲得

一方、長谷川は新体制となった三菱社内で、日本における製鉄業の必要性を強く主張していた。三菱は一八八九年（明治二二）、元海軍卿・川村純義から、海軍予備炭坑に指定されていた筑豊の中山、植木坑（のちの新入坑の一部）を買い受ける際、三菱が製鉄業に進出することを前提としていた。その条文には「甲（川村純義）ハ乙（岩崎彌之助）ノ鉄業ノ計画ヲ賛成シ、乙ノ需《もと》メニ応シ甲ニ於テ従来計画シタル左ノ石炭選定砿区弐区域ニ係ル一切ノ権利及義務ヲ挙ケテ乙ニ譲与スヘシ」（第一条）と記されていた。つまり三菱が製鉄業を興すことと軍指定の優良な炭坑を払い下げることは一体の話だった。未知の製鉄業に進出することは三菱にとってもリスクが大きかったため、三菱は製鉄に適する中山、植木両坑区の払い下げを特別に願い出ていたのである。小林正彬著『八幡製鐵所』によれば、八九年（明治二二）三月、三菱の本社副支配人と尾去沢鉱山長を兼務していた長谷川が社長の彌之助を説き、農商務大臣・井上馨に提出した上申書には概略、以下のようなことが述べられていたという。

図3-11　荘田平五郎

*6……前掲『日本近代化の基礎過程（下）』695頁。「三菱汽船会社規則」は、一八七五年（明治八）作成

製鉄事業は、国の興亡に関わる重大な産業であるが、政府が多額の投資をしながら釜石は失敗、廃止された。このたび当社において自力をもって国家のためにこの事業を開発するよう「重キ政府ノ御勧誘ニ対シテハ勉メテ之ニ従ハザルヲ得」ない。だが、そのためには、次の条件が満たされる必要がある。第一に、莫大な薪炭用の官林を払下げてほしい。第二に、製鉄用原料運送のため鉄道・船舶運賃低廉の特典を。第三に、官有石炭坑区のうち製鉄に適する坑区借区を。第四に、政府費用で採炭調査し、良坑を借区願いたい。第五に、鉄は軍用に必要な材料だから、敵の攻撃より遠く運輸の便ある地とし、充分な保護を下されたい。

鉄鋼の国産化を実現したい軍もこの計画を後押しした。その結果、当時の筑豊では群を抜く巨大な新入《しんにゅう》炭坑が成立することになった。民間レベルでも頭山満《とうやまみつる》や平岡浩太郎《こうたろう》が率いる福岡の政治結社・玄洋社の助力があり、新入炭坑の後も近隣の鯰田《なまずた》、碓井《うすい》等の坑区買収が実現することになった。

寝耳に水の丸ノ内オフィス街構想

折しもこの年（一八八九年〈明治二二〉）の初め、視察のため荘田がイギリスに出張することになった。ところがロンドン滞在中の同年八月ごろ、東京・丸ノ内及び近辺の陸軍用地約一〇万七千坪が払い下げられるとの情報を知った荘田は、土地を買い取ってロンドンのようなオフィス街建設を行うべしと本社に打電する。

元々その付近は微高地（現皇居付近）の前に広がる水深二m程の入江で、「日比谷入江」と呼ばれていた。中世以来、城が築かれ、交易基地となっていたが、徳川家康が入江を埋め立てて以降は内濠と外濠に囲まれた屋敷町となっていた。一八六八年（慶応四）、明治天皇が江戸に移ると、警護した薩摩や長州の藩士が旧大名屋敷に入って駐屯地とした。大蔵・外務の主な省庁も西の丸下、丸ノ内、大手町に集中する。

翌一八六九年（明治二）、周辺の築地に居留地ができ外国人が住み始めたが、新橋駅が建設された七二年（明治五）、大手町、丸ノ内、銀座、築地を大火が襲った（銀座大火）。これが、のちの市区改正計画と耐火煉瓦造による官庁集中計画という二大プロジェクトへと繋がっていく。政府側で計画を主導したのは井上馨《かおる》だったが、不平等条約改正をめぐっての井上の失脚や財政難による中断といった紆余曲折《うよきょくせつ》を経て、一時は頓挫《とんざ》していた市区改正計画が、不平等条約改正の機運とともに再浮上する。霞ヶ関を中心とした官庁集中計画は工部大学校で教鞭をとっていたイギリスの建築家ジョサイア・コンドルやドイツのウィルヘルム・ベックマンらが立案したが、この際、丸ノ内の広大な練兵場跡地が、陸軍が郊外の広大な敷地に新築する兵舎の建設費を捻出する目的で民間へ払い下げられることになったのである。

現在のようなオフィス街構想がどの程度具体的にイメージされていたか不明だが、[*7]荘田は近代化の過程において都市が果たす役割を認識していたのだろう。荘田が製鉄業の可能性についてイギリスでの見聞をもとにどのように報告したかわからないが、結果的に岩崎彌之助は丸ノ内の買収を決断する。

＊7……前田裕子『ビジネス・インフラの明治』（224頁）には、すでに渋沢栄一と三井が主導する兜町のビジネス街が成立していたことをあげ、丸ノ内は水運の利に勝る兜町に劣っていたが、隅田川河口の築港計画が消滅した後、中央停車場（のちの東京駅）の設置が決まり、結果的に丸ノ内の広大な軍用地を獲得した三菱の状況が好転した経緯が紹介されている。

なお丸ノ内を買い受けた一八九〇年（明治二三）、岩崎家と親しかったコンドルに建築家の人選を依頼し、工部大学校時代の門下生・曾禰《そね》達蔵（一八五三〜一九三七）が採用される。以降、荘田はコンドルや曾禰を始め、保岡勝也《やすおかかつや》、内田祥三《よしかず》など多くの建築家とともに丸ノ内のオフィス街を建設していくことになる。

「三菱の富は岩崎一家の私有財産に非ず」

一八八五年（明治一八）、共同運輸との合併によって創業以来の海運事業から撤退して再出発した新生・三菱の二代目・岩崎彌之助と大番頭・荘田平五郎が目指したのは、世界に通用する造船業を大看板に据えた姿であった。

日本経済史・労働史家の中西洋（一九三三〜二〇一八）は『日本近代化の基礎過程—長崎造船所とその労資関係（下）』の中で、「三菱社のうち三菱造船所をどう位置づけるか。船舶修理業ではなく外洋汽船を建造する企業とするなら事態は一変する…造船業は兄彌太郎の創始した海運業の発展を支えつつ、なおそれを超え出る可能性をひめた事業としてイメージされたかもしれない」という。

一方、坑山師・長谷川芳之助はなお製鉄事業の必要性を訴え続けていた。

ところが丸ノ内の土地取得と同じ年、彌之助は、一旦は政府に提出していた上申書をわずか半年後、しかも長谷川に無断で取下げ、製鉄業への進出を断念してしまった。長谷川からすれば製鉄業は富国に欠かせないものだったが、巨額の財源を要する未知の世界である。それに比べ造船業はすでに幕末の長崎製鉄所以来の歴史と蓄積を踏まえている。

長谷川はこのとき、「岩崎が巨萬の金を投じて丸の内の広原今の所謂《いわゆる》三菱ケ原を買入れんとするや大《おおい》に之《これ》を反対し、三菱の富は岩崎一家の私有財産に非ずして天下公共の大集《ママ》財団なれば須《すべから》く之を天下公共の有益事業の為めに利用すべきものなり」(『博士長谷川芳之助』)と、強硬に抵抗したという。

長谷川の先導によって筑豊の優良炭坑を取得した三菱はより安定した収入源を得ており、炭坑事業であげていた利益が丸ノ内の土地買収に充てられることに対する長谷川の不満は容易に推測できる。

時期も悪かった。彌之助が製鉄業進出の上申を取り下げたのは、長谷川が初代・彌太郎の長男でのちに三代目社長となる久彌の渡米に同行していた留守中の不測事だった。前掲『博士長谷川芳之助』によれば、長谷川は「帰朝後此《この》仕打に憤激し彌之助に鉄拳を加えたりとの風評さえ伝えられた」。長谷川にしてみれば、製鉄事業を興す一連の計画の中で、海軍が軍艦の燃料供給のために指定していた傘下の予備炭坑の払い下げを認めさせたという経緯もあり、その炭坑で上げた利益で不動産に手を出すなどもってのほかであった。

端島の都市化を準備した丸ノ内の開発

荘田と長谷川には、奉ずる思想の違いもあった。長谷川は荘田を三菱に送り込んだ福沢諭吉の「自由」や「自助」といった考えに対し批判的で、穏便な表現ではあるが「一言したく思ふ」(『博士長谷川芳之助』)と述べている。福沢の薫陶を受けた荘田も、長谷川にしてみれば同じような西欧的利己主義者と映ったのかもしれない。

しかし、その後も長谷川は三菱に留まりながら、一八八九年(明治二二)、北九州の実業家・安川敬一郎や玄洋社の平岡浩太郎《こうたろう》らが起こした田川・赤池《あかいけ》炭坑に対して会社（三菱）から三万円の資金を引き出して支援している。

実際に丸ノ内の土地払い下げ契約が結ばれたのは荘田が帰国後の一八九〇年（明治二三）三月。その後荘田が携わった端島と丸ノ内の都市開発の関係を知るには、この製鉄業進出取り下げが関係していることを理解する必要がある。三菱は、これをきっかけに都市開発を行う地所事業への展開を始める。一見関係のなさそうな端島と丸ノ内の二つの開発は、いずれも三菱が再起を賭けた時期に端を発する出来事だったのである。

一八九一年（明治二四）、アメリカ、ペンシルベニア大学の留学から帰国した岩崎久彌が三菱の副社長となる。彌之助を補佐した川田小一郎も日本銀行総裁となり三菱の管事職を退いた。

一八九三年（明治二六）一二月、三菱は「三菱社」から「三菱合資会社」と改め、社長が三代目の久彌へと交代する。同時期、鉱山部は金属部と炭坑部に分けられるが、長谷川は本社副支配人兼尾去沢鉱山長の職を解かれ、金属部長に配属される。長谷川の権限を縮小させる人事と言えた。豪胆な彌太郎と違い、智将と言われた彌之助が堅実な経営の道を選んだというだけでなく、時代の変化が長谷川の居場所を取り上げたようにも思える。

一八九四年（明治二七）、三菱合資会社としての新体制が始まると、間もなく荘田は管事兼長崎造船所支配人に任命され、三代目社長となった久彌を支えつつ、長崎で執務するようになった。

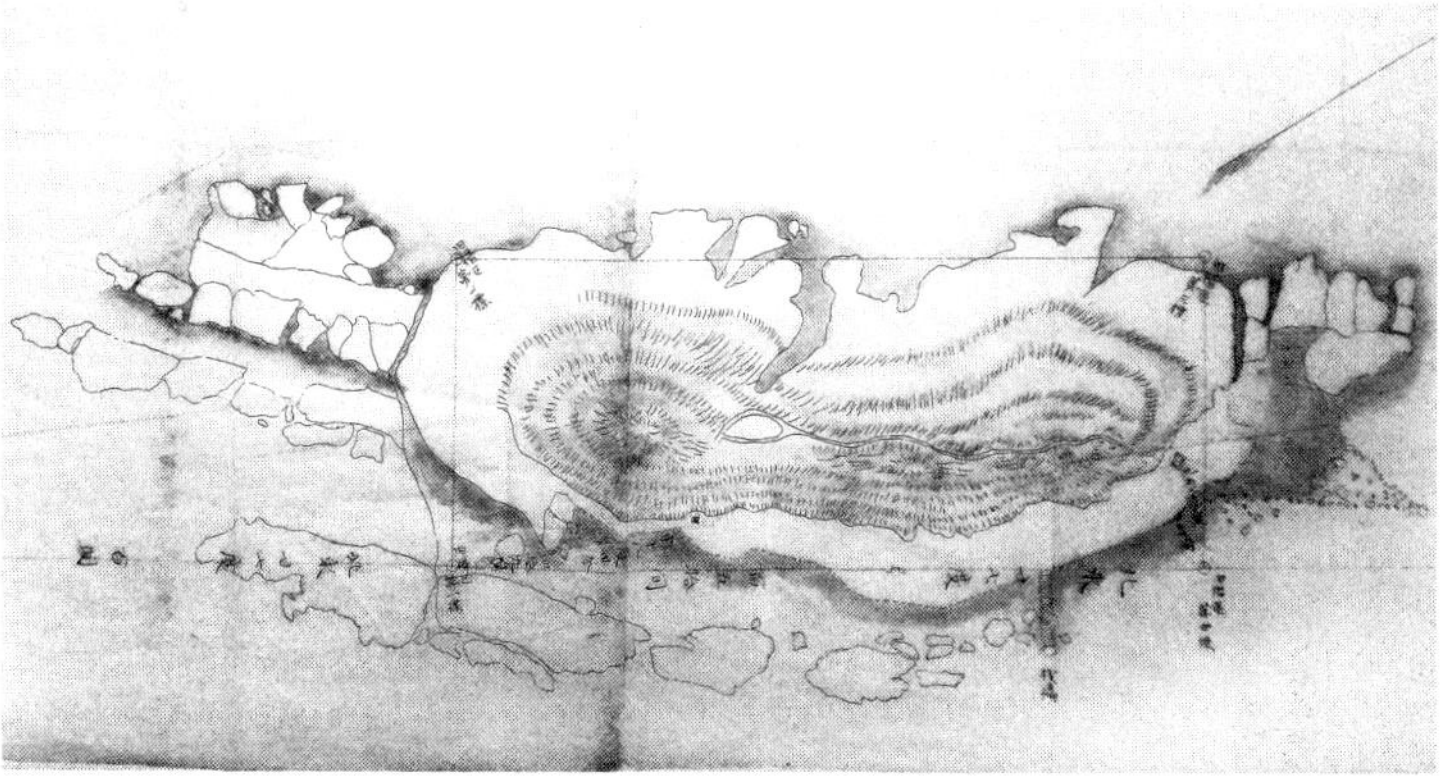

図3-13　1881年（明治14）ごろ、長谷川芳之助が測量した「端島石炭坑出願坑区実測図」（三菱史料館蔵）

「製鉄事業は予の命」　その後の長谷川芳之助

長谷川芳之助の〝構想力〟

筆者が長谷川芳之助という坑山師に興味をもったのは、端島の古い測量図に、測量者として長谷川の名前が記されているのを見て以来のことである［図3-13、14］。

長谷川を単に学者（日本初の工学博士の一人）や技師という枠だけで捉えることは困難である。わが国の建築界をリードした同郷の辰野金吾をして「剛才」と言わしめた鋭利な頭脳と国士的な高潔さ。一方で、直情径行型の言動ゆえに誤解されることも多かったようだ。

長谷川は三菱に在籍していたころから、日本の近代化には製鉄業が不可欠であるとの確信を抱いていた。長谷川は鉄一トンに対して約六トンの石炭が必要であることから、石炭が大量に供給できる筑豊の近くに工場用地を探した。その結果、海運や陸運の便が良い北九州・八幡《やはた》が適地である

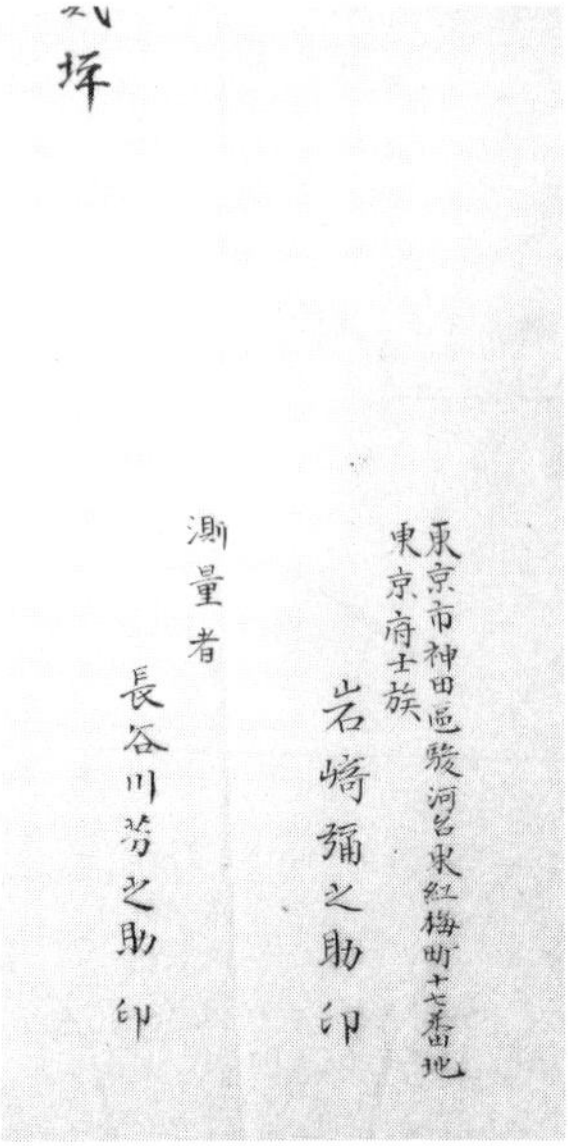

図3-14　前掲「端島石炭坑出願坑区実測図」を部分拡大。「測量者　長谷川芳之助」の名が社長・岩崎彌之助の名とともに記されている

との結論に至っていた。

前に述べたとおり一八八九年（明治二二）三月、岩崎彌之助は長谷川芳之助がまとめた計画を農商務大臣へ提出していたが、わずか半年後の九月、長谷川に無断でこれを取り下げてしまう。

三菱が製鉄事業を断念した後も、長谷川は鉄と石炭を結びつける交通網である筑豊興業鉄道の整備に尽力し、三菱から資金を引き出した。筑豊興業鉄道は一八九一年（明治二四）に開通し、三菱は北部九州の大動脈を確保する。

製鉄事業への情熱を持ち続けていた長谷川は一八九三年（明治二六）、農商務省の製鉄事業調査会委員となる。だが彌之助が製鉄事業を長谷川に無断で取り下げたことが遠因となって、同年一二月、長谷川は「依願解傭使」となってついに三菱を去る。

長谷川は八幡製鐵所の計画と並行しながら、〝筑豊御三家〟の一人、安川敬一郎や玄洋社の初代社長・平岡浩太郎らと関係を強化し、筑豊全体の生産力向上に尽力する。一八九五年（明治二八）ごろには唐津の牟田坑、田川の豊国《ほうこく》坑、さらには舌間《したま》喜之助と共同で鞍手《くらて》の藤棚坑を獲得。三菱を離れた後も坑山師・松田武一郎とは交流があったようで、藤棚坑の炭坑長の斡旋《あっせん》を松田に依頼している。

その後長谷川は若松に拠点を移し、「長谷川芳之助商店」を起こす。幅広く石炭事業を行いながら官営

表3-5　長谷川芳之助の事績

1856（安政2）		唐津藩士・長谷川久徴の長男として生誕
1866ごろ		唐津の漢学者・野辺英輔の私塾に通う（同窓に建築家・辰野金吾ら）
1867（慶応3）	11歳	父の脱藩に伴い大阪へ転居。蘭学を学びつつ、大阪・洋学館にて英語を習得。早くも助教として禄を受け、のちに三菱の重鎮となる豊川良平、日下義雄ら年長者にも教授していたという
1871（明治4）	15	各藩から選抜した貢進生として上京、大学南校に学ぶ。外交家の小村寿太郎や古市公威とともに抜群の英才として知られた。小村、古市、斉藤修一郎、菊池武夫と共に海外留学の運動を起こし当局を動かす（当時の教頭はフルベッキ）
1875（〃 8）	19	第1回文部留学生として米国コロンビア大で鉱山学を修めた後、無許可でドイツへ渡り、フライブルグ大で製鉄について学ぶ
1879（〃 12）	23	理化学博士の称号をえて帰朝
1880（〃 13）	24	第7等下級鉱山係として三菱入社（月給100円）
1881（〃 14）	25	高島炭坑検査役と機械師助役を兼務（100円）
1882（〃 15）	26	本社詰めとなり、高島炭坑部調役となる（150円）／吉岡鉱山調査
1883（〃 16）	27	岡山・吉岡鉱山長（150円）として赴任
1885（〃 18）	29	本社に帰任
1887（〃 20）	31	本社副支配人、尾去沢鉱山長を兼務（175→200円）
1889（〃 22）	33	製鉄業への進出を前提としつつ三菱の筑豊進出を主導。社長の岩崎彌之助を説得し農商務大臣へ「三菱製鉄業上申書」を提出するも久彌の米国視察に同行していた長谷川に無断で上申が取り下げられる。安川敬一郎と平岡浩太郎が共同で起業した赤池炭坑に対し、三菱から3万円の融資を仲介
1890（〃 23）	34	筑豊興業鉄道の敷設を支援
1893（〃 26）	37	製鉄事業調査会委員となる。12月、依願解傭使となり三菱より退職
1894（〃 27）	38	肥前の唐津牟田郡炭坑、豊国炭坑を買収
1895（〃 28）	39	舌間喜之助と共同で藤棚炭坑を取得。石炭販売は「長谷川芳之助商店」が担う
1896（〃 29）	40	工学博士で鉄道技監の仙石貢とともに製鉄事業取調嘱託となる
1897（〃 30）	41	春、神経を患い実業界から引退
1898（〃 31）	42	豆田炭坑売却。医者の忠告に従い、京都に隠棲
1901（〃 34）	45	明治炭坑の買収を期する安川を支援
1902（〃 35）	46	鳥取県選出衆議院議員に当選（間もなく辞任）。藤棚炭坑を麻生太吉に売却。八幡製鉄所事業調査委員となる
1903（〃 36）	47	製鉄所商議員に就任
1911（〃 44）	55	九州水力電気の取締役に就任
1912（大正1）	56	8月、死去

製鉄事業の支援を行うためである。折しも日清戦争において軍備拡張が大きな課題となり、一八九五年（明治二八）二月、製鉄所設置建議案が帝国議会に提出、可決される。同年末には予算案が承認され、翌九六年（明治二九）官制が公布。

同年春には当時若松築港会社社長を務めていた安川敬一郎邸において、平岡浩太郎とともに八幡村村長・芳賀種義とその父で若松町長だった與《よ》八郎《はちろう》に面会。これが八幡への製鉄所誘致の始まりとなる。初代八幡製鐵所長官には山内堤雲《やまのうちていうん》、技監にはフライブルグ鉱山大学卒の大島道太郎（近代製鉄の父といわれる大島高任《たかとう》の子）が着任した。大島ほかの技師は一八九六年（明治二九）一〇月、欧米の製鉄業を視察。ドイツの技術を導入することとし、グーテホフヌンクスヒュッテ社に設計を依頼した。ドイツで製鉄業について学んだ長谷川も、おそらくこれを歓迎していたであろう。

ところが製鉄事業取調嘱託という外部委員としての立場では制約も大きく、また官僚の見解が優先され、候補地選定においても時間を要したことから、長谷川のストレスは溜まるばかりだったようである。製鉄所が完成する四年前の一八九七年（明治三〇）に体調を崩した長谷川は、養生のため翌年京都に居を移して事業を譲渡する。

操業開始早々の失敗をめぐり長官らを面罵

官営八幡製鐵所は一九〇一年（明治三四）、高炉の完成へとこぎ着けたが、最初の操業はわずか一年六ヵ月で中断を余儀なくされた。高炉設計上の欠陥や原料炭配合の誤りなどがあったらしい。〇二年（明治三五）六月、製鉄事業調査会ができると、長谷川はその委員となる。長谷川は製鉄所の方向性を決定する重要な第二部採鉱冶金部会に所属したが、同部会の堀田連太郎委員とともにこの間の経緯を強烈に批判、「専断で物事が決められていった結果、製鉄所が大きな挫折に直面した」と、技監の大島道太郎や当時の長官であった陸軍出身の中村雄次郎らを激しく批判する場面もあったようだが、『博士長谷川芳之助』において、当の中村雄次郎は長谷川を製鉄所の「主唱者であり実行者」であったとしてその功績を讃えている。

図3-15 建設中の官営八幡製鐵所。伊藤博文、井上馨らが視察した折（1900年）の記念写真

一九〇三年（明治三六）八月になると製鉄所商議員会が誕生し、長谷川もこの委員を務める。三井の〝鈍翁《どんのう》〟こと益田孝《たかし》、三菱の荘田平五郎も同会委員となった。長谷川と荘田の関係は期せずして復活するが、その後の二人の関係を記す資料は不明である。

一九〇四年（明治三七）までに高炉構造の改善、原料炭の配合改良によるコークス製造によって課題は改善され、操業が再開される。

当時、国の行く末を憂う長谷川の国士的高潔さや能力を称賛した者は、玄洋社の総帥・頭山満など数多い。頭山は「長谷川君は当世に珍しき高潔の士であった。君は身を実業界に置いたが、志は常に天下国家に在ったので一念此《これ》が為に終始したのである。即ち君が実業界に投じたのは、唯《た》だ其《そ》の志を天下に行はんとせる手段に過ぎない。故《ゆえ》に国家の大事に当たっては率先して義を唱えた」（『博士長谷川芳之助』）と寄稿している。また、大学南校時代からの友人で明治土木界の重鎮・古市公威のように長谷川の抜きん出た能力を証する者は数え切れない。

製鉄事業と石炭事業を一体化させるという長谷川のプランは、明治という国家の発展と存続に鉄と石炭が不可欠のものであるという信念に基づくものであった。一九〇二年（明治三五）ごろ、静養中の長谷川を周囲が気遣って製鉄所商議員から外そうとした時、憤慨した長谷川は平田東助農相を電話に呼び出し、「予は夙《つと》に製鋼に関する研究に志し、日本の前途には必要欠く可《べ》からざるを信じ、特に之《これ》を専攻したるものにして、製鉄事業は予の生命なればこそ…」と述べたという。

実際、官営八幡製鐵所は長谷川が三菱時代に構想した立地とシナリオに沿って計画された。製鉄所と筑豊の石炭坑区を鉄道でつなぎ、一体となって事業を支えるインフラ整備も同様である。その点をもってしても、長谷川は技師や工学者の範疇を越えた「無冠の大坑山師」だったといえる。

長谷川は坑山師であり経営者でもあったが、同時に壮大な夢をもった憂国の士でもあった。おそらく長谷川に三菱という一私企業に帰属している意識は薄かったのだろう。ひとつの肩書には収まりきれない、スケールの大きな人物であるが、長谷川の業績についてのまとまった研究資料は少ない。

第4章　エンジニア・アーキテクトの近代

＊長崎造船所構内に誕生した船型試験水槽（提供：三菱重工業㈱長崎造船所）

エンジニア・アーキテクト

「模倣」を批判した村野藤吾、日本の伝統美を称賛したレーモンド

わが国においてモダニズム建築はどのように理解され、受容されたのだろうか。本章ではまず、日本にモダニズム建築を広めた建築家・村野藤吾《とうご》とアントニン・レーモンド（一八八八〜一九七六）に注目し、二人の発言をもとに一九一〇〜二〇年代のわが国における〝モダニズム建築観〟を俯瞰《ふかん》してみたい。

まず村野は、建築における様式について、『日本建築協会雑誌』に連載（一九一九年〈大正八〉五月〜八月号）された「様式の上にあれ」の中で以下のように述べている。

「一体われらは現在一九一九年に生存しているものである。しかるにわれらは今日すでに過ぎ去った、たとえば一八世紀だの、七世紀だのという、過去の様式を真実に再現することができようか」

村野は過去の様式をなぞるだけの行為に対して疑問を投げかけ、西欧の模倣をしているに過ぎない西欧建築様式の再現論者に批判的な意見を述べている。その上で新しい様式の創造について、「科学と人道をもって人生に即して整頓する」ことの必要性を説く。そして、モダニズム建築様式の可能性について以下のように述べる。

「近代建築様式の煩悶《はんもん》はいかにして…過程の真を目的の真に調和せしめんかということにある。これが

ためにすなわち科学をヒューマナイズする以外にわれらに残されたるなんらの方法もないと信ずるものである」。そして村野は、「経済と、交通と、科学と、芸術とにたいするわが建築家の正当なる研鑽と忠実なる究明」が必要であり、「批判能力の自由なる創作のみが決しうる」と力説する。

一方のレーモンドはオーストリアに生まれ、プラハ工科大学を卒業後、一九一〇年にアメリカに移住。一九年（大正八）、帝国ホテルを設計したフランク・ロイド・ライト（一八六七〜一九五九）の助手として来日した。二八年（昭和三）には聖路加《せいるか》病院の設計をオーギュスト・ペレの弟子ベドジフ・フォイエルシュタインとともに手がけたが、装飾を排したデザインが不評で、建設途中で解雇される。レーモンドはモダニズム建築運動の最先端で活躍した建築家だが、日本の伝統文化や芸術にも傾倒し、日本における建築の可能性を見出していた。

「日本人の考える最大の満足は、思想と行動、そして物質、空間、時間を知り、その間に調和を見出すところにある。日本人以外のどこの文明が、美しくすることとは、すなはち、不要なものを捨てることである、と示したであろうか…日本建築はシンメトリーにこだわらず、軽い風通しのよい、微妙、単純、略式で清潔、そしてこわれにくいものを作り出していく」

新たな建築の可能性は日本にこそあると述べているようにすら思えるレーモンドの称賛は、当時の日本の建築家にとっては不可解なものであったに違いない。

しかし、新しい建築様式への転換は、西洋においては社会全体の変革の中で喚起された大闘争であった。一九一〇年代、モダニズム建築運動によってわが国にもたらされた情報は、その思想や歴史観に関しては、全く次元の違う問題として矮小化され、折衷《せっちゅう》を通じて受容される宿命にあったのかもしれない。

「建築家的技術者」

建築史家の村松貞次郎《ていじろう》は論文「日本建築近代化過程の技術史的研究」の中で以下のように述べている。

「わが国の場合、コンドルによる建築の開始以来、様式主義のアカデミーが建築界を支配し、また伝統的な事大主義・形式主義と、産業革命の不徹底な進行という精神的・物質的風土を背景としてengineer-architectの業績と、その機能的伝統と、絶えず建築界の底に沈んで、ついに表層に浮かぶことがなかった。そうして機能主義は大正中期以後の日本における建築運動の展開とともに、西欧から、文字通り言葉だけの思想として輸入されたのである」

「言葉だけの思想」。確かに、アカデミックの世界あるいは東京を中心に見た場合は村松のいう通りだったかもしれない。

村松の弟子にあたる建築史家・藤森照信《てるのぶ》は『日本の近代建築』の中で以下のように述べる。

「ハルデス以下洋式工場の建設者はいずれも純粋な建築デザイナーとはいいがたい。本業が機械や灯台や造船関係だったり、一番デザイナーっぽいレスカスも鉱山の工場や倉庫が主要作だし、耐震の発明工夫に熱心なように建築家というよりは技術者である。建築というより建設が仕事で、土木技術者に近い性格も持っていた」

しかし、村松とほぼ同世代の建築史家・稲垣栄三（一九二六〜二〇〇一）も指摘していたように、日本ではその建築家の定義すら、モダニズム建築の定義と同様に当時は曖昧《あいまい》なものであった。そこで、筆者の研究では長谷川芳之助《よしのすけ》や高取伊好《これよし》、松田武《ぶ》一郎《いちろう》をはじめとする鉱山学・土木工学等を学んだ技術者と建築家の境界を、現代の視点から見て単純に区別することを避け、モダニズム建築の受容と変遷を探ることにしたのである。

なお、村松はこうした時代に工場建築などの分野で最先端の技術をいち早く駆使して活躍した技師たちを「建築家的技術者（エンジニヤ・アーキテクト）」（『日本近代建築の歴史』）と名付けた。同書によれば、「工場建築が建築造形の対象として意識されるようになったのは、機能の美しさ、合目的的な形態の近代性が表現の方法として強く意識されるようになった大正末期からの近代建築運動の中から」であった。そして「エンジニヤ・アーキテクトたちは近代建築の技術はもちろん、その思想の形成にも大きな貢献」をしたが、日本では建築家と技術者たちの間で「十分な交流、あるいは葛藤・相克の中から新しい第二の建築の波に対応する新鮮な考え方、思想が直接には生まれなかった」という。

例えば三菱の船内意匠を手がけた設計技師や、本章で紹介する土木家の白石直治《なおじ》（一八五七〜一九一九）などは、まさにエンジニア・アーキテクトの領域に含めうる技術者だったといえる。さらには第一章で述べた小山秀《ひいで》や鉄川与《よ》助《すけ》といった「長崎派」の建築・土木技術者や鉱山学の専門家、そして本書の大きなテーマである端《は》島《しま》（軍艦島）の建築群を生み出した人物たちは、これまでわが国の建築史が等閑視してきた〝もう一つの日本近代建築史〟を形作ってきた〝超技師《スーパーエンジニア》〟だった。

ここからは、端島のモダニズム建築群誕生につながる三菱の〝超技師《スーパーエンジニア》〟たちの足跡に焦点を当て、三菱の事業の展開とともに紹介していきたい（一部、時代が前後する箇所もあるがご容赦いただきたい）。

世界の建築・デザインと三菱の技師　船舶の室内意匠をめぐって

イギリス仕込みの技術で大型貨客船を建造

官営から始まった長崎製鉄所の歴史は一八八四年（明治一七）の借り受け以降、三菱の時代へ入り、長崎造船所として新たなスタートを切っていた。三菱時代最初の鉄製汽船として知られるのが、八七年（明治二〇）竣工の「夕顔丸」（二〇六トン）である。長崎港と高島、端島（軍艦島）間の貨客船・曳船《えいせん》として長らく操業し、一九六二年（昭和三七）まで活躍した。

だが岩崎彌之助《やのすけ》が目指していたのは、欧州航路の定期貨客船クラスの本格的な汽船を手がけることだった。

一八九〇年（明治二三）、長崎造船所でわが国最初の鋼鉄製汽船「筑後川丸」（六一〇トン）が竣工する。発注者の大阪商船は三池炭の海外輸送を担っていた。三菱に対する技術的不安を感じていた大阪商船は、イギリスへの材料調達を要望していたが、彌之助は頑として認めなかったという。

一八九二年（明治二五）、座礁のため船底の大部分を破損したドイツ船が長崎造船所・立神船渠《たてがみせんきょ》に入渠した。ところが船の外板（五m）が長く機械が使えなかったため、間に合わせの修理しかできなかった。そこで三菱では急遽《きょ》、立神船渠の拡張を決断。日清戦争の影響で着工は遅れたが、九四年（明治二七）、拡張工事に着手し、翌九五年（明治二八）には第二船渠の建設工事にも着手する（なお九三年〈明治二六〉、長崎造船所は「三菱合資会社三菱造船所」と改称されたが、神戸他の造船所と区別するため、以降も「長崎造船所」と表記する）。

筑後川丸以降目ぼしい新船受注がない長崎造船所は一八九四年（明治二七）、二重船底を採用した最初の航洋商船「須磨丸」（一五九二トン）を自社船として建造。当時国内で一千トンを超える外洋汽船を建造するのは不可能と考えられていたが、翌年、須磨丸は無事竣工。その後大阪商船に売却された。

図4-1　常陸丸（提供：三菱重工業㈱長崎造船所）

一八九六年（明治二九）には念願の本格汽船で国内造船史上に残る大型貨客船「常陸《ひたち》丸」（六一七二トン）［図4-1］の建造が許可される。常陸丸の建造を受注したことによって、技術力の向上は必須となる。発注者はかの日本郵船だった。翌九七年（明治三〇）、〝九州探題《たんだい》〟と呼ばれた山脇正勝《まさかつ》に代わり、管事を務めていた大番頭役の荘田《しょうだ》平五郎が二代目の長崎造船所長に着任、現地で采配をふるうようになる。

常陸丸の建造についてはスコットランド西部グラスゴーのブラウン造船所に設計と材料供給、造船技師の派遣等を依頼。イギリスでの交渉は荘田があたった。また船舶工学の名門グラスゴー大学を卒業した山本長方《ながかた》が造船製図係として入社。のちに荘田の後任として三菱造船所・第三代所長となる丸田秀實（一八五九〜一九二二）や、のちの四代目所長で常陸丸の建造主任を務めた塩田泰介《たいすけ》（一八六七〜一九三八）もブラウン造船所に長く滞在して情報を得た。この時期に

図4-2　長崎造船所構内の船型試験水槽（提供：三菱重工業㈱長崎造船所）

得た人脈や技術は、三菱の造船業を飛躍的に発達させた。常陸丸は一八九八年（明治三一）に竣工。九六年（明治二九年）の造船奨励法発布以降、初めてロイド船級協会の認可が下りた画期的な船となった。

三菱は筑後川丸、須磨丸、常陸丸の三隻の汽船の建造を担ったことで、鋼鉄汽船にかかわるほとんどのノウハウを手中にしたといわれている。ちなみに一九〇七年（明治四〇）竣工する日本初のコンクリート製船型試験水槽［図4-2］も丸田のイギリス時代の交流から可能となった先進的な事例である。

外洋汽船で培われた技術力とデザイン力

三菱の技師たちは、技術だけではなく国際的なデザインの潮流にもまた敏感だった。国際航路の船舶においては、客室の内装にも高いデザイン性が要求されたためである。

二〇世紀に入ると、三菱の造船技術は欧米諸国と比肩するまでになり、デザインにおいても独自性を創造する機運が生まれた。一九〇六年（明治三九）には日露戦争で沈んだ常陸丸に代わる二代目・常陸丸（六七一六トン）が竣工。この二代目・常陸丸によって三菱の技術水準は先進国イギリスに対してもその出来を誇示できる段階に達した。客室内の意匠は長崎造船所（装飾製図部）の技師・奥山恒五《つねご》郎《ろう》によって行われた。グラスゴーの造船所と交流が行われる中で、いち早く情報を把握できたのであろう。

三菱造船株式会社編『創業百年の長崎造船所』の巻末には、一八九六年（明治二九）以降の造船技師の海外出張記録が掲載されている。明治期だけで五〇人程が確認できるが、一九〇五年（明治三八）には佐伯平次技師や東京帝国大学造船学科を出た川原五郎技師が、先述のコンクリート製船型試験水槽の視察のためグラスゴーに出張している。

さて一八九六年（明治二九）、浅野財閥の浅野総一郎らによって東洋汽船が設立され、サンフランシスコ航路に乗り出す。当初は六千トン級の客船を就航させていたが、外国の客船が一万トンを超えて大型化する中、一九〇五年（明治三八）、一万三千トン強の大型客船、天洋丸、地洋丸、春洋丸の三隻を三菱に発注する（先述の佐伯技師の渡英はこれに関連しての視察だったと考えられる）。船内の内装も重要な課題で、国際的競争に打ち勝つレベルのデザイン性が要求された。

前掲『創業百年の長崎造船所』によれば、一九〇八年（明治四一）に竣工した天洋丸の「造作設計ならびに内業製作は、イギリスのアルダンヒールトン社に外注され、アール・ヌーヴォー様式（セセッション運動による様式）によって施工され

図4-3　アール・ヌーヴォー様式でデザインされた天洋丸の図書室（右）と一級ラウンジ（提供：三菱重工業㈱長崎造船所）

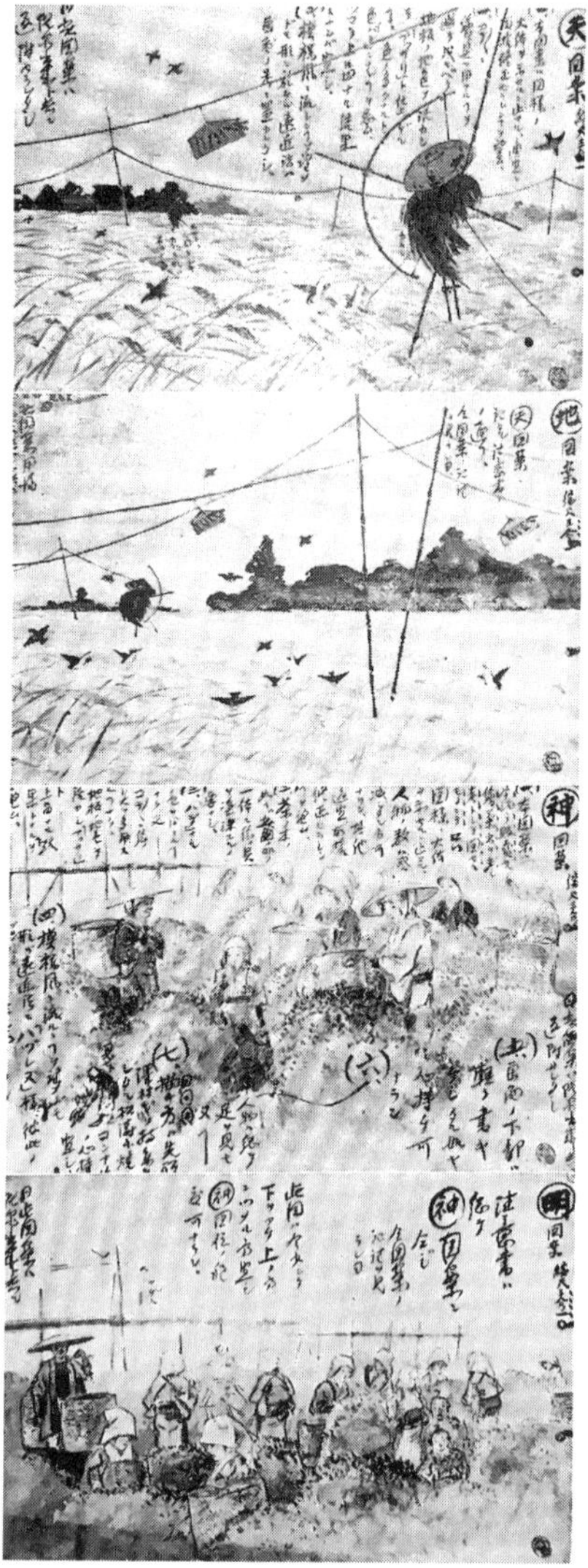

図4-4　天洋丸の客室装飾案スケッチ（提供：三菱重工業㈱長崎造船所）

た」という［図4-3］。国際的競争に打ち勝つため、先端のデザインを採り入れる必要があったのである。その際日本側から提案したと思われる装飾のコンセプトスケッチ［図4-4］を見ると「天、地、神、明」が表現され、模倣からの脱皮が試みられていたことがわかる。『創業百年の長崎造船所』に、天洋丸に関する以下のような記述がある。

東洋の一小国は世界の一流国家群に仲間入りして、はじめて、外国の模倣に対する反省がなされ、自立の機運がおこってきた。一方、欧米の建築工芸会でも、クラシック様式に抗してセセッション運動の曙光《しょこう》がさしてきた。このような空気の中《なか》本船は設計されたのである。

天洋丸、地洋丸と同じ一九〇八年（明治四一）竣工の皇太子の御召《おめし》艦さくら丸（三二〇五トン、発注は帝国海事協会）は三菱丸ノ内建築所の技師長であった保岡勝也《やすおかかつや》と本野精吾《もとのせいご》（一八八二〜一九四四）が室内意匠を手がけた。翌〇九年（明治四二）竣工の熱田丸（八五二三トン）は日本郵船の欧州航路汽船として建造されたが、常陸丸を手がけた奥山恒五郎が手がけた（『建築雑誌』一九〇九年・二七〇号に意匠等の詳しい説明が掲載されている）。

共同運輸との合併に伴う日本郵船の設立によって海運業から撤退した三菱だったが、この時二代目社長に就任したばかりの岩崎彌之助が長崎造船所を手放さなかった理由について、彌之助の念頭に「外洋汽船を建造する企業」になるという壮大なプランがあったからではないかと推測されていることは第三章で述べた通りだ。

「建築界は遥かに劣る」——新しい芸術《アール・ヌーヴォー》をいち早く感受

さて、少し後の一九一一年（明治四四）発行の『建築雑誌』二九七号に、竣工直後の春洋丸を見学した編集員による感想文（「春洋丸を観る」）が掲載されている。

一般に仕事殊《こと》に木工事《もっこうじ》並《ならび》に仕上の程度は確かに陸上の建築界の技量の上にあるを示している。陸上に於いてはいかなる工場に於いても海上の此《この》大建築の請負者三菱造船所と此《この》点に肩を並べるものはなかろう。換言すれば建築界は造船界に比して技術の程度は遥かに劣っていると云わねばならぬ。これが最後に痛切に自分の神経を刺激した本船参観の紀念である。

天洋丸の内部意匠に取り入れられたアール・ヌーヴォー様式はチャールズ・レニー・マッキントッシュの代表作の一つとして知られる「ヒル・ハウス」の家具デザイン［図4－5］との類似性を感じさせるものだが、そもそも「アール・ヌーヴォー」なる用語はフランスの美術商サミュエル・ビングがギャラリーの店名に使ったことで一般化したもので、浮世絵など日本の近世美術が影響を与えたともいわれている。特にわが国においては植物などの自然の曲線美を用いた〝装飾スタイル〟に矮小化されてしまったきらいがあるが、本来、広義のアール・ヌーヴォーは一八八〇年代のイギリスで始まった「アーツ・アンド・クラフツ運動」に影響を受け欧州各国で広がった総合的な芸術・思想運動であり、のちのモダニズム建築へとつながる理念を胚胎《はいたい》するものでもあった。

図4-5　マッキントッシュによるグラスゴーの「ヒル・ハウス」（1903）の内部。天洋丸を思わせる（筆者撮影）

この新しい潮流は建築にも多大な影響を与え、産業革命後の欧州の各都市において、工場主などを中心とする新たな資産家階級《ブルジョアジー》の支持を得ながらヨーロッパ各国に広がった。例えば一八九七年、オーストリアで美術家を中心に旗揚げしたグループを「ウィーン分離派（セセッション＝Secession）」とも呼び、バルセロナではサグラダ・ファミリアやグエル公園などのアントニ・ガウディの一連の建築が生まれた。ドイツでは「ユーゲント・シュテール」、スペインでは「モデルニスモ」と呼ばれた。

一方、分離派（セセッション）のグループに参加していたウィーンの建築家オットー・ワグナーは一九〇四年、有名なウィーン郵便貯金局［図4-31］を設計する。ガラス張りの天井から光を取り入れた内装デザインは〝工業的〟な印象を与えるもので、すでに台頭しつつあったモダニズム建築の意匠を先取りする記念碑的作品となった。またドイツでは一九〇七年、建築家ヘルマン・ムテジウスやペーター・ベーレンスらを中心に「ドイツ工作連盟」が結成される。

日本においては一九一一年（明治四四）竣工、辰野金吾《きんご》設計の松本健次郎邸（現・北九州市戸畑区）がアール・ヌーヴォー様式の影響を受けた初期の代表作といわれているが、天洋丸等の事例でわかるとおり、船舶の内装においてはいち早くその潮流が取り込まれていた。この事実は、当時の三菱の技術陣が最先端の情報を感受し、実際の意匠や造作に反映させるだけの能力を備えていたことを物語っている。

さて、第一次世界大戦を境に、デザインの潮流は直線的で工業的なモダニズム建築へと進んでいく。この新しい様式は転換期の欧州やアメリカにおいても展開され、二〇世紀を迎える。さらにフランスではオーギュスト・ペレによるパリ・フランクリン街の鉄筋コンクリート造アパートが建設される。

丸ノ内建築所初代所長・曾禰達蔵

丸ノ内の初期煉瓦建築を設計

造船部門に続き紹介したいのは三菱・丸ノ内建築所の初代所長を務めた曾禰《そね》達蔵である。

曾禰は一八五三年（嘉永五）、唐津藩士・曾禰寸斉《すんさい》の子として、江戸城下丸ノ内の唐津藩邸で生まれた。

†column 岩崎家の国際感覚と欧米の技師

一八六八年（明治元）、長崎から大阪に移り、土佐藩の近代化振興機関であった開成館大阪出張所（大阪商会）で物産の売買・物流を指揮していた岩崎彌《や》太郎《たろう》を追って大阪に出た一六歳年下の弟・彌之助《やのすけ》は私塾で漢学を学びながら、米国人医師のもとで英語を学んだ。

一八七二年（明治五）四月、彌之助はアメリカに留学する。一年半程の渡米であったが、しっかりと英語をマスターすべく、あえて日本人と交流しないように努めたとの逸話もある。

岩崎久彌

彌太郎の長男・久彌《ひさや》も、父・彌太郎を二一歳で亡くした翌年の一八八六年（明治一九）、彌之助の命で米国のペンシルベニア大学ウォートン・スクールに留学し、フィラデルフィアの安宿で五年間勉学に励んだ。久彌の友人たちも教授らも、久彌が卒業するまで彼が三菱の〝御曹司《おんぞうし》〟だということを知らなかったという。卒業旅行では、友人と一緒にイギリスからスカンジナビア諸国、ロシアまで見聞し帰国する。

のちに三菱の四代目社長となる岩崎小彌太《こやた》（一八七九〜一九四五）は一八九九年（明治三二）、東京帝国大学法科に進むが翌年中退し、イギリスのケンブリッジ大学ペンブロークカレッジ（Pembroke College）に留学して学位を取得、一九〇六年（明治三九）帰国して副社長となる。一〇年後の一六年（大正五）、社長に就任するが、欧州の最新情勢を知る小彌太は高島炭坑の運営、特に福利厚生の整備に取り組んだ。

小彌太がケンブリッジで取得した学位はバチェラー・オブ・アーツ（文学士）であったが、歴史学を専攻し、欧州で台頭していた社会主義にも魅せられたようである。

さて、三菱は早くから外国の技術者を雇用していた。彌太郎が社長だった時代でいうと一八七二年（明治五）、デンマーク人の坑山師フレデリック・クレブスを、また八〇年（明治一三）にはフランス人建築技師ジュール・レスカスを雇用している。

　彌太郎の没後、彌之助が二代目社長となった一八八〇年代中ごろになると、炭坑や造船業の先進地イギリスとの関係が強くなる。高島坑では三菱以前の時代（鍋島・グラバー合弁～官営～後藤炭坑舎）からイギリス人が指導していたが、八一年（明治一四）に三菱の経営となって以降もイギリス人坑山師ジョン・ストダートが中心となり、他にも多くのイギリス人技術者がいた。

岩崎小彌太

　一八八九年（明治二二）、丸ノ内の陸軍用地約一〇万七千坪の買い取りが決まると、イギリスの建築家ジョサイア・コンドルの指揮のもとに都市計画が開始された。

　一九九三年（明治二六）、副社長を務めていた久彌が二八歳で三菱の三代目社長に就任する。九四年（明治二七）には丸ノ内にコンドルが設計した三菱一号館が竣工。丸ノ内のオフィスビル街は「一丁倫敦《ロンドン》」と呼ばれるようになった。

　ただ興味深いことに、建築分野に限っては、海運業を行っていた時代にレスカスを雇用していたものの、一八八六年（明治一九）に三菱社へと社名を変更して以降は、重要なポストについた外国人技師を確認できない。確かに三菱一号館の設計はコンドルに依頼しているが、三菱の組織下で指導を仰ぐような関係ではなかった。

　一九二三年（大正一二）竣工の「丸ノ内ビルヂング」（通称：丸ビル）建設時においては、施工はアメリカのフラー社との合弁会社（フラー建築株式会社）であったが、設計は地所部の技師長・桜井小太郎《こたろう》（一八七〇～一九五三）が行った。丸ビルの建設は巨額な投資であったため社内には慎重派もいたが、小彌太の英断で決定されたという。小彌太は国際的な視野に立ち、敗戦の年まで経営にあたった。

図4-6　曾禰達蔵

父は国許《くにもと》の藩主・小笠原長国《ながくに》の傍《そば》に仕えていた。後継者として実権を与えられた小笠原長行《ながみち》は幕府の老中格となって外交を担当した。達蔵はこの長行に気に入られ、一〇歳のころから小姓《こしょう》となった。

長行は一八六六年（慶応二）の第二次長州戦争に幕府軍指揮官として参戦し敗北する。以降鳥羽伏見の戦い、戊辰《ぼしん》戦争と続くが、その後も抵抗を続けた東北列藩とともに箱館戦争（五稜郭《ごりょうかく》の戦い）まで戦った。ところが、長行は弱冠一五歳だった曾禰を最後の決戦場となる箱館にあえて同行させず、唐津に帰藩させた。

一八七一年（明治四）、曾禰はできたばかりの唐津藩の英学塾「耐恒《たいこう》寮」に一八歳で入塾する。教師を務めた高橋是清《これきよ》や、同じく入塾した辰野金吾は一六歳であった。高橋は戊辰戦争で旧幕軍についた仙台藩の出身だったので、幼いころからの曾禰の経験や立場がよく理解できた。高橋が東京に戻る時、曾禰を同行し、高橋家の住み込みにさせる。曾禰は翻訳などの仕事をしながら勤学を続けた。七三年（明治六）、工学寮（東京大学工学部の前身の一つ）の第一期生入学試験に合格。曾禰は歴史家を夢見ていたが、官費支給のうえ工部省勤務が保証される工学寮は魅力的であった。曾禰は造家（建築）学科を選択する。

一八七七年（明治一〇）、イギリスから教授としてジョサイア・コンドルが来日し、工学寮は工部大学校と改称される（コンドルと曾禰もほぼ同い年であった）。コンドルの下で辰野金吾、片山東熊《とうくま》（一八五四〜一九一七）、佐《さ》立《たち》七次郎（一八五六〜一九二二）らとともに学んだ曾禰は七九年（明治一二）の卒業後、早くも同大学助教授と海軍省技師を兼務し、海軍省呉鎮守府《くれちんじゅふ》の建築部長を務める。だが旧幕軍の生き残りである曾禰にとって、明治新政府下の仕事は本望ではなかった。

図4-7　明治末ごろの丸ノ内。十字路の右側が1号館

一八九〇年（明治二三）、曾禰は三菱に雇用される。コンドルの推薦であった。曾禰は自らが生まれた丸ノ内の開発事業に従事することとなり、コンドルが設計した三菱・丸ノ内一号館の現場監督を務める。二号館と三号館はコンドルと共同で設計を行ったが、四号館から七号館は曾禰が単独で設計した。なお曾禰は入社と同時に三菱・丸ノ内建築所の初代所長を務め、三菱大阪支店や三菱銀行神戸支店、小笠原伯爵邸の他、世界遺産（「明治日本の産業革命遺産」）となった長崎造船所の旧荘田平五郎邸「占勝閣」も設計。故郷の唐津にも三菱合資会社長崎支店唐津出張所（ただし設計は二代目所長の保岡勝也）［図4-8］を残した。三菱の地所事業の基盤はこの時代に築かれたといえる。八六年（明治一九）には造家学会の創設発起人になった。

また曾禰は三菱入社以前から建築の先端技術に興味を示しており、一八八八年（明治二一）にはセメントについての二件の材料試験報告を『建築雑誌』に発表している。管見による限り、三菱の技師で最も早く鉄筋コンクリート技術の情報に触れていたのが曾禰だった。

早くからコンクリートの有効性に着目

一九〇六年（明治三九）、曾禰は三菱を定年退職し顧問となる。同年、東京・九段に曾禰建築事務所を開設。二年後にはイギリス留学を終えて帰国した中條《ちゅうじょう》精一郎（一八六八〜一九三六）を招いて曾禰中條事務所と改称。のちに重要文化財となる慶応義塾大学五〇周年記念図書館（一九一二年）や岩崎家の熱海別邸等、多くの名建築を残した。最晩年の三七年（昭和一二）には谷口吉郎《よしろう》（一九〇四〜七九）と共同で、DOCOMOMO・JAPANの「日本の近代建築20選」にも選ばれた慶応義塾幼稚舎も手がけた。

図4-8　三菱合資会社長崎支店唐津出張所（設計は保岡勝也）

　篤実《とくじつ》な人柄で知られた曾禰の作風は、合理性や機能性に重きを置く一方、長崎の「占勝閣」を見てもわかる通り、随所にさりげない心配りがなされ、気品に溢れている。〝権威〟とは遠く、辰野金吾や、あるいは片山東熊とも異なっていた。一方、国際的な動きにも敏感で晩年に至るまで英字新聞での語学修練も欠かさず、新しい建築の知らせがあれば必ず見学に訪れ、有益な情報があるといち早く研究したという。[*1] 一八九二年（明治二五）の『建築雑誌』には、鉄筋コンクリート造によるスタンフォード大学寄宿舎と博物館の記事を投稿している。なお、この年はちょうどコンドルの下で丸ノ内一号館の建設が始まった時期であった。やや長くなるが、その内容を以下に記す。

　スタンフォード大学校のコンクリート造なる二大家屋を一覧せり…此《この》二棟は絶対的防火造にして亦《また》地

震にも耐ゆへき目的にて造られ専《もっぱ》らランソム氏の特許の方法に拠り内外の屋壁に一の継ぎ目なく全部を一質となしたる外《ほか》に縄形に捻《ね》じりたる鉄棒を要所々々に入れて壁を強めセメントは是《こ》れ亦たランサム氏の特許混和器にて練りて仕用《（ママ）》せり今ころ落成間際にて左《さ》程《ほど》人員多からざるも一時は使役の職工人夫驚くへき程の多人数なりしと云う　更に二三特殊の構造を記すれば、階段はコンクリート造の上に大理石を張て段板となし、広間の廊下も同様コンクリートの上に大理石張なり、木材はすこしも用ひたる所なく窓枠其《その》形とも盡《ことごと》く金属造なり、屋壁の外面はセメントを平滑に塗りて褐色石に擬し、正面昇降口の重大なる柱もコンクリート造なれば軒上の人像も亦コンクリート型なり、建築請負はランソム及びクッシングの二氏にして極めて僅少なる時日の中に能《よ》く此功を成せり　之《これ》と同じ建坪の石造建築ならば請負期限は三倍若《も》しくは四倍を要すると疑なし…

（『建築雑誌』一八九二年六一号）

曾禰は海外の情報を得るに長《た》けていただけでなく、海軍省の建築部門にいた時代からセメントの材料試験も行い、素材の研究にも取り組んでいた。

一八九三年（明治二六）、曾禰はシカゴ博覧会及び万国建築家会議出席の為、初参加の日本代表として渡米する（曾禰の次に参加したのが中條精一郎である）。

筆者は一九九六年（平成八）、スペインのバルセロナで開催された国際建築家連合（ＵＩＡ）が主催する第一九回ＵＩＡ世界大会において公募論文でプレゼンターに選ばれ参加した経験があるが、大会では多

＊1……『INAX REPORT』No.167に曾禰の人柄をしのぶ逸話が紹介されている。執筆者の平井ゆか氏によれば、「所員にも勤務時間を割いて見学を許した」ほか、「責任感も強く、関東大震災の時には、余震もまだ激しい中、手がけた建物の中をくまなく点検して皆を驚かせた」という。

†column

早逝の俊英・山口半六

山口半六《はんろく》の三菱入社は曾禰達蔵より早く、三菱が郵便汽船三菱会社と名乗っていた時代を代表する建築家である。もし山口がもう少し長生きしていたら、その後の建築の流れに大きな影響を与えていただろう。

山口半六は一八五八年（安政五）、松江藩士の次男として生まれた。藩が招聘していたフランス人から語学を習い、七一年（明治四）、大学南校《なんこう》（東京大学の前身の一つ）の仏語諸芸学科に入学する。七六年（明治九）には第二回文部省派遣留学生に選抜され、古《ふる》市公威《いちこうい》のあとを追い、パリの国立パリ中央工芸学校（エコール・サントラル）に入学、技術者としての教育を受ける。

山口半六

古市公威

優秀な成績で工学技師の免許を取得した後、煉瓦製造の実習を受け、八一年（明治一四）に帰国。翌年三菱に入り、大阪や函館の出張所や倉庫、橋梁《きょうりょう》等の建築を手がける。

当時、東京・日本橋にあった三菱（郵便汽船三菱会社）には〝七つ蔵〟と呼ばれた七棟の煉瓦倉庫群があり、設計を担当したフランス人建築家ジュール・レスカスがいた。

レスカスは御雇《おやとい》外国人として一八七一年（明治四）に来日、最初は技師として生野鉱山に赴任した。レスカスは煉瓦造を得意とし、翌七二年（明治五）には日本の地震と煉瓦建築に関しての論文を発表している。八〇年（明治一三）、三菱に雇われ、先述の〝七つ蔵〟や横浜の日本郵船の社屋などを手がける。三菱在籍時の山口は、このレスカスの下で建築設計に従事した。

一八八五年（明治一八）、山口は文部省に移籍。在

兵庫県庁舎（現・兵庫県公館）

任中には多くの学校建築を手がけ、文部省営繕活動（建築・修繕）の基礎を作った。

一八九二年（明治二五）、病気のため文部省を辞職。都市計画の手法を身につけていた山口は五年後の九七年（明治三〇）、大阪市境地域拡張に伴う新設市街を設計する。明治期東京における三代都市計画事業の一つである市区改正計画にも建築家として初めて専門委員として参加した。

一八九九年（明治三二）には大阪に山口建築事務所を設立したが、一九〇〇年（明治三三）、長崎街路設計の途中で倒れ、四二歳の若さで没した。没後の〇二年（明治三五）に竣工した兵庫県庁舎（現・兵庫県公館）や一八八九年（明治二二）竣工の第五高等中学校本館（現・熊本大学五高記念館）は山口の代表作である。

山口の三菱在籍期間は三年程と短かかったが、エコール・サントラルで技術者として教育を受けたプログラムには鉱山開発、公共事業、鉄道なども含まれていた。

第五高等中学校本館（現・熊本大学五高記念館）

建築史家・村松貞次郎は『日本近代建築の歴史』の中で山口を評し、「日本で最初の専門的な都市計画家」だったとしてそのゼネラリストぶりを称賛する一方、同じ時期にエコール・サントラルに学び絶大な権勢を誇った古市などと比べて影が薄く、十分な力を発揮できなかった山口の早逝を惜しんでいる。

くの刺激的な講演会やシンポジウム、事例発表会が行われ、世界の建築情報が入手できる。筆者はその後も四回連続で参加したが、参加者は競い合って事例を発表する。国際的なデザインの潮流を知るにはこの上ない機会である。曾禰が参加した万国建築家会議も、おそらくこれと同じような形式の会議だっただろう。当時の大会プログラムを見ても、最新の情報が交換されていたであろうことがわかる。

曾禰は一九〇一年（明治三四）、岩崎久彌《ひさや》に随行してロンドンへの視察に赴く。丸ノ内の開発にあたっての外遊であった。曾禰が三菱四号館以降を単独で手がけるのは帰国後のことである。

一九〇四年（明治三七）竣工の荘田平五郎邸「占勝閣」においては、部分的であるが地下厨房の天井部にコンクリートが利用された。曾禰は〇六年（明治三九）の退社まで所長として丸ノ内建築所を率いた。

大土木家・白石直治　鉄道、築港から船渠、発電所まで

アメリカから帰国後、関西鉄道の難工事を主導

白石直治は明治・大正期を代表する土木工学者である。

白石は一八五七年（安政四）、土佐に生まれた。曾禰達蔵より四歳若い。八一年（明治一四）、東京大学理学部土木工学科を優秀な成績で卒業すると、農商務省に採用され、翌年東京府に転任となる。

一八八三年（明治一六）、東京府庁の派遣で渡米し、アメリカ土木工学界の権威ウィリアム・バーの下で研鑽を積む。バーは橋梁《きょうりょう》学の第一人者として活躍し、後年セオドア・ルーズベルト大統領の顧問技師

を務めたほか、パナマ運河の大工事を指揮した人物である。白石は翌八四年（明治一七）、アメリカ・レンセラー工科大学に入学。その間バーの助手として、フェニックス橋梁会社やペンシルベニア鉄道会社に入社し経験を積んだ。八五年（明治一八）にはペンシルベニア大学に入学。同大学は邦人留学生も多く、同じころ在学していた岩崎久彌とも交流があった。*2

さらに欧州各国の研究調査を命じられ、一八八六年（明治一九）、ベルリンのシャルロッテンブルク工学校（現・ベルリン工科大学）で学んだ後、八七年（明治二〇）初めに帰国すると、東京帝国大学工科大学教授となる。その後、東京農林学校教授や工手《こうしゅ》学校（工学院大学の前身）の教授も兼任した。

わずか一年後の一八八八年（明治二一）、白石は関西鉄道の敷設工事監督に抜擢される。初代社長は前島密《ひそか》であった。計画された路線は伊勢の四日市と近江の草津をつなぐもので、加太《かだ》、金場《かねば》、坊谷《ぼうだに》の各隧《すい》道《どう》（トンネル）をはじめ難工事が予想される区間が多く、建設技術者の人選は重要な課題であった。白石はまだ三〇歳という若さで、その実力を知る者は殆んどいなかった。前島ら発起人は留学先での実績や

＊2……同時期ペンシルベニア大に在学していた日本人に、八代目の日銀総裁となった三島彌太郎や岩崎久彌がいた。南海洋八郎編著『工学博士白石直治傳』の中で白石直治の息子・白石多士良が在学中の久彌の以下のような逸話を記している。ある時、久彌を指導していた教授が「岩崎君は、余り安い下宿屋に居るので、此の頃栄養不良で元気がない。何うも健康も勝れない様だ。若し差支えないなら、僕の家に置いてやっても良い。僕の所から通学しても宜しいから、君から一つ話をして見て遣れぬか」というので、「父(筆者注・白石直治)もその厚意を謝し、早速相談の上某教授の家に泊めて貰う事にした。間もなく岩崎氏は卒業して、父より一足早く帰朝した。そしてその世話になった教授に対し、御礼状と共に立派な花瓶を贈り届けた。するとその教授は驚いて父の許に来た。『実は、あの岩崎君からこれこれの立派な花瓶を贈ってきたが、あの苦学生の岩崎君から、斯の様な立派な品物を貰っては気の毒だ、何うしたものかと思っている。』と心配気に話した。父は笑いながら、『決して心配には及びませぬ。岩崎君は、それで日本第一を競う大富豪の嫡子で、有名な三菱家の令息ですから、それ位の事は何でもありません。何うか安心して持ってください。』と言うと、某教授は二度屹驚した。全くの苦学生とのみ今の今迄信じて居たひとが『日本一の富豪だったのか』」と言ったという。

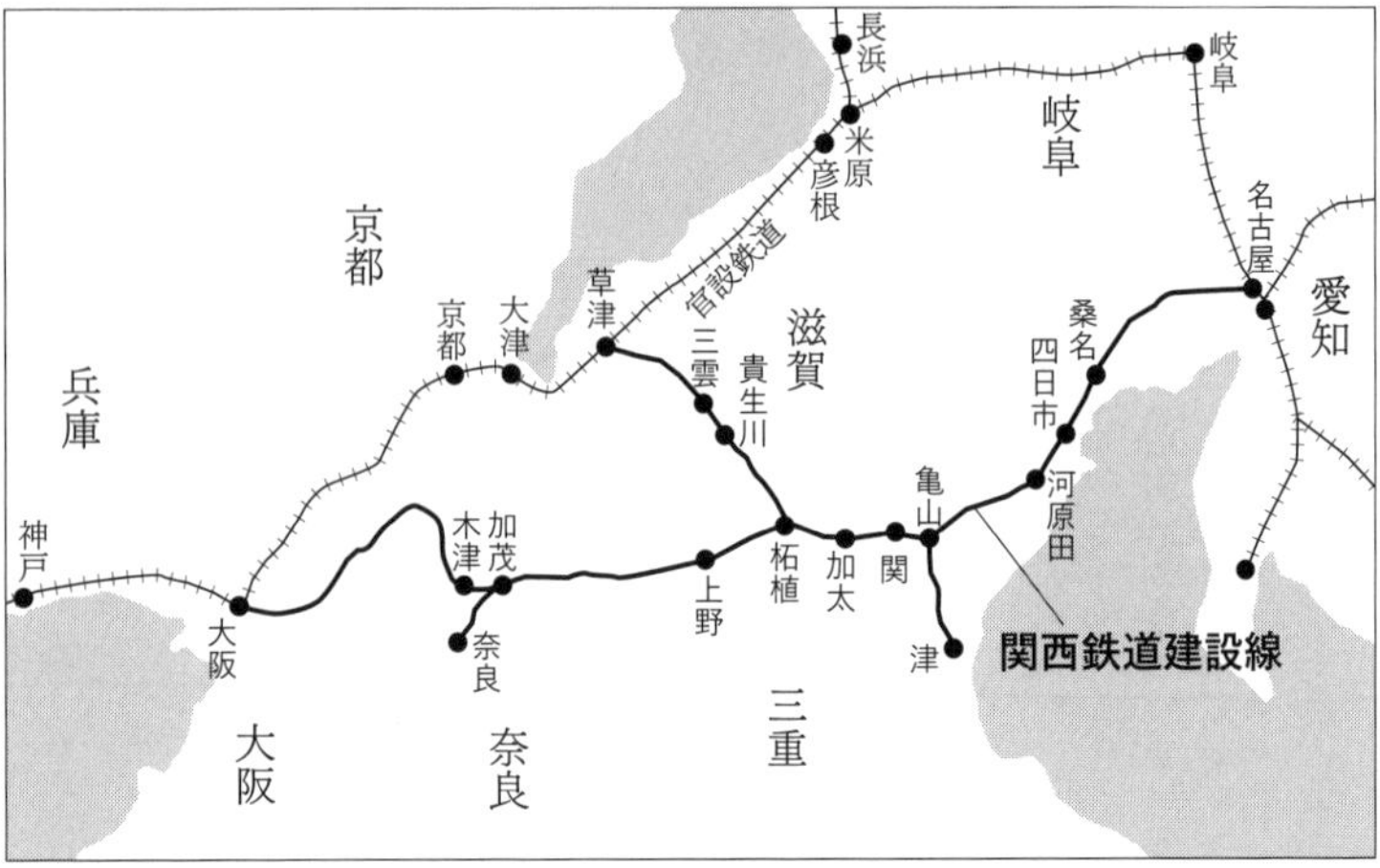

図4-9　関西鉄道の路線

経験を考慮して白石に白羽の矢を立てたのである。

二年後の一八九〇年（明治二三）、大学の職を辞し、関西鉄道会社の社長となった白石は教授時代の教え子を招き、困難な課題を克服していった。[*3] 資本金も当初の三〇〇万円から六五〇万円に増資、同年名古屋―桑名間の延伸工事を申請する。この区間は揖斐《いび》川と木曽川に鉄橋が架けられたが、アメリカ留学中のフェニックス橋梁会社での白石の経験が遺憾なく発揮された。一八九五年（明治二八）、草津―名古屋間が竣工し、一一月に開業を迎えた。官設の東海道ルートと異なる、旧東海道に近いルートが新たに結ばれたのだった。白石は九八年（明治三一）に関西鉄道社長の職を辞すまで、柘植《つげ》と大仏《だいぶつ》（奈良）までの延伸工事や伊勢参りの参宮鉄道につながる津までの延伸工事も竣工させ、関西圏にまたがる鉄道路敷設という大事業を完遂した。

筑豊炭田の大動脈、九州鉄道と若松港の改修に寄与

退任した白石は一息つく間もなく、東京帝国大学土

木工学科を卒業した同郷の鉄道技監で九州鉄道社長を務めていた仙石貢《みつぐ》からの懇請を受け一八九九年（明治三二）、同社の工務課顧問となる。

九州鉄道は一八八七年（明治二〇）、九州初の私設鉄道会社として創立。仙石は九六年（明治二九）に筑豊興業鉄道の社長となっていたが、九七年（明治三〇）九州鉄道と合併。その後も社長の座に就いていたのだった。

もともと筑豊興業鉄道は三井、三菱、住友、古河ら大資本の参入によって遠賀川の水運が石炭輸送の増加に対応できなくなったことをうけ、麻生、安川ら地元資本家たちが一八九一年（明治二四）に創設したもので、三菱も多額の出資をしていた。筑豊興業鉄道と合併したことで、九州鉄道は若松と筑豊炭田を結ぶ動線を手中にすることになった。三菱社内で製鉄所建設事業を推進していた長谷川芳之助もまた筑豊興業鉄道の設立に尽力した一人である。ちなみに仙石は八幡製鐵所の誕生にも関わっており、製鉄事業取調嘱託として長谷川と席を並べていた。

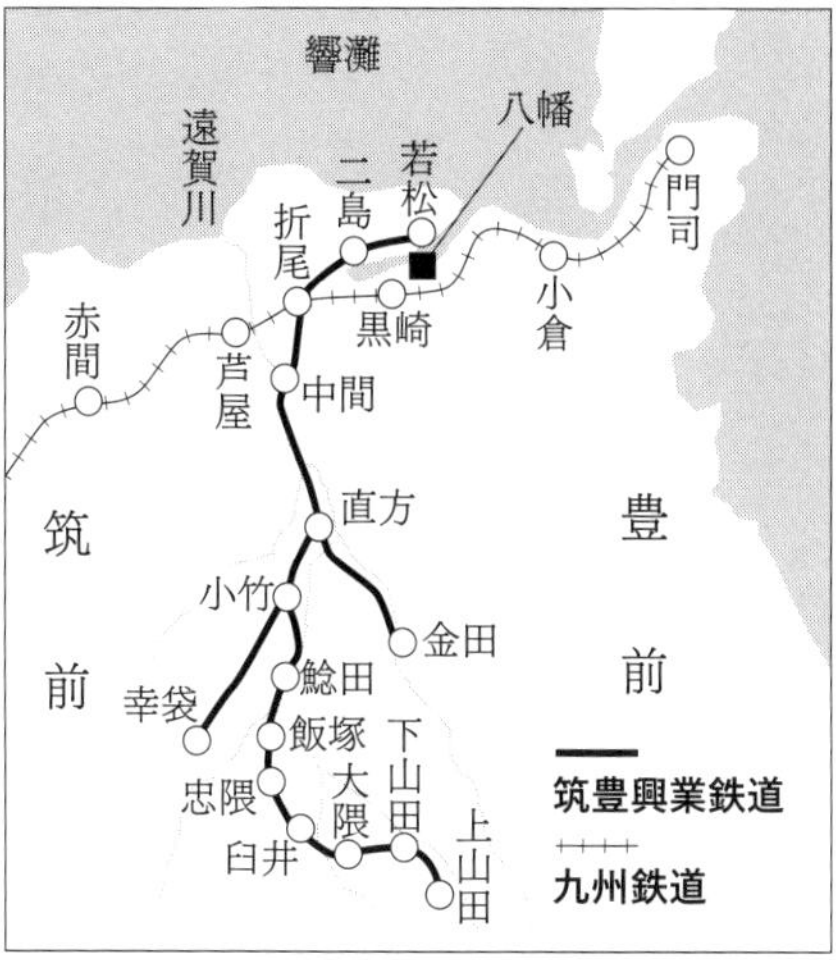

図4-10　筑豊〜北九州における九州鉄道の路線

＊3……前掲『工學博士白石直治傳』153〜154頁。「日記にある通り、先生は広沢、高橋（元吉郎）等最も信頼する近親の人材を、既に配置して居たのである。即ち先生は、責任ある事業を手掛ける際、常に信頼する腹心の人材を起用した。九州鉄道にも、若松築港にも、和田岬にも、三菱造船所にも、猪苗代水電にも、終始一貫、永年愛顧する人材を、企業と同時に糾合したもので、何時も此等の技術者は身辺から放さなかった」

図4-11　白石直治

白石はまた若松築港の改修（拡張）事業も立案。一八九九年（明治三二）、白石は若松築港の資材調達や欧米の造船事情、ならびに船車連絡設備などを視察すべく、横浜港を発つ。そして帰国後の一九〇〇年（明治三三）、仙石や安川敬一郎ら地元資本家の推挙もあり、製鉄や石炭運搬と関わる港湾整備を行う若松港湾株式会社の社長となる。北九州・筑豊地域では白石や長谷川、仙石ら当時の〝超技師《スーパーエンジニア》〟によって、鉄道・港湾といったインフラが体系的に整えられていくのである。

神戸を拠点に大工事を指揮

白石はまた、かねてから懸案となっていた神戸・和田岬に建設予定の神戸造船所の浮船渠《うきせんきょ》建設事業を旧知の岩崎久彌に委嘱され、一九〇〇年（明治三三）、神戸に設けられた和田建築所の所長となる。白石は三菱が関係する関西以西の土木・鉄道・港湾・船渠といった大事業のほとんどを監督したことになる。

そもそも神戸・和田岬の開発計画が始まったのは一八九二年（明治二五）ごろのことである。[*4] 当初、九九年（明治三二）ごろまで地質等の調査は曾禰達蔵の管理下で行われたが、粘土質の地盤や湧水問題など問題が山積していた。[*5] そこで、一連の計画を遂行するために、白石に浮船渠工事などの監督を委嘱したのである。同時に白石は、長崎造船所の第三船渠［図4-12］や神戸・和田岬の「東京倉庫」の鉄筋コンクリート倉庫の建設にも携わることとなった。名称が紛らわしいので説明すると、「東京倉庫」はもともと〝七つ蔵〟と呼ばれた日本初の煉瓦倉庫群を擁した三菱為替店（のちの三菱銀行）の倉庫部門を引き継ぎ八七年（明治二〇）に創設された三菱傘下の組織で、三菱倉庫の前身にあたる。創立時の取締役は荘田平五郎だった。白石が手がけたのはその兵庫出張所の倉庫である。

一九〇〇年（明治三三）六月、白石は東京帝国大学工科大学の教え子で技師の高橋元吉郎《もときちろう》（一八六七〜一九〇九）を和田建築所に招聘する。高橋は長崎の諫早《いさはや》出身、九州鉄道会社の嘱託から第四高等中学校教授、関西鉄道技師を経て、この年、三菱合資会社神戸支店に着任した。高橋とともに白石を補佐した、平戸出身で工手学校時代の教え子である広沢範敏《のりとし》（一八七二〜一九五三）も関西鉄道以来の優秀な部下だった。

図4-12　白石の論文に掲載された建造中の長崎造船所・第三船渠の写真

一九〇一年（明治三四）、三菱はついに長崎造船所・第三船渠の建設に着工。船渠は〇五年（明治三八）に竣工し、東洋一の規模を誇った。白石は〇六年（明治三九）、この第三船渠の建設に関する論文（「A New

＊4……前掲『工學博士白石直治傳』155頁。「建設事業の沿革　此処に和田岬の建設事業を説くに当り、翻って、其の沿革概況を記述する必要がある。抑も三菱合資会社が、神戸に於て造船所を設立せんとする計画を樹てたのは、明治二十五六年、即ち日清戦争勃発前であって、当初湊川の川尻付近の地とし、東川崎町及東出町の土地を買収した。…工場の建設に適せざるのみか、川崎造船所とも隣接し、種々の不利益が考慮せられたので、後和田岬地方を選定するに至ったものである」

＊5……前掲『工學博士白石直治傳』152頁。「更に、三菱合資としては、神戸和田岬の問題が停頓状態に陥り、兵庫県庁並に神戸市との関係も、頗る面白くない状態になって居る事を理由に、此際和田岬の事業を挙げて先生に一任する。全力を傾倒して最善の方法を講じて欲しいと言ふのであった。先生は其の翌日左の請書を提出した。／五月一日附ヲ以テ御下命相成候神戸和田岬船渠工事設計並ニ工事監督ノ段、不肖ヲ顧ス恐縮ニ候得共、其ノ責任ヲ帯ビ精励可仕謹御請ケ申上候也。明治三三年五月二日　白石直治㊞　三菱合資会社社長　岩崎久彌　殿」

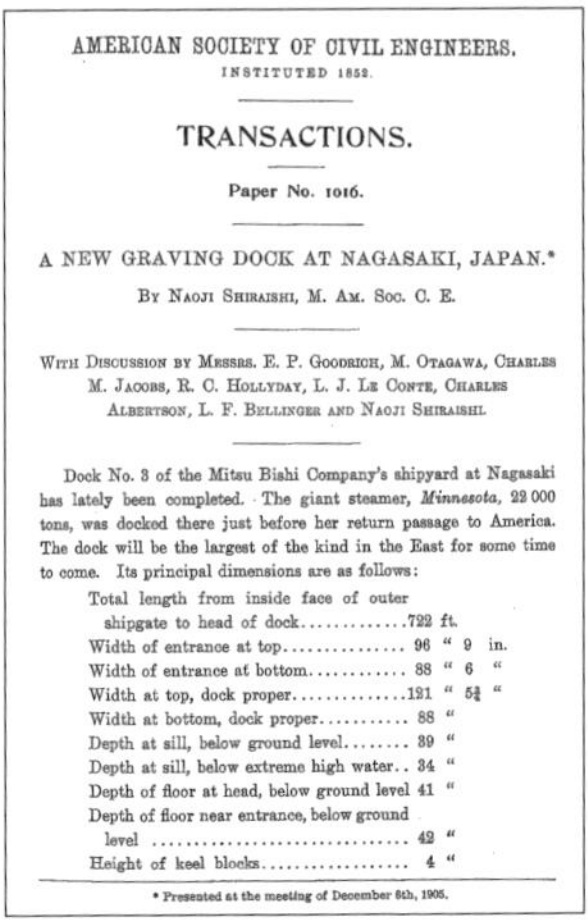

AMERICAN SOCIETY OF CIVIL ENGINEERS.
INSTITUTED 1852.

TRANSACTIONS.

Paper No. 1016.

A NEW GRAVING DOCK AT NAGASAKI, JAPAN.*

By Naoji Shiraishi, M. Am. Soc. C. E.

With Discussion by Messrs. E. P. Goodrich, M. Otagawa, Charles M. Jacobs, R. C. Hollyday, L. J. Le Conte, Charles Albertson, L. F. Bellinger and Naoji Shiraishi.

Dock No. 3 of the Mitsu Bishi Company's shipyard at Nagasaki has lately been completed. The giant steamer, *Minnesota*, 22 000 tons, was docked there just before her return passage to America. The dock will be the largest of the kind in the East for some time to come. Its principal dimensions are as follows:

Total length from inside face of outer shipgate to head of dock............	722 ft.	
Width of entrance at top...............	96 "	9 in.
Width of entrance at bottom............	88 "	6 "
Width at top, dock proper..............	121 "	5¾ "
Width at bottom, dock proper...........	88 "	
Depth at sill, below ground level........	39 "	
Depth at sill, below extreme high water..	34 "	
Depth of floor at head, below ground level	41 "	
Depth of floor near entrance, below ground level	42 "	
Height of keel blocks..................	4 "	

* Presented at the meeting of December 6th, 1905.

図4-13 米・土木学会の学会誌に発表された、長崎造船所・第三船渠に関する白石の論文「A New Graving Dock At Nagasaki, Japan」

図4-14 神戸・和田岬の東京倉庫・G号棟（三菱倉庫株式会社編『三菱倉庫百年史』より）

Graving Dock At Nagasaki, Japan」）をアメリカ土木学会誌上で発表している［図4-13］が、ここで白石は、現在も使用されているポルトランド・セメントの他に五島列島産のポゾラナ[*6]（puzzolana）や石灰を調合した素材によって岸壁の工事が行われたとの報告を行っている。経済面での優位性と不透水性の向上に役立てたという。天川漆《あまかわしっ》喰《くい》などの検討がなされたことも報告されている。

岩崎久彌はペンシルベニア大学留学時から白石の土木技師としての優秀さを聞き及んでいたが、白石が社長の久彌から工事の設計・監督を打診された一九〇〇年（明治三三）ごろ、すでに端島（軍艦島）では在来技術の天川とセメントを併用した埋立事業が行われていた。

わが国初の鉄筋コンクリート造建築群

その後白石は神戸・和田岬に鉄筋コンクリート造の実験的倉庫である「油倉庫」[*7]（一九〇六年）や、わが国における最初期の大型鉄筋コンクリート建築である「東京倉庫・D号棟」（一九〇七年）の建設に取り組む。一連の工事は白石が招いた技師・高橋元吉郎を主任として行われた。一九一〇年（明治四三）にはさらに改良を加えたG号棟［図4-14］が建設され、独自の構造計算理論を示すまでに至った。

ちなみに白石が長崎造船所・第三船渠の工事に奮闘していた時期は、長崎でさまざまな西洋建築が生まれた時期と重なる。例えば一八九八年（明治三一）、長崎に本拠を置くリンガー商会によって長崎ホテル［図4-15］が生まれる。設計は工部大学校に招かれた建築家ジョサイア・コンドルである。当時の日本を代表する国際的なホテルであった。

図4-15　長崎ホテル（右）と香港上海銀行長崎支店（提供：長崎歴史文化博物館）

同年には東山手町に海星学園も新築された。フランス人修道士ジョゼフ・センネツの設計で、一部地下室をもつ煉瓦造二階建。修道院風の意匠であった。山口半六が長崎市から街路設計の嘱託となったのもこの年だった（任務の最中に四二歳の若さで死去）。

一九〇四年（明治三七）には香港上海銀行長崎支店［図4-15］が建てられる。設計した下田菊太郎（一八六六〜一九三一）は、帝国議会（現在の国会議事堂）の設計コンペでいわゆる帝冠様式を提案したことで知られる建築家である。秋田に生まれ、工部大学校造家科で辰野金吾に学んだが意見が合わずに中退（同期に横河民輔《よこがわたみすけ》がいた）。当時文

＊6……ポゾラナは、ポゾランという火山灰珪酸白土、珪藻土などのこと。それ自体は水硬性をほとんどもたないが、水のもとで水酸化カルシウムと反応して不溶性化合物を作り硬化する。

＊7……堀勇良「日本における鉄筋コンクリート建築成立過程の構造技術史的研究」（一九八二年）

†column

土佐モダニストの血脈

明治期三菱の土木・建築技術を研究する過程で、後藤象二郎《しょうじろう》とともに初期の高島坑に関わった実業家・竹内綱《つな》の家系を確認する機会があった。

そもそも高島炭坑は、民間への払い下げの動きを伊藤博文から聞き及んだ竹内が、後藤に働き掛けて出願し、後藤が経営権を手中にしたものである。一八七四年（明治七）、竹内が三六歳で大蔵省を辞職した年、後藤から経営を任され、二年後の七六年（明治九）には竹内が蓬莱《ほうらい》社の二代目社長となった。

あらためて驚いたのは、竹内家に連なる人材の豊かさである。竹内の長男・明太郎《めいたろう》は小松製作所および唐津鉄工所の創立者で、元々唐津の地に開校するはずであった工科大学（現・早稲田大学理工学部）に資金を提供し、創設に貢献した人物。のちには衆議院議員を二期務めた。三男・虎治の岳父は自由民権運動で知られる中江兆民である。五男はのちに外相、内閣総理大臣となる吉田茂だ。

そして竹内の次女・菊の夫となるのが白石直治《なおじ》である。つまり白石は、竹内からすると義理の息子ということになるが、実は竹内家の周辺にはプロテスタントが多い。

白石は一八五七年（安政四）の生まれで、一二歳のころには土佐藩の「致道館」《ちどう》で早くも才覚を発揮していたという。一三歳で上京し、母方の叔父で政治家の中島信行宅に寄宿しながら、七一年（明治四）から横浜の洋学校「修文館」で学んだ。そこで、オランダ改革派の宣教師としてフルベッキらとともにアメリカから来日していたサミュエル・ロビンス・ブラウンの下で学問を学ぶ。のちに日本プロテスタント史に名を残す植村正久とは同門だった。中島信行もまた八三年（明治一六）、植村から洗礼を受けプロテスタントとなる。ちなみに白石の伝記『工学博士白石直治伝』所収の年表によれば、白石の葬儀は神田基督教会で行われている。おそらく白石もまたプロテスタントだったはずである。

竹内家の長男・明太郎は実業家として後世に知られるが、一八八五年（明治一八）、綱が払い下げを受けた唐津・芳ノ《よしの》谷《たに》炭坑の実質的な経営者となる。妻の旧姓は山本といったが、この山本家がまたプロテスタントである。妻のすぐ下の妹の息子は、日本の

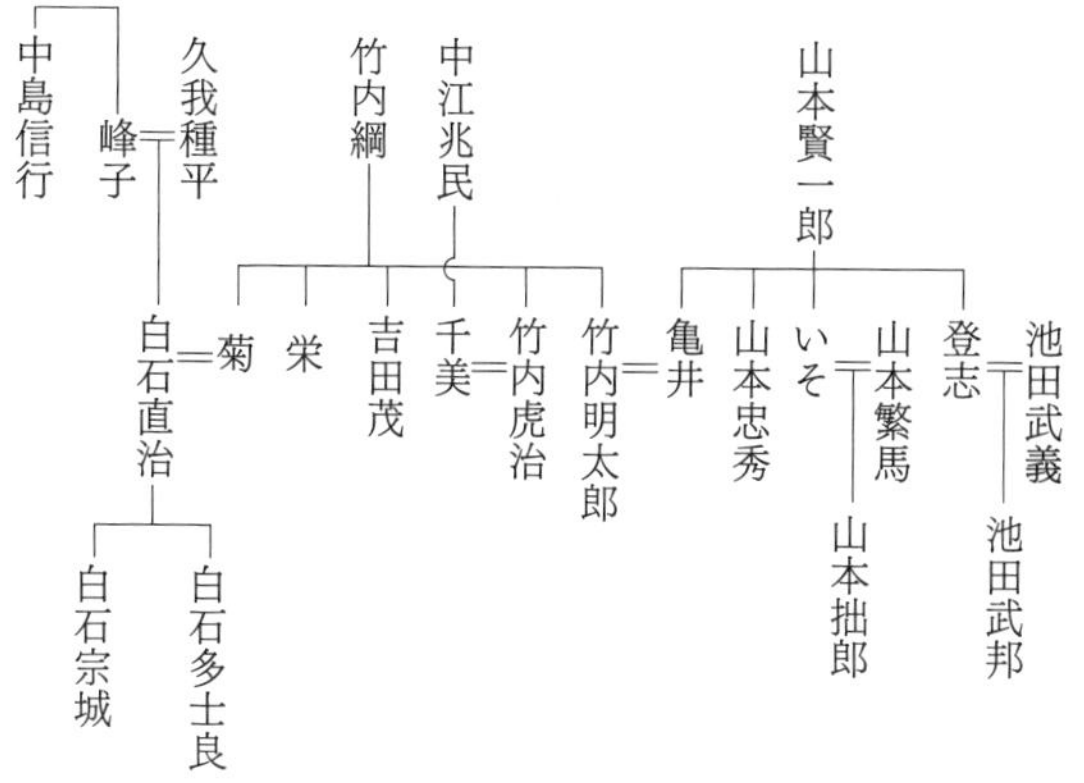

住宅建築界をリードした山本拙郎《せつろう》（一八九〇～一九四四）。池田家に嫁いだ末妹・登志《とし》の息子が戦後の超高層建築の黎明期に活躍した池田武邦《たけくに》（一九二四～）である。

彼らはいずれもプロテスタンティズムを通じ、モダニズムの思想に繋《つな》がっていったように思える。事実、この一族は炭坑業のみならず、工業を軸として政治、思想、建築、教育など明治・大正期の近代化に広く影響を与えた人物を数多く輩出している。

例えば白石直治の長男はのちに小松製作所の初代社長を務め、白石基礎工事およびパシフィックコンサルタンツを創業した白石多士良《たしろう》（一八八七～一九五四）である。多士良は、フランク・ロイド・ライトの助手として来日しその後日本で活動を行うアントニン・レーモンドとの関係でも知られている。また先に挙げた山本拙郎は早稲田大学の建築学科を一九一七年（大正六）卒業し、洋風住宅の設計・施工で知られる「あめりか屋」へ就職し、設計や雑誌『住宅』の出版を通じて村野藤吾や吉村順三、池田武邦らに影響を与えた。

図4-16　日本初の鉄筋コンクリート造建築と思われる下田菊太郎邸（下田菊太郎著『思想と建築』より）

部省にいた山口半六の下で働き、八九年（明治二二）、渡米してニューヨークに本拠を置くA・P・ブラウンの事務所で働いた。シカゴ博でこの事務所案が当選したため現場副主任として活躍したが、鉄骨の建築法を学ぶべく、博覧会の総監督を務めた大家ダニエル・バーナムのもとに移る。池田憲和の論文「建築家・下田菊太郎に関する若干の考察」によれば、下田はリライアンス・ビル（一八九五年）などの大型プロジェクトに従事した実績によりアメリカの建築家の資格を得て九五年（明治二八）、シカゴに事務所を設立。下田を頼って渡米してきた大島道太郎の求めに応じ、八幡製鉄所の配置意匠設計を提供したという。

　一八九八年（明治三一）、米西戦争後の恐慌に陥ったアメリカで低廉化し始めた最先端の鉄骨構造技術を引っさげ、アメリカ人の妻を伴って帰国した下田は東京・京橋に事務所を構え、設計活動を開始。同時に最先端技術の普及を図った。二年後には横浜市内が一望できる月岡町に事務所を移転し、ジャーデン・マセソン商会横浜支店を手がけたほか、一九〇一年（明治三四）、三階建ての自邸を鉄筋コンクリート造で建築する。これは管見の限り日本初の鉄筋コンクリート造建築だが、当時はまだ鉄材やセメント等の建築素材が容易に入手できなかったこともあり、その後、先駆者・下田が国内で活躍の場を与えられることはなかった。

　海軍技師で構造家の真島健三郎（一八七三〜一九四一）が、長崎・佐世保港内で鉄筋コンクリート造の第一烹炊《ほうすい》場と潜水器具庫［図4-17］を完成させたのはそれから四年後の一九〇五年（明治三八）である。

条件を克服する建築　実用化される鉄筋コンクリート

神戸・和田岬のコンクリート・ケーソン工事

白石直治は、とりわけ土木領域において多くの業績を残し、ダムや鉄道、港湾などの大規模なインフラ整備に大きな足跡を残した「土木技術者《シビルエンジニア》」である。だが、神戸・和田岬でわが国における草創期の鉄筋コンクリート倉庫群を手がけたことも特筆に値する。

この間、曾禰達蔵の跡を継ぎ三菱・丸ノ内建築所長（技師長）となっていた保岡勝也は、一九〇五年（明治三八）の造家学会に翻訳し投稿した記事「混凝土《コンクリート》に用ふる砂利及び砂」の末尾で「世人が何故に斯《かか》る簡便廉価なる混凝土を使用せずして煉瓦若《も》しくは石を持ちうるやを怪しむ」と記し、コンクリート建築を称揚して

図4-17　佐世保港内の第一烹炊場（上）・潜水器具庫（日本大学理工学部建築学科建築史・建築論研究室蔵）

いる。〇六年（明治三九）には「白耳義《ベルギー》に於ける鉄筋混凝土」と題し、八頁にわたって報告している。
片や白石は一九〇六年（明治三九）、神戸和田岬の高浜埋立・護岸工事に際し、さらに新たな工法で挑む。コンクリート・ケーソン工事（箱型のコンクリートを水中に沈め、後で砂等を詰め蓋をして防波堤や橋脚の基礎構造物とする工法）である。

猪苗代《いなわしろ》第一、第二発電所にも携わった三菱の土木技師・須山英次郎が白石の許可を得て『工学会誌』に発表した論文「和田岬鉄筋コンクリート・ケーソン製造工事概況」[*8]によれば、鉄筋は欧州でようやく採用され始めていたアンネビック式がとられ、非常に高いレベルの設計がなされていたことがわかる。アンネビック式はそもそも一九〇九年（明治四二）、大倉土木組（のちの大成建設）がフランスからアンネビック社の技師を招聘したのが嚆矢《こうし》とされ、翌一〇年（明治四三）起工の築地の海軍造兵廠《ぞうへいしょう》・材料倉庫が最初といわれていたが、白石直治の仕事はこれに先行している。

一九〇八年（明治四一）に開催された建築学会での講演後の質疑応答中、曾禰達蔵は白石直治が設計した鉄筋コンクリート建築を神戸で見学したことに言及している（おそらく工事中のD号棟だったと思われる）。講演終了後の謝辞の中で、曾禰は以下のように述べた。[*9]

鉄筋コンクリートは十九世紀末から二十世紀始に於《おい》てエライ速力を以《もっ》て進歩発展して居る構造の方法で私はもう二十世紀の総《すべ》ての六《むつ》かしき構造と云《い》うものは、此《こ》の鉄筋コンクリートを以て解決せざるものはないと云って可なりと思うものであります。

図4-18　長崎造船所構内に設置された鉄筋コンクリート造の実験場（提供：三菱重工業㈱長崎造船所提供）

白石はその建設過程で行った実験やコンクリート構造計算等においても独自の理論を提示し、一九一〇年（明治四三）、イギリス土木工師会へ論文（「A ferro-concrete warehouse at Kobe」）を提出している。

わが国最古の鉄筋コンクリート高層住宅として知られる端島（軍艦島）の三〇号棟は一九一六年（大正五）竣工だが、同年には長崎造船所構内に鉄筋コンクリート造の実験場も建設されている[*10]［写真4－18］。写真で確認する限り、下部がピロティー状になった三層構造のようにも見え、勾配屋根や縦長窓、また妻側部には意匠的な装飾も施されているように見える。本書の大きなテーマ（謎）である端島の三〇号棟と同年に建設された記念すべき建築物であるが、残念ながら現存していない。

土木から普及した鉄筋コンクリート

わが国における草創期の鉄筋コンクリート造建築としてよく知られてきたのは、遠藤於菟《おと》（一八六六〜

＊8……『工学会誌』三一集三五一巻、一九一二年五月

＊9……『建築雑誌』二二集二六四号（一九〇八年六月号）所収の三橋四郎による講演「鉄筋混凝土並に其応用」終了後に行われた質疑応答での発言

＊10……『創業百年の長崎造船所』収載の年譜には、「九月三〇日三菱予備学校南側に鉄筋コンクリート造二階建の材料試験場新築一棟、建坪一七五坪」と記されている。

図4-19 1911年（明治44）竣工、遠藤於菟設計の三井物産横浜支店（絵はがきより）

図4-20 1912年（明治45）竣工、横河民輔設計の三井貸事務所（『建築雑誌』26巻311号より）

一九四三）と酒井祐之助（一八七四～一九三五）による一九一一年（明治四四）竣工の三井物産横浜支店［図4-19］、そして横河民輔（一八六四～一九四五）による一九一二年（明治四五）竣工の三井貸事務所［図4-20］の二軒である。

だが、これらを一〇年も遡《さかのぼ》る一九〇一年（明治三四）の下田菊太郎邸を嚆矢《こうし》とし、〇五年（明治三八）には真島健三郎設計の第一烹炊所と潜水器具庫［図4-17］が、また〇六年（明治三九）には白石直治による神戸・和田岬の実験的倉庫が、それぞれ鉄筋コンクリート造で竣工していたのである。

ただし、下田や真島による鉄筋コンクリート建築の技術は、のちの建築への影響が見えづらい。一方、白石のほうは曾禰達蔵をはじめ当時の建築界に影響を与えている。

綿花の輸入増加にともない、当時の神戸では倉庫の需要が高まっていた。白石はすでに欧米の鉄筋コンクリート造建築の先端事例やその経済合理性についての情報を入手していたが、二回目の欧米視察（米、英、仏、独、ベルギー）から戻った一九〇〇年（明治三三）以降鉄筋コンクリートの真価を証明する機会をうかがっていた。

白石にとって最初の本格的な機会は、先にも紹介した神戸・和田岬の「東京倉庫・D号棟」（平屋、約五〇〇坪）だった。和田桟橋周辺の港湾倉庫群は鉄道が直結し、東海道線、山陽線に繋《つな》がっていた。D号棟もまた原綿受入れの倉庫だったから、当然優れた耐火性をもつ鉄筋コンクリートには利点があった。続いて建設されたG号棟は重層階の鉄筋コンクリート造で一九一〇年（明治四三）一〇月竣工。建設にあたっては様々な実験が行われ、国内産の鉄筋（八幡製鉄所製）やセメント（浅野セメント製）が使用された。

建築史家の稲垣栄三によれば、一般の建築家が鉄筋コンクリートの優秀さを知ったのは、一九〇六年（明治三九）のサンフランシスコ大地震だったという。わが国の建築構造学の礎を築いた佐野利器《としかた》（一八八〇〜一九五六）も現地調査に赴いた。

先に挙げた一九〇八年（明治四一）の建築学会で、曾禰達蔵は以下のように白石に言及している。

> 三菱の土木技師に高橋元吉郎という工学士がありまして、神戸建築所の常任技師であります。其《そ》の上に白石直治君が居られて時々神戸に赴き実地を視察されるのです。数年前から両君共に鉄筋コンクリートの効能を頻《しき》りに説かれて、之《これ》を土木工事及び家屋建築に用いたいということを主張せられた、これに就《つ》いては色々の試験もされ鉄筋コンクリート杭も作り海中打ちこみも試みられたるが、之を実地に用いる時期は中々なくやっと一昨年でしたか、僅かに二〇坪かそこらの始めて拵《こしら》へられた…

曾禰の発言中、「二〇坪かそこら」の規模で「始めて拵へられた」ものこそが白石が最初に手がけた神戸・和田岬の実験的倉庫（油倉庫）であろう。これ以後、倉庫建築は鉄筋コンクリート造が主流となる。

三菱の経営陣に対して、土木だけでなく住宅への利用まで提言していた事実は、のちに誕生する端島の鉄筋コンクリート住宅群を予感させ、興味深い。

だが、明治末ごろまでの建築界は片山東熊設計の赤坂離宮や辰野金吾設計の東京駅、辰野が監修した長崎県庁舎などのような様式建築への意識がまだ強く、下田が持ち帰った新しい建築技術の優位性を認めず、土木系の白石らが具現化した倉庫や港湾土木のような実用的構造物に対する評価も充分ではなかった。

当時の欧米ではそれが工場であれ倉庫であれ、モダニズム建築としての相応の評価がなされていたのに対し、日本では土木の範疇に入るものとされたゆえか、建築家の用いる工法ではないと考える向きもあった。のちに端島において出現するモダニズム建築群につながる技術の系譜は、むしろ白石らのようにコスト、構造強度、機能などの〝条件を克服する建築〟を手がけたエンジニア・アーキテクトたちによって守られてきたのである。

〝建築様式のデパート〟保岡勝也

曾禰達蔵の後任として三菱の建築部門をリード

曾禰達蔵が率いた丸ノ内建築所では、三菱三号館を手がけて以降、一時建築活動が停滞する。一八九七年（明治三〇）から五年程、拠点を神戸へ移し、三菱神戸支店の新社屋建設をはじめとした業務が行われていた。

†column コンクリートとダム、造船

近代日本におけるコンクリート技術の普及は、土木が建築に先んじた。

一八八五年（明治一八）八月、長崎でコレラ禍が発生する。患者は記録にあるだけでも八三三人、そのうち六一七人が死亡した。九月には高島でも九〇名の犠牲者が出た。

翌年、長崎居留地で問題が起こる。長崎市水道局編『長崎水道百年史』によれば、イギリスの貿易商フレデリック・リンガーが、居留地に上水道を整備しなければ外国人全員が横浜や神戸に移ると長崎区（のちの長崎市）の区長・金井俊行に訴えたのである。

金井は県令の日下《くさか》義雄と相談の上、長崎区立で水道事業を起こすこととした。事業費は長崎区の年間予算の七・五倍を要したが、内務省から特別に五万円の国庫補助金を得たほか、一八八九年（明治二二）に日本初の地方債を発行して事業化にこぎつけた。

一八九一年（明治二四）にはわが国における上水道ダムの嚆矢《こうし》となる本河内《ほんごうち》高部《こうぶ》堰堤《えんてい》が、工部大学校出身の海軍土木技師・吉村長策《ちょうさく》（一八六〇～一九二八）の設計により建造される。吉村は七六年にロンドンで出版された図版入りの実用書『The Water Supply of Cities and Towns』を手引書としながらダムを完成させたという。

本河内高部堰堤（提供：長崎歴史文化博物館）

吉村は本河内のダム完成後、大阪、広島、神戸、舞鶴など要港のある地域での水道を完成させ、一八九八年（明治三一）に佐世保鎮守府《ちんじゅふ》に赴任し、長崎市顧問となった。吉村は、本河内ダム創設当時から近い将来、本河内だけ

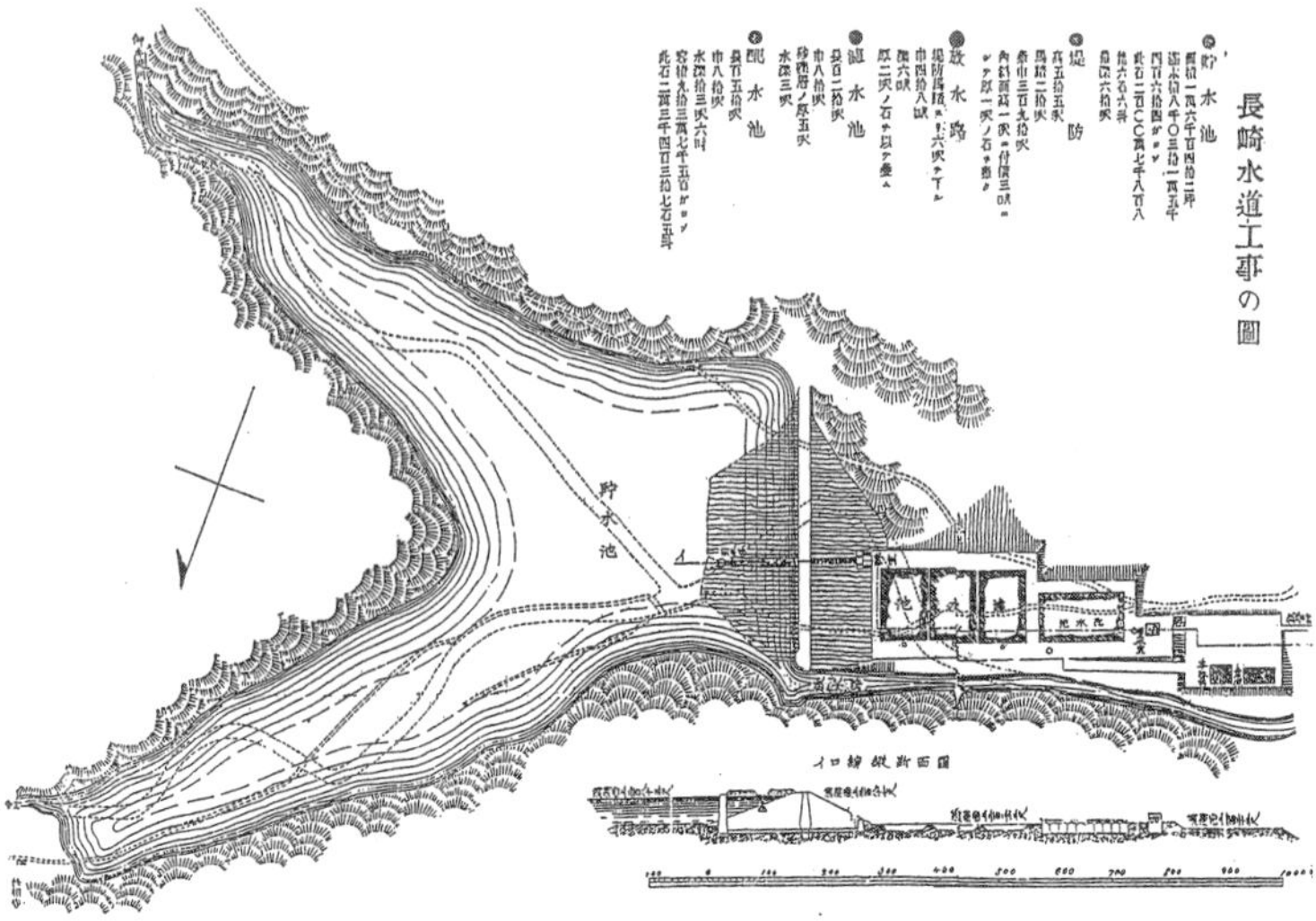

吉村長策が手がけた本河内高部堰堤の概略図（長崎市水道局編『長崎水道百年史』より）

ではまかない切れず、拡張工事が必要となることを予測していた。市当局も増設の必要性を認識し、拡張の方針を固めていた。翌九九年（明治三二）、増設水道計画が上程され、西山、小ヶ倉《こがぐら》のコンクリートダムが増設された。

本河内ではさらに一九〇三年（明治三六）、下流に本河内低部ダムが完成し、翌年には高部浄水場も完成した。重力式コンクリートダムとしては、同じく吉村が手がけた神戸の布引《ぬのびき》五本松堰堤に次ぐものであった。

セメントを含む資材はほとんどが輸入に頼ったが、工費節約のため煉瓦は長崎監獄に発注し、五五万個を受刑者が製造したという。吉村はのちに第一四代日本土木学会会長を務めた。

わが国におけるコンクリート発達史をひもとくと、さらに意外な分野で先駆的な事例があるので紹介したい。造船である。

一八五五年のパリ万博で、針金をボート状に組みモルタルを塗って造った「鉄網コンクリート船」が出品される。一九世紀中ごろ、セメントやコンクリートは、いわば鉄の代用品として船舶製造などの現場で実験が重ねられていた。一九一八年、アメリカで大型の鉄筋コンクリート船（四五〇〇トン）が建造され、翌年、大西洋横断にも成功した。

この翌年の一九一九年（大正八）、長崎造船所において、造船工学者で三菱の工学顧問だった末広恭二が鉄筋コンクリート船の進水に成功している。末広は一八七七年（明治一〇）、東京生まれ。一九〇〇年（明治三三）に東京帝国工科大学造船科を卒業。在学中、岩崎家の私塾に寄宿し、子弟の教育係を務めたという。卒業後、長崎造船所で働いたがほどなくして母校の大学院に戻り、講師となった。

一九〇九年（明治四二）からは応用力学研究のため二年間イギリスへ留学し、工学博士の学位を得て帰国後、教授に就任。一八年（大正七）、三菱研究所が設立されると初代所長を務めた。

末広は鉄筋コンクリート船建造に関する特許も取得しており、自宅も鉄筋コンクリート造だったらしい。

関東大震災後は物理学者・寺田寅彦とともに東京帝大付属地震学研究所の設立（一九二五年）に尽力し初代所長に就任。三一年（昭和六）には米国スタンフォード、マサチューセッツ大学で講演。同年逝去した。

末広が手がけた鉄筋コンクリート船は三菱倉庫の艀《はしけ》船として活躍した。また海軍・佐世保工廠《こうしょう》においては一九一八年（大正七）、雑役船として一〇〇トン積の鉄筋コンクリート船が建造され、これ以後数隻が建造されたという。末広は関東大震災の翌年にあたる二四年（大正一三）に行われた「構造物振動の理論及《および》 其《その》測定方法」と題する講演で下記のように述べている。

「要するに、建築物の剛体としての振動は、今日迄、少しも考慮されていませんが、之《これ》は振動学上大《おお》いに留意をする事柄である様《よう》に考えられます」

造船学者でありながら振動・地震学の権威でもあった末広もまた、各学問の領域を超えて技術革新に寄与した〝超技師《スーパーエンジニア》〟だったといえるだろう。

図4-21　保岡勝也

曾禰の監督下で進められていた神戸・和田岬の造船所予定地の地質調査の報告が白石直治に引き渡された[*11]直後の一九〇〇年（明治三三）、のちに二代目丸ノ内建築所長となる保岡勝也が三菱に入社する。保岡はそのまま神戸での業務に従事[*12]。当時白石は神戸・和田岬に新設された建築所の監督者であり、高橋元吉郎らとともに取り組んだ長崎造船所・第三船渠などのコンクリート技術は、当然保岡も容易に知り得る環境にあった。

保岡は入社後、群馬の高崎倉庫本社一一号棟（一九〇〇年）や大隈《おおくま》重信《しげのぶ》邸洋館（〇二年）、早稲田大学付属図書館（同）など錚々《そうそう》たる仕事を手がけたが、一九〇三年（明治三六）、三菱を退職し、帝国大学大学院に戻って[*13]、三菱に再入社する〇五年（明治三八）までの二年間、劇場建築をテーマに研究を行う。一方で、海外の建築情報や室内採光、コンクリート技術の研究成果を『建築雑誌』に発表している。〇三年（明治三六）五月には同誌に「第五回内國勧業博覧会視察報告」を投稿。小野田セメントが出品した鉄筋入りのコンクリート梁の荷重実験を高く評価している。

三菱史料館蔵の「丸ノ内建築所日誌」に、三菱に再入社した一九〇五年（明治三八）一月からの保岡の記録が残されているが[*14]、保岡は病気がちの曾禰達蔵に代わって早くも所長代行を務めており、曾禰の代理で打ち合せに出席した記録が残っている。

保岡勝也の見たイギリスの労働者住宅

再入社から三年後の一九〇八年（明治四一）、保岡は欧米へ視察に出る。アメリカではサンフランシスコ、ニューヨーク、ワシントン、デンバー、カンサスシティ、シカゴ等を訪れ、ペンシルベニア駅や当時世界一の高さを誇ったメトロポリタン保険会社等を見ている。もっとも、主たる目的はウィーンで開催される第八回建築家大会に出席することだったが、日本を出発した後に日程が変更されてしまったため、保岡が到着したときすでに大会は終了していた。しかし保岡は翌年まで長期にわたる視察を続けた。訪問先はロンドンをはじめ造船業が盛んなグラスゴーの他、産業革命後に変革を遂げた都市が多かった。経路は不明だが、保岡が荘田平五郎に送った手紙に訪問都市が示されているので、図に示した。

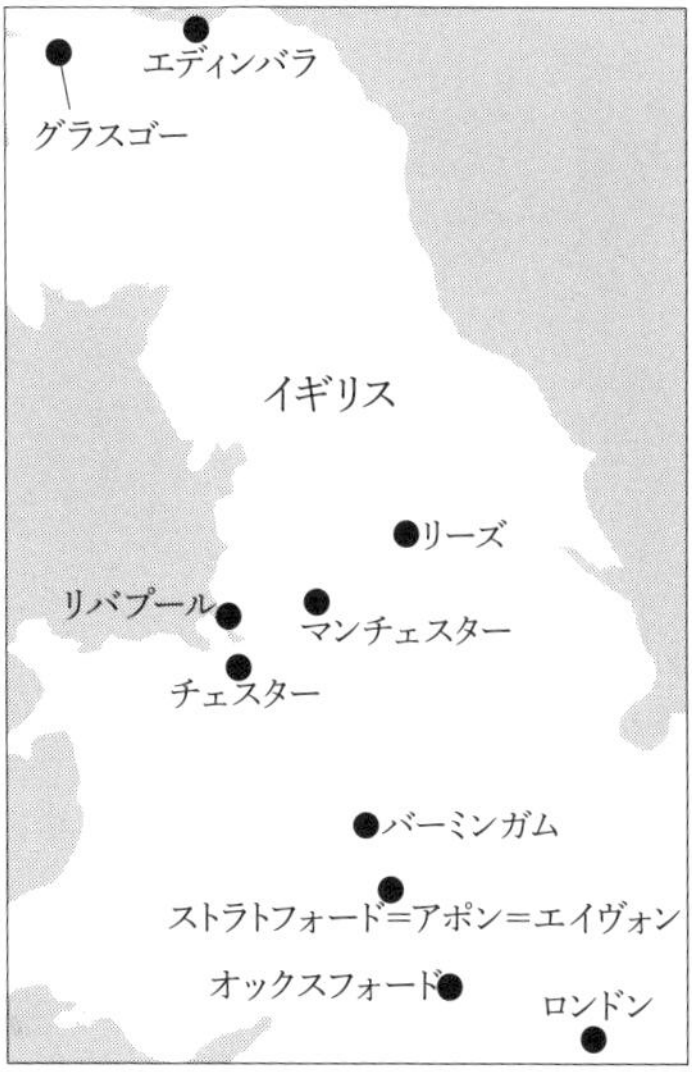

図4-22　保岡勝也が訪問したイギリスの都市

＊11……前掲『工學博士白石直治傳』153～154頁。「（明治三三年）六月、三菱の東京倉庫神戸支店にある、和田建築所長となった。即ち和田沿革史に依ると、六月六日、神戸支店員永原伸雄、及廣澤範敏立会ノ上、東京倉庫兵庫支店ヨリ、豫テ貸與ノ舊　和田倉庫及、事務所一切を引取リ、和田建築所ヲ設置シ、之レマデ曾禰工学博士監督ノ下ニ、施工中ノ（ボーアリング）（試験）工事ハ、七月一日ヨリ引継ヲナス。と日記にある」

＊12……三菱史料館蔵「使傭人進退報告」一九〇〇年（明治三三）。丸ノ内三菱建築所・曾禰達蔵名義で岩崎久彌に提出された保岡の雇用申請書がある。

＊13……川越市立博物館編『建築家保岡勝也の軌跡と川越』20頁。贈与金申請書、一九〇二年（明治三五）一一月五日「右ノ者、明治三十三年八月以来本社技士トシテ神戸建築ヨリ引続キ当丸ノ内第四第五両館建築ニ従事シ致シ処今般大学院入学志願ノ旨ヲ以テ別紙ノ通リ解傭願出…」。曾禰は三菱社長の岩崎久彌に対して贈与金申請書を提出している。

＊14……前掲『建築家保岡勝也の軌跡と川越』21頁。保岡の「丸ノ内建築所日誌」が抜粋して紹介されている。

保岡が見たイギリスは当時、どのような社会状況だったか。

一八世紀後半、産業革命によって巨大な富を得たイギリスでは、繁栄する大都市ロンドンに中産階級が生まれ、良質なタウンハウスに住んだ。この間、労働人口の流入で、一九世紀初頭一〇〇万人だったロンドンの人口は一九世紀半ばには二五〇万人を超える。人口は増加を続け、都市の居住環境は悪化、劣悪なエリア（スラム）が各所に発生した。

これをうけ、労働者階級の住宅改善に向けて政府や議会でも取り組みが始まる。一八四七年、不衛生な環境改善の為の公衆衛生法が定められた結果、衛生面では改善に向かうが、労働者の住宅地は、たとえば日本の災害仮設住宅のように規則的に区画されたエリアに二、三階の長屋が短冊のように並ぶものでしかなかった。

一方でこの時期、個人の篤志家による慈善団体（住宅トラスト。Peabody Trust他）による労働者住宅の建設が活発になる。一八五〇年、ロンドンのストレッサム通りに、建築家ヘンリー・ロバーツが設計した「家族のための住宅」が建設された他、六九年には「労働者階級住宅改良首都協会」が建設したモデル住宅がコロンビア通りに建設される。

貧困層の既存の住居改良も始まる。一八六四年、社会活動家オクタヴィア・ヒルは、美術評論家、社会主義者として名高いウィリアム・モリスらに大きな影響を与えたジョン・ラスキンの支援を受け、スラム地区で既存の住宅改良事業を開始。かねてから「自分の生きている社会に対する責任感」を説いていたラスキンの理念は、二〇世紀初頭に設立されるドイツ工作連盟の活動に大きな影響を与える。

その後イギリスでは一八七五年に「職人・労働者住居改良法」、九〇年に「労働改良法」が施行され、労働者の住環境整備が進んでいく。労働者住宅用地を低価格で購入する機会が与えられた慈善団体などが地方自治体の供給不足分を補うようになる。また慈善家エドワード・ギネスによって設立されたギネス・トラストは一九〇一年、コロンビア通りに六階建の「タワーハムレッツ」(Tower Hamlets)をつくり、〇三年までにイギリス全土で二五〇〇戸以上を供給。またユダヤ系の財閥「4%産業労働者住宅会社(Four Percent Industrial Dwellings Company)」は〇四年、デザインを含め質の高いユダヤ人居住用の労働者住宅を建設した。

これら民間の非営利団体が担った住環境の整備運動は、モダニズム建築の誕生に繋がるムーブメントとなる。彼らは一八九〇年から一九一四年にかけ、全国で約二万戸の住宅供給を果たすが、これは公共セクターが手がけた数字と肩を並べるものだった。

保岡が渡英したのはまさにこのような時期であった。欧米視察の旅を終えた保岡が帰国したのは一九〇九年(明治四二)。一〇年後の一九一九年(大正八)六月の『建築雑誌』には、「今後の都市住宅」と題した保岡の講演が掲載されているが、「細民《さいみん》住宅(労働者住宅)」についてイギリスの住宅モデルを例としながら、建築家がこのような計画に携わることの重要性を説いている(わが国で貧困層向けの初の住宅供給組織「同潤会」が生まれるのは一九二四年〈大正一三〉のことである)。

丸ノ内初の鉄筋コンクリート造建築を手がける

保岡勝也は大学院時代、建築学会誌の編集委員を務めており、早くから世界の建築情報に接していた。一九〇五年(明治三八)、三菱に戻った保岡は八号館から一一号館の煉瓦造建築群を次々と竣工させる。クイーン・アン様式で整然と統一された。

その後、保岡が曾禰の跡を継ぎ丸ノ内建築所の技師長となった一九〇六年（明治三九）から病気を理由に退職する一二年（明治四五）五月までの六年間、三菱の建築は鉄筋コンクリート化への移行が顕著になる。

このうち保岡が技師長時代に手がけた一二号館（一九一〇年）と一三号館（一九一一年）については『建築雑誌』に報告があり、例えば丸ノ内の一二号館では四〇四八樽、一三号館では三七六〇樽もの大量のセメントや波型鉄板が使用された。[*15] この二棟は、三菱の建築がコンクリート主体へ変容していく過渡期を象徴する作品である〔図4-23〕。このセメントと鉄板を利用したコンクリートがどの部位に使用されたか定かでないが、構造強度の向上を図ったのであろう。のちに解体された折、一三号館では窓と窓の間の煉瓦の中にボールト（鉄の棒）が埋め込まれ、耐震上の工夫が行われていたことが確認されている。[*16]

図4-23　大正時代の丸ノ内・仲通り。12号館（左）と13号館

続いて保岡は前掲『建築雑誌』上において一四号館から二〇号までは全鉄筋コンクリート造にすることを予告し、これによって壁厚が薄くなり部屋が広くなるのは営業上望ましいという趣旨のことを述べ

図4-24　三菱館として初の全鉄筋コンクリート造建築となった丸ノ内の14号館

ている。保岡の予告どおり、一九一三年（大正二）竣工の一四号館［図4-24］は、丸ノ内で初めての全鉄筋コンクリート造建築となった。以降、保岡が手がけた一連の三菱館は鉄筋コンクリート造を標準として造られるようになる。

なお、後継者の一人である藤村朗《あきら》（一八八七～一九五三）とともに一九一二年（明治四五）、保岡が設計を手がけた最後の三菱館、二一号館［図4-25］はエレベータ付きの大規模な建築となった（ただし竣工は三菱退職後の一九一四年〈大正三〉）。建設当時の仕様について記録を以下に記す。

建坪　五百三十坪外に付属家十五坪余　（二）軒高　五十二尺　（三）階数　四階　（四）貸事務所一百二十室　（五）構造　全部鉄筋コンクリート造　（六）昇降機　米国オーチス会社製八人乗二台大階段室に設備　（七）防火戸各階に二箇所設備　（八）金庫　各階に二箇所設備　（九）暖炉　瓦斯《ガス》スチームラジエター　（十）郵便受信は各階東入口廊下付近に私書箱を置き、投函はメール、シュートの設備あり　（十一）燈火及熱　電気及瓦斯　（十二）水場　各階一個所　（十三）便所各階に男子用二室婦人用一室あり　（十四）自動車置き場　中庭（十五）人力者置場　中庭付属家内

＊15……『建築雑誌』（二九五号、一九一一年七月号）所収「巻末附図　三菱合資会社第十二号十三号両館設計説明」

＊16……三菱地所設計ホームページの連載『古図面の旅』第二回「第13号館（明治44～昭和35年）［ボールト建込詳細図］」（二〇二〇年五月二六日閲覧）

図4-25　丸ノ内の21号館

これら大型鉄筋コンクリート造建築の建設過程で培われた技術こそが、一九一六年（大正五）、日本初の鉄筋コンクリート造集合住宅として端島（軍艦島）に誕生する「三〇号棟」に影響を与えたというのが筆者の推測である。

和洋様々の建築様式を駆使

保岡勝也が採用した建築様式は、和洋、時代とも実に多彩である。西洋式ではゴシック、ルネッサンス、セセッション、インターナショナル、日本式では旧岩崎家深川別邸の池辺茶亭（現・清澄《きよすみ》庭園内の「涼《りょう》亭」）のような純和風から、皇族が利用した川越《かわごえ》の旧山崎家別邸など様々であり、〝建築様式のデパート〟さながらである。その中で、三菱時代に手がけた丸ノ内の一四号館と北九州の旧三菱合資会社若松支店（現・上野海運ビル）、そして「川越四部作」といわれる独立後の代表作のうち現存する三軒（いずれも登録有形文化財）を中心に記してみる。

まず丸ノ内の一四号館の壁厚は煉瓦造の一二、一三号館に比べて薄く、室内の有効面積が広がった上、職工の工費が削減されるなど、鉄筋コンクリート造の優位性を

表4-1　保岡勝也の代表作

1902（明治35）	三菱合資会社〈丸ノ内三菱館〉4〜5号館（設計関与）／大隈重信邸洋館／早稲田大学附属図書館	東京都	
’05（〃38）	慶應義塾商工学校講堂	東京都	
	三菱合資会社門司支店（曾禰達蔵と共同設計）	福岡県北九州市	
’06（〃39）	第2回東京勧業博覧会三菱館	東京都	
’07（〃40）〜’12年（〃45）	丸ノ内・三菱館（8〜21号館）	東京都	12号館は曾禰達蔵、本野精吾、内田祥三と共同設計。13号館は曾禰、内田、福田重義と共同設計。21号館は設計のみ
’08（〃41）	三菱合資会社長崎支店唐津出張所（現・唐津市歴史民俗資料館）	佐賀県唐津市	
’09（〃42）	岩崎家深川別邸・池辺茶亭（清澄庭園「涼亭」）東京日々新聞日報社	東京都	本野・内田と共同設計
’10（〃43）	三菱合資会社大阪支店	大阪府	曾禰と共同設計
’11（〃44）	岩崎家高輪別邸・静嘉堂文庫	東京都	
	三菱銀行大阪支店	大阪市	
’13（大正2）	三菱合資会社若松支店（現・上野海運ビル）	北九州市	登録有形文化財
’14（〃3）	木内重四郎別邸（現・市川市文化振興財団木内ギャラリー）	千葉県市川市	
	中井銀行浦和支店	埼玉県浦和市	
	中井銀行千住支店／東京大正博覧会第一会場明治屋売店・東亭売店他	東京都	
’15（〃4）	川越貯蓄銀行本店	埼玉県川越市	
’16（〃5）	秩父銀行	埼玉県	
’17（〃6）	中井銀行本店	東京都	
’18（〃7）	第八十五銀行本店（現・埼玉りそな銀行川越支店）	川越市	登録有形文化財
’19（〃8）	中井銀行神田支店	東京都	
’21（〃10）	麻田駒之助住宅（現・平野家住宅）	東京都	
	熊本商業会議所	熊本市	
’24（〃13）	長崎次郎書店	熊本市	登録有形文化財
’25（〃14）	山崎家別邸	川越市	庭園は国登録記念物
’31（昭和6）	第八十五銀行松山支店倉庫	埼玉県東松山市	
’32（〃7）	吉田家住宅	群馬県高崎市	
’36（〃11）	山吉デパート（現・保刈歯科醫院）	川越市	登録有形文化財

取り入れた合理化が図られた。煉瓦造建築に比べ、外観にも大きな変化がみられる。エントランスはコーナー部に設けられ、屋根部の装飾はあるものの、窓廻り以外の装飾はほとんど姿を消している。しかし、窓の配置や窓枠のプロポーション、コーナー廻りの処理は、形が異なるものの、保岡の代表作といわれる旧八十五銀行本店〔図4-26〕と相通じる。

次に、一九一三年（大正二）竣工の旧三菱合資会社若松支店〔図4-27〕は丸ノ内の一四号館と同年の竣工だが、こちらはさらに外部装飾を取り払った外観である。鉄筋コンクリート造と見紛うような意匠だが、構造は煉瓦造である。

図4-26　旧八十五銀行本店（現・埼玉りそな銀行川越支店、筆者撮影）

「日本初の住宅作家」

一方、保岡が草創期の住宅作家であったという側面はぜひとも強調しておかなければならない。当時の日本では、個人の小住宅の設計を行う建築家はほとんどいなかった。保岡は一九一九年（大正八）、「今後の都市住宅」と題した講演会の席上で「住宅は大小を論ぜず新《あらた》に建設する場合には、今後必ず建築家にコンサルトして、建築家の意見を尊重して貰いたい、又左様にある可《べ》きでありますが、個人の住家に

図4-27　旧三菱合資会社若松支店（現・上野海運ビル、筆者撮影）

は兎角《とにかく》アーキテクトを煩《わずら》はさないものが多いのは困った現象で在ります」と語っている。

　建築史家の内田青蔵によれば、明治・大正期に活躍した建築構造学の大家・佐野利器《としかた》は「建築学科のデザイン教育について、幼い時から色や形の善し悪しは婦女子のすることと教えられて育った」（傍点筆者、「INAX REPORT」№１７５）という。内田は、佐野より東京帝国大学の三年先輩にあたる保岡を「日本初の住宅建築家」（『日本の近代住宅』）と評している。

　ちなみに保岡は三菱在職時代にも八戸の住宅を設計し、一九一二年（明治四五）発行の『新築竣工家屋類纂』や一五年（大正四）の『理想の住宅』など計一〇冊に及ぶ住宅関連の著作がある。そこでは保岡が台所や家事室など、クライアントの要望に沿いつつ設計に反映していた様子がうかがえる。

　また保岡は欧州で勃興していたセセッション（分離派）運動に影響を受けたようで、一九一四年（大正三）に開催された東京大正博覧会で手がけた「明治屋」の売店はセセッション風だったらしい（前掲「INAX REPORT」No.175）。

アーツ・アンド・クラフツ運動に通じる作風

次に、保岡後期の代表作である川越の三軒の建築（旧八十五銀行本店、旧山崎家別邸、旧山吉デパート）を見ていきたい。

先にも紹介した旧八十五銀行本店［図4-26］は、一九一八年（大正七）竣工。工事途中の写真が残されているが、鉄骨材を使用したコンクリート造である［図4-28］。建設から一〇〇年経った今も現役の銀行として使用されているのは驚くべきことである。

図4-28　建築中の旧八十五銀行本店（川越市立博物館編『建築家保岡勝也の軌跡と川越』より）

一九二五年（大正一四）竣工の旧山崎家別邸もまた大変興味深い建築である［図4-29］。和館と洋館が一体になっており、特に和館部の客間と居間の建具はそれぞれ特徴のある意匠で工夫が凝《こ》らされている。洋館部玄関横の階段踊り場のステンドグラスは小川三知《さんち》の作、洋館客室は別府ステンドグラス製作所製。食堂と準備室間のハッチ窓にもステンドグラスがある。大工や左官など職人を高く評価していた保岡らしく、木部の細部に見られる納まりの良さ、また浴室などもタイルの納め方が美しい。建築と工芸が、建築家

図4-29　旧山崎家別邸。左下は中庭の茶室（筆者撮影）

とアルチザン（工匠）の手で一体となっている。筆者は、アーツ・アンド・クラフツ運動を推進した建築家マッキントッシュの代表作、グラスゴー美術学校［図4-30］にも通ずるものすら感じる。

さらに京都・仁和寺《にんなじ》の我《が》前庵《ぜんあん》を模した茶室（二畳半台目）が設けられ、庭園と一体になった空間が演出されている。数寄屋《すきや》建築の思想とモダニズムを架橋するようなデザインだと思う。

一九三六年（昭和一一）竣工の旧山吉《やまきち》デパート（現・保刈歯科医院）［図4-31、右上］は正面にイオニア式の大オーダーを配置した意匠である。しかし、玄関扉や窓の上にはアール・ヌーヴォー様式のステンドグラスが設《しつら》えられている。保岡が計画の段階で提出した六枚の別案スケッチのうち五枚が現存しており［図4-31］、セセッションの影響が顕著なプランもあらかじめ用意していたことがわかっている。

図4-30　マッキントッシュが手がけたグラスゴー美術学校（筆者撮影）

先駆者・保岡の真価

明治期に完成した丸ノ内の三菱館二〇棟のうち、最多の一三棟を手がけた保岡勝也の功績に比べ、現代における保岡の評価は決して高いとはいえない。

同時代の代表的建築家としては、これまで、最も早くに鉄筋コンクリート造建築を手がけたと言われてきた遠藤於菟（一九一一年、三井物産横浜支店）や横河民輔（一九一二年、三井貸事務所）がいる。だが、保岡が鉄筋コンクリート造による丸ノ内一四号館〜二一号館までの設計を手がけたのは一九一二年（明治四五）以前であり、これは遠藤や横河と肩を並べるものである。

加えて保岡は三菱館のような大規模建築のみならず、わが国で最も早い時期に住宅設計を手がけた建築家でもあり、大正期だけで八冊の啓蒙的な著作を刊行していることは先にも述べた通りである。

保岡が大正時代初めに手がけた一連の建築物を見ると、当時の保岡の関心を推し測ることできる。

先にも述べた旧三菱合資会社若松支店［図4-27］には三層の吹き抜けとモダンな光天井［図4-32］があり、ステンドグラスが埋め込まれているが直線的でモダンな意匠である。著者はこの若松支店の中央吹抜けの平面構成（光庭と回廊の関係）はどこか端島（軍艦島）の三〇号棟との共通点を感じる。三〇号棟は若松支店の竣工から三年後の一六年（大正五）に建設されたが、この時代にモダニズム建築の意匠をまといながらこうした建物を生み出せる力を持った建築家はそう多くなかったであろう。

保岡はもしかすると渡欧時、セセッション（分離派）運動に深く関わったオットー・ワグナー後期の傑作と言われるウィーン郵便貯金局（一九〇四年第一期工事完成）〔図4－33〕を見て影響を受けたのかもしれない。一九〇八年（明治四一）に保岡が渡欧した際、新しい建築運動の起点となったウィーンやロンド

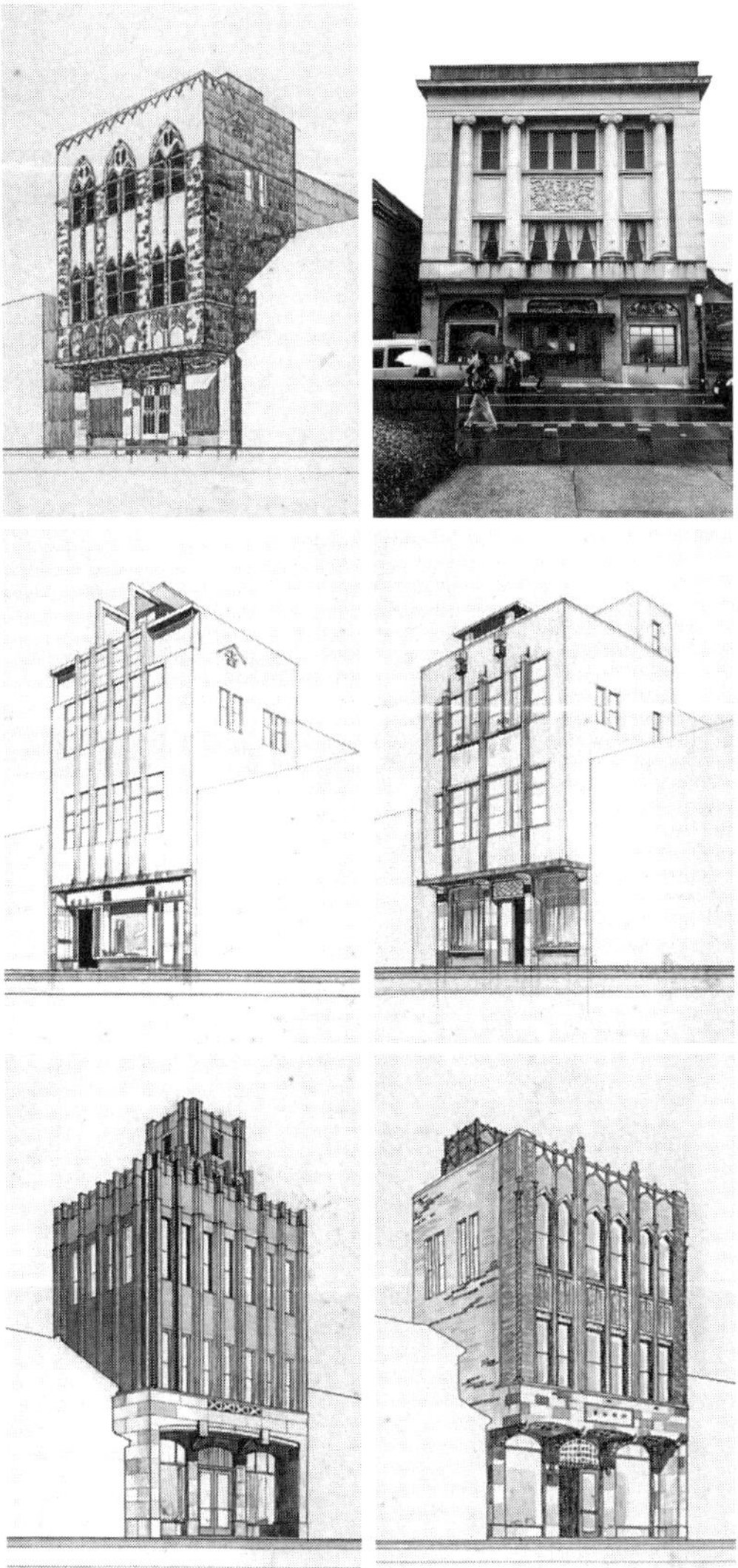

図4-31　現在の旧山吉デパート（筆者撮影）と保岡による計画中のスケッチ（前掲『建築家保岡勝也の軌跡と川越』より）

図4-32　旧三菱合資会社若松支店（現・上野海運ビル）の吹き抜けと光天井（筆者撮影）

図4-33　オットー・ワーグナー設計のウィーン郵便貯金局の中央ホール

ン、ベルリン、パリなどには特に興味を抱いていたはずで、ワグナーらの作品をこのとき目にしたとしてもおかしくはない。

セセッション（分離派）の旗手たち

ちなみにワグナーは一八四一年、オーストリア生まれの建築家、都市計画家でウィーン工科大学とベルリンの建築アカデミーで優秀な成績をおさめた。ウィーン美術アカデミーでは建築教育も行い、九六年に『近代建築（Moderne Architektur）』を発刊。後年門弟たちのセセッション（分離派）運動に刺激を受け、「芸術は必要にのみ従う」と主張した。この運動はワグナーの弟子で助手を務めたヨゼフ・マリオ・オルビリッヒと門下生ヨゼフ・ホフマンらが起こした反権威主義的な芸術運動に端を発するが、師であるワグナーも一八九九年、分離派の正会員となり活動をともにする。まさにワグナーは、〝機能性〟と〝合理性〟を重視するモダニズム建築理念の体現者であった。

図4-34　ベーレンス設計のＡＥＧタービン工場

欧米視察時の保岡の宿題は、三菱が進める丸ノ内の都市整備だったので、お手本としたロンドン他、多くの都市を視察している。炭坑や造船関係の都市も同様で、イギリスではグラスゴーを訪ねている。グラスゴーはその後ウィーンで始まる分離派の運動に影響を与えたアーツ・アンド・クラフツ運動の先進地でもあった。初めに運動を提唱したのはイギリスのデザイナーで思想家のウィリアム・モリスだったが、建築家のチャールズ・レニー・マッキントッシュら、グラスゴー美術学校に在籍した「グラスゴー四人組」によって推進された。

渡欧した当時、保岡は三一歳。グラスゴー派のマッキントッシュは四〇歳、ウィーン・セセッション（分離派）派のオルビリッヒは四一歳であった。オルビリッヒはミュンヘンでセセッション運動を行っていた画家のペーター・ベーレンスにも大きな影響を与え、ベーレンスは建築の道に転じる。ベーレンスは一九〇七年、ドイツ工作連盟の創設メンバーに加わり、さらに同年ドイツの電機会社ＡＥＧの建築家兼デザイナーに任命されると、〇九年、代表作となるＡＥＧタービン工場［図4-34］を手がけた。

こうしたヨーロッパの新たな芸術潮流は、わが国の絵画、建築、工芸にも多大な影響を与えた。

†column　鉄筋コンクリート小史

本書プロローグでも述べたが、近代建築（modern architecture）の本来の定義は「合理主義や自由な空間構成を基礎に近代特有の問題解決に積極的な建築」というものである。だが、「日本では近代の洋風建築をさす」という（以上『建築学用語辞典』より、傍点筆者）。

詳しくは第五章で述べるが、筆者は端島《はしま》（軍艦島）に誕生した建築群は間違いなく前者の定義に該当すると思う。とりわけ端島における鉄筋コンクリート造の高層住宅群は当時の最先端事例として特筆されるべきだが、ここでは端島におけるモダニズム建築群の誕生と深い関係があるコンクリート技術に関して、歴史的なおさらいをしてみたい。

コンクリートの歴史について語る際、現存するローマのパンテオン（神殿）、水道橋などを挙げながら、「二千年前からコンクリートがあった」と主張する論者がいるが、現代のコンクリートと当時の「ローマンコンクリート」とは大きく異なる。素材は類似しているものの、現在我々が使用しているコンクリートの主要素材であるセメントが登場するのは一八世紀まで待たねばならない。

イギリスの「土木工学の父」とも呼ばれるジョン・スミートンは橋、運河、泊地、灯台などを設計し、初めて〝シビル・エンジニア〟（civil engineer）を自称したといわれる人物である。このスミートンが一七五九年、岩礁上の灯台（エディストン灯台）の建設に際し、水と反応して硬化する水硬性石灰の調査を行った。水と反応して硬化する化合物は海水でさらされる築港工事に必要な素材であった。スミートンは、石灰岩の中に含まれる粘土の比率が重要であると気づいた。

一七九〇年代になると、イギリスのジェームス・パーカーが天然の粘土質の石灰岩を焼成して粉末化し、セメントを発明した。セメントに砂と水を混ぜたものがモルタルである。セメントは水の化学反応によって短時間で硬化する。パーカーは特許を取得するがすぐに売却され、ローマンセメントの呼称で商品化された。

パーカー以降、粘土と石灰を人工的に配合してセメントの実用化を図ろうとする者が現れる。一八二〇年前後になるとフランスやイギリスを中心に人工セメントの実用化が始まる。

フランスでは一八一七年、技術者ルイ・ヴィカーが石灰岩から焼成した消《しょう》石灰に粘土を混ぜて焼くという工業的な製法によってセメントを生産した。

一八五四年、イギリスの煉瓦職人ジョセフ・アスプディンが独自のセメント製造法で特許を取得し、これを「ポルトランド・セメント」と名づけた。これが今日のセメントの源流である。

このセメントに砂と水を混ぜたモルタルに砂利を混ぜたものがコンクリートである。ただしコンクリートは圧縮に耐える力は強いものの、曲げたり、引っ張ったりする力には弱いという特徴があるため、コンクリートのみで建築の構造体とするのは難しかった。

一八五五年のパリ万博に、針金をボート状に組み、モルタルを塗って造った「コンクリート船」が出展された。引張《ひっぱり》力に弱いコンクリートの欠点を補ったのが鉄（針金）である。

一二年後の一八六七年、フランスの植木職人だったジョセフ・モニエが鉄網で補強したモルタル製の植木鉢を制作し、パリ万博に出品する。モニエはこの際、考案した配筋法で特許を取得した。ちなみに山口半六《はんろく》がエコール・サントラルで教えを受けたフランソワ・コワニエはそのころ、鉄網と鉄板で補強したコンクリート床の技術で特許を取得していたという。

ドイツでは一八八六年、マティアス・ケーネンが鉄筋コンクリートの強度に関する計算方式を発表し、各種の特許を得る。ケーネンの理論によって鉄筋コンクリート構造はついに実用的なレベルに達する。

ここから鉄筋コンクリートは長足の進歩を遂げる。フランスの工学者フランソワ・アンネビックは一八九二年、独自の方式で特許を取得。柱梁一体のジョイント工法によって鉄筋コンクリートの骨組みの技術が完成される。

　一八九六年、アンネビックは自ら考案した柱梁一体化構造でフランス北部トゥールコアンの紡績工場を手がけ、国内外で高い評価を得た。さらに、一九〇〇年のパリ万博に鉄筋コンクリートで建造した貯水槽が出展されたのに続き、〇一年にはイギリスで道路橋も建設された。翌〇二年にはアンネビックの主任助手であったポール・クリストフが『鉄筋コンクリートとその応用』を著す。

　このアンネビック工法は日本でも大きな影響を与えたが、遅れて開発に取り組んだアメリカでは、イギリスから渡米したエンジニア、アーネスト・ランサムが、鉄筋を捩《ね》じってコンクリートとの結合を強化する〝異形《いけい》鉄筋〟の特許を取得し、ランサム・システムとして普及させる。

　一八八六年、ランサムはカリフォルニア州サンフランシスコのゴールデンゲートパークに鉄筋コンクリート製の側橋を建設したほか、一九〇三年にはオハイオ州のシンシナティに世界初の高層鉄筋コンクリートビル（一五階）として知られるインガルス・ビルを竣工させる。

　アメリカではその後各種の異形鉄筋による工法が開発され、日本にも輸入される。のちに端島の三〇号棟でも使用されるカーンバー・システムがその代表で、『軍艦島実測調査資料集』を著した東京電機大学工学部名誉教授の阿久井《あくい》喜孝《よしたか》によれば一九一二年（大正元）に愛国生命ビルで初めて採用されて以降、普及したが、二三年（大正一二）の関東大震災で剪断《せんだん》耐力上の弱点が露呈し、その後使われなくなってしまったという。

第5章 端島から〈軍艦島〉へ

モダニズム建築都市への道のり

*1914年（大正3）ごろの端島、西側海岸（提供：町田信二氏）

端島はなぜ開発されたのか

日露戦争後の不況と二子《ふたご》島の開発

明治二〇年代（一八八七〜）前半、期間平均で三菱の収益の約七〇％を占めた炭坑事業［75頁、表2－2］は中盤から徐々に下降し、後半には二〇％台に落ち込んでいった。明治三〇年代（一八九七〜）前半になると、生産性の向上によって炭坑は（期間平均で）三〇％台に回復したが、中盤以降は二〇％を割ってしまう[*1]［表5－1］。

一方、一九〇三年（明治三六）以降は炭坑に代わり、岡山の吉岡鉱山や秋田の尾《お》去沢《さりざわ》鉱山などを主軸とする（金属）鉱山事業が全体の五〇％前後を稼ぐようになる。好不況に影響を受けにくいよう、好況時は炭坑部門が、不況時は鉱山部門が利益を上げるというふうに、互いに利益を補完しあう体質を整えてきたことが功を奏した結果といえる[*2]。特に、納屋《なや》制度廃止後の一〇年間（一八九八〜一九〇七）に限ると、炭坑と鉱山部門合算で平均すると七〇％近くを稼ぎ出している。

ところが日露戦争が始まる一九〇四年（明治三七）ごろになるとこの多角経営にも陰りが出始める。不振は高島炭坑の利益率悪化が大きく影響していた。納屋制度改革以降は売炭勘定が上がり、右肩上がりに成長していたのだが、採炭場所が海底深くなるにつれ運炭費が徐々に上昇していたのである。運炭費

年度	部門別収益の割合（%）							収益計（千円）	支出（千円）	純益（千円）
	鉱山	炭坑	造船	地所	銀行	営業	他			
1894（明治27）	34.7	14.9	32.3	13.6	0.0	2.4	2.2	464	109	355
'95（〃28）	22.8	23.4	38.4	6.1	0.0	3.8	5.5	1,225	117	1,108
'96（〃29）	24.4	21.0	41.5	10.6	0.0	0.9	1.7	1,021	301	720
'97（〃30）	40.4	12.4	17.6	12.5	14.4	0.4	2.3	695	627	68
'98（〃31）	17.4	66.4	-19.2	8.6	8.9	17.2	0.7	1,127	678	449
'99（〃32）	43.5	39.9	3.6	5.5	4.3	4.7	-1.6	2,301	479	1,822
1900（〃33）	62.2	15.4	-0.5	6.1	4.0	5.0	7.8	2,494	512	1,982
'01（〃34）	34.4	22.5	19.0	6.7	4.2	10.0	3.1	2,369	550	1,819
'02（〃35）	25.1	18.8	25.5	8.6	4.5	7.3	10.2	2,219	499	1,720
'03（〃36）	48.5	22.0	-2.6	11.7	6.0	6.5	7.9	1,667	567	1,100
'04（〃37）	54.9	7.7	7.6	9.0	4.1	7.6	9.0	2,410	497	1,913
'05（〃38）	54.8	12.1	13.8	7.5	3.5	8.2	0.0	2,825	554	2,271
'06（〃39）	53.8	22.9	11.0	3.8	2.5	5.9	0.0	4,074	1,063	3,011
'07（〃40）	61.3	18.9	2.7	7.1	2.7	7.3	0.0	3,737	1,045	2,692
'08（〃41）	40.3	34.2	2.7	9.4	3.9	9.4	0.0	2,579	831	1,748
平均／計	45.8	22.7	10.2	7.5	3.8	7.0	0	31,207	8,429	22,778

表5-1　1894（明治27）～1908年（明治41）の各事業部門別の収益比率（『三菱鉱業社史』参照）

が経営を圧迫するに伴って、機械費や電力費も増加し、徐々に内容が悪化していたことも不振の要因の一つだった［表5-2］。

高島炭坑は、三菱の主力炭坑としての再生を果たす必要に迫られていた。炭坑や鉱山に支えられながら成長を遂げていた造船部門でも、高い技術力こそ保たれていたものの、総利益に占める割合は（期間平均で）わずか一〇％程度で、赤字年もあった。

一九〇五年（明治三八）八月、日露戦争が終結すると反動不況（物価上昇）により労働者の生活は窮迫。鉱山・重工業をはじめ多くの産業にわたって全国的に争議が頻発。翌〇六年（明治三九）に入っても

＊1……三菱鉱業セメント株式会社編『三菱鉱業社史』188頁「三菱合資会社の業績（明治二七年～四一年）」

＊2……小林正彬「〝政商〟より〝財閥〟へ：三菱とは何だったか」（二〇〇五年）。論旨を要約すると、「三菱は共同運輸との合併によって本業である海運業を手放したことで、多角化を早期に始めた。明治期において、三井は物産（貿易）と鉱業であった。しかし、三井は炭坑中心で住友や古川は鉱山中心であった。炭坑業は好景気に強く、鉱山は不景気時に強い。三菱は炭坑と鉱山のバランスが良かった」。

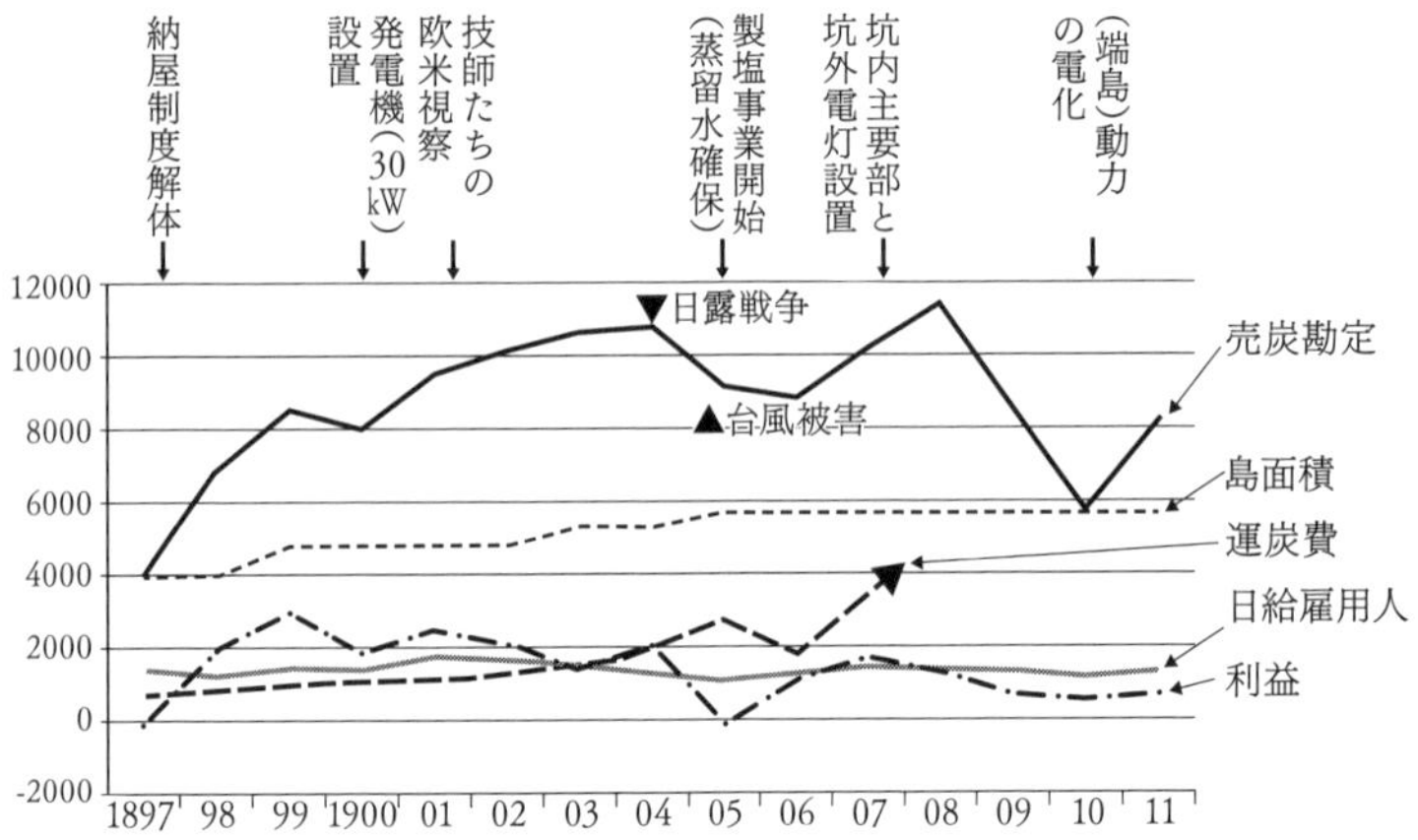

表5-2 1897(明治30)〜1911年(明治44)における売炭勘定・島面積・運炭費・日給雇用人・利益の相関関係(『高島炭鉱史』『三菱鉱業社史』『日本炭礦史』「高島炭坑端島支坑報告書」『日本近代化の基礎過程』をもとに筆者がグラフ化)

収まる気配はなかった。争議は厳しさを増し、〇七年(明治四〇)、長崎造船所でも大規模な同盟罷工(ストライキ)が発生する。軍需の増大で活況を呈した時期もあったがその反動は大きく、争議では労働時間と賃金が焦点となった。

争議の収拾が議論されていた一九〇八年(明治四一)、政府は懸案だった工場法の制定に動き出す。だが三菱の大番頭たる管事の荘田《しょうだ》平五郎は、労働者に対し国が保護的処置を講じることを「余程急所も外れた議論」と批判し、むしろ「給金を高く出しても」労働能率を向上させることのほうが重要であると主張した。[*3]

当時すでに還暦を過ぎていた荘田だったが、長崎造船所でのストライキの前年にあたる一九〇六年(明治三九)まで所長を務めており、労務管理の充実を推進していた。高島炭坑における待遇改善は〇五年(明治三八)の暴風災害を契機に進められたが、翌年から段階的に実施され、坑夫扶助料が増額、弔慰料は三倍に引き上げられた。また一〇年(明治四三)には「雇傭規則」、「賞罰規則」、「勤勉坑夫賞与規則」も改定された。

工場法は一九一一年（明治四四）に公布、五年後の一六年（大正五）、「鉱夫労役扶助規則」と同時に施行されることとなった。高島炭坑でもこの規則が施行され、炭坑労働者の保護がうたわれる。女性や未成年の就業時間等も初めて定められた。婦女の使役を推進し、妻帯を勧め、所帯分離を図ることは、炭坑の安定した生産性確保の為にも都合が良かった。

また三菱は一九〇八年（明治四一）以降、社内の機構改革に踏み切っている。日露戦争後の反動不況を乗り越えるためでもあった。鉱業部、銀行部、造船部、庶務部の四部門が設置され、各部門の独立採算制を実施。一〇年（明治四三）には本社直轄であった丸ノ内建築所が地所課の所管となり、地所課営繕係と改められる。さらに翌一一年（明治四四）には地所部となり、収益こそ低いが安定した事業となっていく。三代目社長・岩崎久彌《ひさや》の学友、桐島像一《しゅういち》が部長を務めた（のち三菱地所初代社長）。

さらにこの年、鉱業部が鉱山部と営業部に分割され、翌一二年（大正元）には鉱山部から分離して炭坑部が新設された結果、八部体制（造船、鉱山、炭坑、営業、銀行、地所、庶務、内事）に再編。各独立部に大幅な権限が委譲されることとなった。

端島海底は「一大宝庫」

一方、職制機構改革に先立つ一九〇七年（明治四〇）、高島炭坑では大事業が開始される。高島の属島・二子《ふたご》島の開発である。この島の開発がなぜ重要だったのか。そこには以下のような事情があった。

＊3……中西洋『日本近代化の基礎過程―長崎造船所とその労資関係（上）』275頁

端島《はしま》（軍艦島）などの支坑を含む高島炭坑全体の出炭量は、一八八八年（明治二一）の計四〇万八一八三トンをピークに下降していた[*4]［74頁、表2-1］。うち支坑の中ノ島坑は八四年（明治一七）に採炭を開始したが、高島炭坑はこの中ノ島坑によって全体の出炭量を確保していた。ところが中ノ島において多量の出水が発生し、九三年（明治二六）、出炭開始からわずか九年で廃坑となってしまう[*5]。

当時の高島炭坑長だった坑山師・大木良直《よしなお》は、海底の石炭埋蔵量から推定し高島炭坑復活の方途を提案した。高島に隣接する属島・二子島から二キロ程離れた中ノ島へ向け海底深く隧道《すいどう》（トンネル）を掘り、中ノ島の北西部に残った炭層に近づき着炭するという計画である。まさに高島炭坑の将来を占う一大事業であった。だが、大木が本社に出向き、この開坑案を伺い出たところ、当初は無謀な計画として却下されてしまう。

> 皆大木狂セリノ言ヲ為サシメ何人モ対手《あいて》ニナル人ナカリシト云フ、氏ハ此《こ》ノ時憤然トシテ都ヲ去リ箱根ノ山ニ入リテ又下ラズ　本社ニテモ、如何《いかん》トモスルコト能《あた》ハズシテ遂ニ之《これ》ヲ許ス（『高島炭砿史』より）

「大木狂セリ（大木は狂った）」とまで評され、憤慨して箱根に隠れてしまった大木だったが、計画は最終的に認められる。それほど大胆な提案だったのである。この後、大木が工事の途中で病に倒れたため、代わって杉本恵が四代目炭坑長（在任：一九〇八～一一）となる。

一九〇八年（明治四一）発行の高野江基太郎著『日本炭礦誌』は、高島と中ノ島ならびに端島周辺の石炭の埋蔵量について、先の杉本恵らに取材し得た情報をもとに以下のように記している。

高島・中ノ島・端島の三島に於いて、已《すで》に採掘せる区域の関係、及《および》炭層の状況より察するに、三島に於いて包囲せられたる海面は、其《その》底下悉《ことごと》く数多《あまた》の炭層を包蔵せる一大宝庫たるものの如く…、仮に一日一千噸《トン》の出炭をするも、尚《なお》優に百余年の星霜を維持することを得べし（傍点筆者）

建築を生業《なりわい》とする筆者は当初、端島の建築物にばかり目をとられ、三菱の事業全体における高島炭坑の位置づけを十分意識していなかった。だが、端島のような小島に当時の先端技術を要する建築物が続々と建設された経緯を調べていく過程で、高島、端島、中ノ島間の海底に眠る石炭の埋蔵量がどれほど豊富なものとして期待されていたかを知って、初めて腑《ふ》に落ちたのである。その後、端島で進められる高密な都市化は、すべてこの『日本炭礦誌』の記述の延長線上にあったと言っても過言ではない。

一九〇七年（明治四〇）に着工した二子島の坑道開削工事は大木、杉本、そして五代目炭坑長の妻木栗造（一八六九〜一九五三）と三代にわたって引き継がれ、六年後の一三年（大正二）一月、高島と端島のほぼ中間でついに着炭する。ところが出炭を開始したものの炭質は粗悪ですぐには結果を得られなかった。

＊4……三菱鉱業セメント株式会社高島炭砿史編纂委員会編『高島炭砿史』490頁の資料「高島・端間出炭量表」より

＊5……前掲『高島炭砿史』193頁。「中ノ島炭坑は、峯眞興が明治六〜七年中ノ島に来島して地質調査を実施し、一八七五年（明治八）試錘の官許を得て、一八七七年（明治一〇）二月に試錐を開始し、四月深さ五二mで上八尺層に着炭した。その後、諸種準備を整えて一八七九年（明治一二）開削に着手し一八八〇年（明治一三）五月に着炭した」。炭層が高島の北渓井坑と同じ上八尺層で、採掘は残柱式で行われた。ガスの湧出量も少なく天盤岩石良好だったが、出水の問題があった。八四年（明治一七）、官営に伴う大蔵省への借金が返済できずに三菱に払い下げられる。九〇年（明治二三）、三菱が新竪坑を開削。機械通気も行い順調に推移したが坑内出水が増大し、九三年（明治二六）に廃坑となった。

ただし土木技術と電力導入の進展という点で画期的なものがあった。二子島に設けられた坑口は高さ三・六m、幅四・二mの石造で、坑道には長崎造船所・第三船渠《せんきょ》のコンクリート技術が利用された。また当時副坑長だった妻木が欧米に渡って先端技術を学んだ結果、一九〇九年（明治四二）、坑内外に電灯が設置されたほか、翌一〇年（明治四三）には動力としても排水用タービンポンプが初めて導入された。同年、端島においても電力による排水用タービンポンプが設置された。

端島から〈軍艦島〉へ

⑴護岸と埋立の始まり

明治期の三菱によって行われた端島（軍艦島）の埋立は、その目的や時期で大きく六回に整理することができる［図5-6参照］。その変遷を追っていくと、時々の目的に沿った箇所から優先的に埋め立てられていったことがわかる。どの時期にどの区域が埋め立てられ、その結果どのような環境整備に繋がったかを明らかにすることで、建築物で埋め尽くされた稠《ちょう》密《みつ》な海上炭坑都市への形成過程がわかるのである。

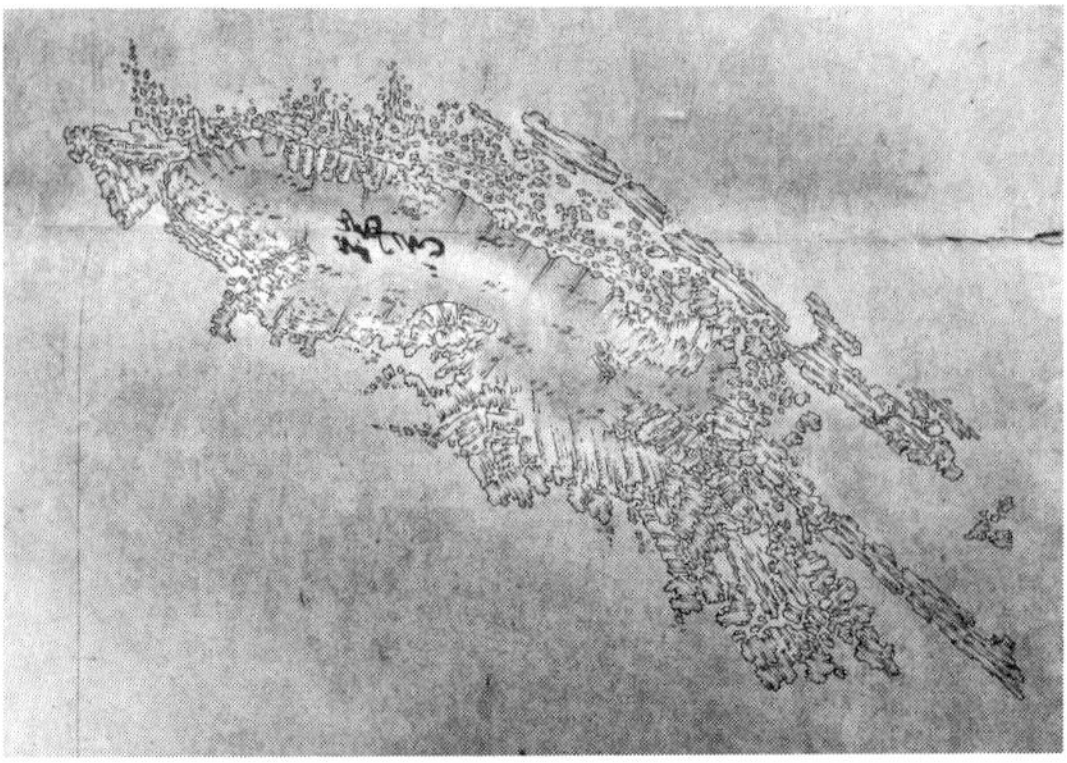

図5-1 1862年（文久2）の「彼杵郡高島図」（端島部分を拡大、長崎歴史文化博物館蔵）

そこで、以降は順を追って埋立の変遷を見ていきたい。

三菱時代になってからの埋立は、まず採炭施設のある北部から開始され、時計周りに整備されていった。護岸の石積みは元々露出していたものや水深の浅い所にある岩礁や岩盤が利用された。埋立土は山地を削った土砂と、坑内から搬出された土砂が利用された。

明治以前の端島の史資料は少ないのだが、一八六二年（文久二）の「彼杵《そのぎ》郡高島図」［図5-1］を見る限り周囲に岩場が描かれるのみの岩礁であり、採炭のために整備されたような場所はまだ確認できない。

次いで一八七四年（明治七）、深堀鍋島家の渡辺聞櫓《ぶんろ》と深堀楳伍《ばいご》が「日本坑法」の取り決めに従い長崎県に提出した「借区開坑願」［図5-2］でも島の形は単純な楕円形に描かれているのみで、埋立の痕跡を知ることはできない。

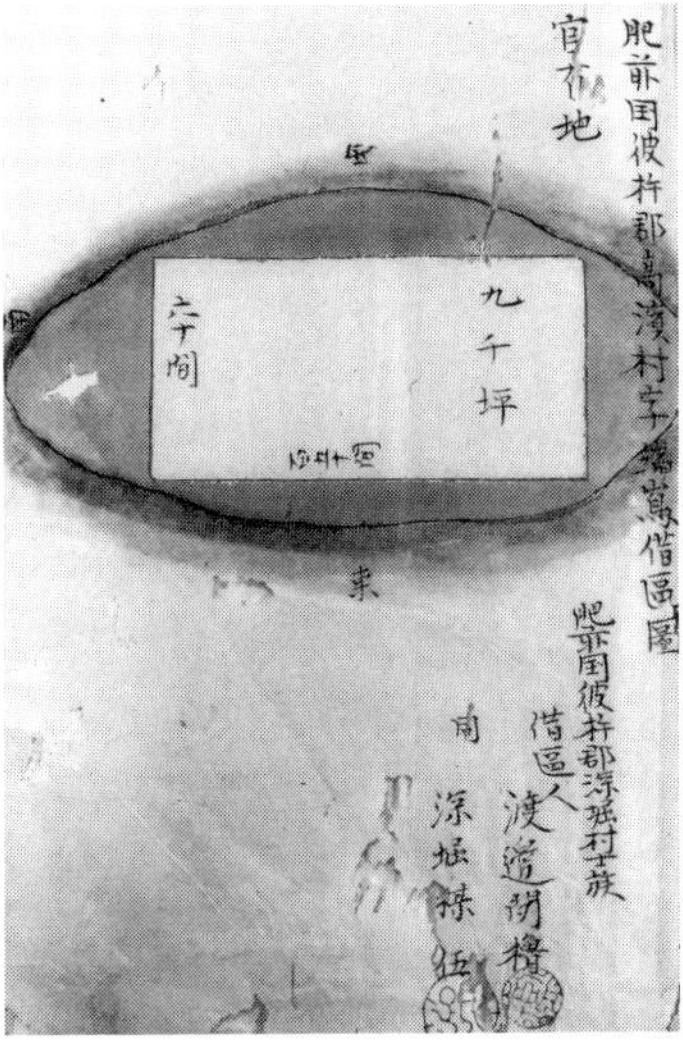

図5-2　借区開坑願、1874年(明治7)。「肥前国彼杵郡高濱村字端島借区図　端島官有地借区域　南北百五十間　東西六十間　九千坪　肥前国彼杵郡深堀村士族 借区人渡邊聞櫓　同深堀楳伍」(長崎歴史文化博物館蔵)

翌一八七五年（明治八）九月一日、当時の端島坑区の「借区人」だった深堀鍋島家の渡辺聞櫓らと天草の棟梁・小山秀《ひいで》が交わした「端島坑業出炭請負条約」［図5-3］の二項目にはこうある。

汐留《しおどめ》石垣破損修繕並《ならびに》ギチ土打直シ、坑内水揚仕繰リ其他、九月一日ヨリノ坑業ニ掛リシ諸入費一切、請負人

相弁シ申スベキ候事[6]

小山が採炭とともに護岸の整備も請け負っていたことがわかる。しかし着手から一〇ヵ月ほど経った翌一八七六年（明治九）六月、坑道に浸水があり、七月には台風で大出水が起きる。同年九月、小山は請負契約を七九年（明治一二）まで延長するとともに、渡辺聞櫓らが設立した「深堀会社」から一万五千円の借金をして復旧にあたった。

『日本石炭讀本』によれば、飽之《あくの》浦《うら》の長崎製鉄所で蒸気機関とポンプ技術を習得した片山逸太（一八三七〜一九一七）が一時、「端島坑（小山秀之進所有）」が排水難で廃絶に頻したのを復活させたこともあるという。このとき護岸も復旧されたはずだが、三菱が採炭を開始する以前からすでに小山ら天草石工《いしく》によって護岸の整備がなされていたのは確かである。

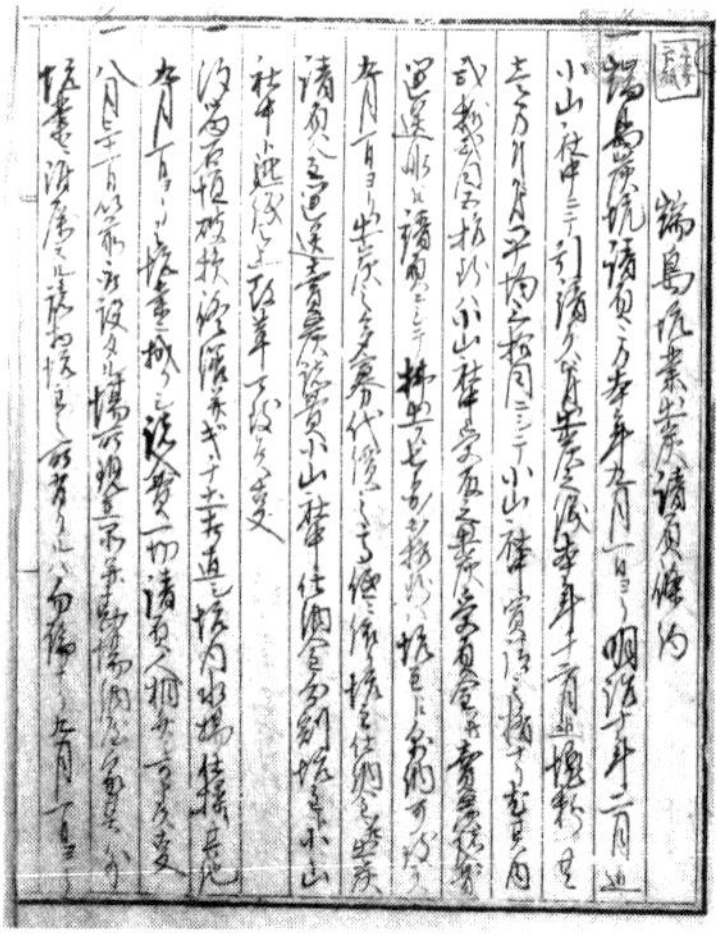
端島坑業出炭請負條約

図5-3　1875年（明治8）の「端島坑業出炭請負条約」（長崎歴史文化博物館蔵）

⑵三菱の関与はいつからか？

三菱期と端島の関係を述べる際に見落とされてきた重要なポイントは、そもそも三菱が端島の開発に関わり始めた時期はいつなのか、という問題である。

一般的には当時の端島の採掘権を持っていた旧深堀鍋島家当主の鍋島孫六郎から、三菱（当時は三菱社）がその権利を一〇万円で譲り受ける旨の契約（「端島炭坑譲渡譲受約定書」、図5-4）が結ばれた時点、すなわち一八九〇年（明治二三）八月をもって三菱期のスタートとする例が多い。『三菱鉱業社史』や『高島炭砿史』をはじめ、世界遺産の登録を申請した当時の文書も同様で、「端島炭坑は、明治二三年（一八九〇）に三菱社が取得して、高島炭坑の主力坑として八〇余年に渡って操業された」と記されている。

確かに一八九〇年（明治二三）は、三菱が端島坑の譲渡契約を締結した年である。ところが、第二章でも触れたように実質的な関与はその七年前の八三（明治一六）に始まっていたのである。

おそらく三菱は、端島の海底に眠る石炭が高品質であり、かつ広大なエリアに広がっていることをすでに認識していたのではないだろうか。その証左に、当初認められていた借区（四万八千二坪）から、わずか二年後の一八九二年（明治二五）には約六倍（二六

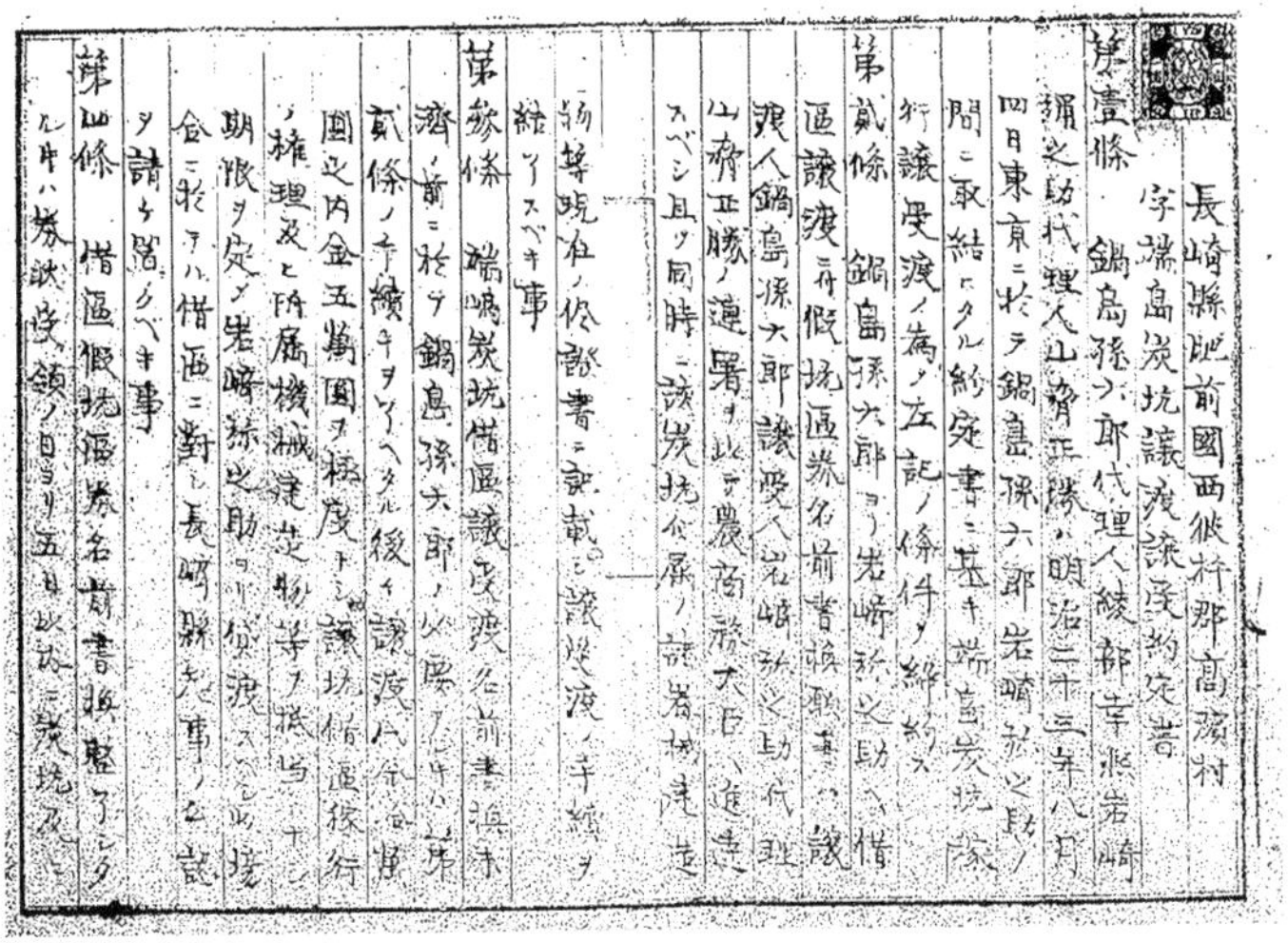
長崎縣肥前國西彼杵郡高濱村
字端島炭坑譲渡譲受約定書
第壹條　鍋島孫六郎代理人綾部幸熙岩崎
彌之助代理人山脇正勝ハ明治二十三年八月
四日東京ニ於テ鍋島孫六郎岩崎彌之助ノ
間ニ取結ヒタル約定書ニ基キ端島炭坑隊
行譲受渡ノ為メ左記ノ條件ヲ締約ス
第貳條　鍋島孫六郎ヨリ岩崎彌之助ヘ借
區譲渡并假坑區券名前書換ヘ事ハ譲
渡人鍋島孫六郎譲受人岩崎彌之助代理
山脇正勝ノ連署ヲ以テ農商務大臣ヘ進達
スベシ且ツ同時ニ該炭坑附属ノ諸建物
物等既在ノ證書ニ記載ノ譲受渡ノ手續ヲ
結了スベキ事
第參條　端島炭坑借區譲受渡名前書換未
濟ノ前ニ於テ鍋島孫六郎ノ必要アルトキハ第
貳條ノ手續キヲ了ヘタル後チ譲渡人ノ名義
團之内金五萬圓ヲ極度トシ該坑借區孫行
ノ權理及ヒ所屬機械建造物等ヲ抵當トナシ
期限ヲ定メ岩崎彌之助ヨリ貸渡スベシ此場
合ニ於テハ借區ニ對シ長崎縣知事ノ公認
ヲ請ケ置クベキ事
第四條　借區假坑區券名前書換整了シタ
ルトキハ券状受領ノ日ヨリ五日以内ニ炭坑及ビ

図5-4　「端島炭坑譲渡譲受約定書」（三菱史料館所蔵）

＊6……条約文中にある「ギチ土」とは、石垣間を埋める赤土と漆喰の混合剤、すなわち小山ら天草石工が得意とした天川漆喰の技法と思われる。

万二坪）にも増区しているのだ〔図5-13参照〕。

ちなみに増区後のエリアは、のちの昭和期までに採掘された区域の範囲をほとんど網羅している。端島の正式な譲渡に何故七年もの歳月を要したかは不明だが、九四年（明治二七）の端島坑に関する三菱の決算書類にはすでに「第七回」と記載されているから、少なくともその七期前、つまり八八年（明治二一）には財務処理を伴う〝事業〟として端島と関わり始めていたと考えるのが自然ではないだろうか。以上はあくまで推測だが、ひとまず順を追って三菱と端島に関する初期の事柄を述べてみる。

まず第一に、三菱史料館が所蔵する三菱の坑山師・長谷川芳之助による測量図〔125頁、図3-13〕だ。長谷川が高島に赴任していた一八八一年（明治一四）ごろに作成されたものと推定される。当時長谷川は高島炭坑の坑内検査役の他に機械師（機械・測量・製図）の助役も兼務していた。当然、炭層の調査も行われたものと考えられる（ただし長谷川がこのとき測量に出向いた目的は不明である）。

二年後の一八八三年（明治一六）、鍋島孫六郎は最初の「借区人」であった家臣の峰眞興から端島の採掘権を譲渡されるが、『三菱鉱業社史』には、実はこの譲渡段階で三菱による坑区の肩代わりが事実上決定していたことが記されている。すなわち同年九月十九日、「日本坑法」の定めるところにより、岩崎彌《や》之《の》助《すけ》は工部卿・佐々木高行から端島の「仮坑区券」を下付されていたのである。以下は、『三菱鉱業社史』に掲載された「仮坑区券」の内容である。

仮坑区券

東京府東京市神田区東紅梅町　士族　岩崎彌之助

官借第二百九十一号（元丙第六号）
長崎県肥前国西彼杵《そのぎ》郡高浜村端島　石炭場　四万八千二坪　但坑区税五百坪ニ付金五十銭
前書之通明治十二年九月四日長崎県肥前国西彼杵郡深堀村士族峰眞興へ致許可候借区開坑今般譲受
（譲受人鍋島孫六郎）之儀差許候……
　明治十六年九月十九日　工部卿　佐々木高行

また当時の採掘状況を垣間見ることのできる史料として、一八八七年（明治二〇）八月、内務省発行の官報（一二五二号）に掲載された「端島炭坑浸水ノ状況」も参考になる。

去ル一二日長崎県西彼杵郡高濱村端島炭坑坑内浸水ノ報アリ…轟然大砲ヲ発シタルニ均シキ響キアリ坑夫等ノ驚愕一方《ひとかた》ナラス皆先ヲ争ヒテ坑内ヲ出テ採坑ノ為ニ入坑シ居タル人員五三名ノ内二一名ハ漸ク一命ヲ全《まっと》フスルコトヲ得タレ残リ三二名ハ此變災《このへんさい》ヲ免ル能《あた》ハスシテ…

坑内の爆発によって起こった浸水事故の記録である。記事では二一名が一命をとりとめ、三二名が事故死及び行方不明となったと報じられているが、逆に言えばこれだけの関係者が入坑していたのであり、一八八七年（明治二〇）の段階で本格的な採炭が始まっていたことの証左である。なお、水が「暴出シタルハ該島ニ数箇所ノ旧坑アリテ其新坑ト相接シタル場所」であった。この時点ですでにいくつかの坑道があったことがわかる。

ここで再び一八九〇年（明治二三）の正式な契約書「端島炭坑譲渡譲受約定書」〔図5-4〕に戻るが、鍋島孫六郎から三菱（岩崎彌之助）へと借区人の名義を書き換えた後「（借区）券状受理日より五日以内に炭坑及び附属物件一切の受渡をなすべき事」、また完了した時は「約束代金十万円を鍋島孫六郎又は代理人へ払渡すべし…」旨が記されている。ただし「仮坑区券」が七年前の八三年（明治一六）の時点ですでに岩崎彌之助に下付されていたことはすでに述べた。

『高島炭砿史』の巻末年表には一八八六年（明治一九）七月、「端島で渡辺元が竪坑《たてこう》開削に着手、一一月二九日着炭（深さ三六m）」との記載があるが、この時期はすでに仮坑区券が三菱に下付された後のことであり、実質的には三菱によって開削が進められていたのではないかと筆者は考えている。

だが、翌一八八七年（明治二〇）、先に述べた浸水事故が勃発。排水に二週間を要し、その後行方不明者の捜索や遺体搬送を行う必要もあった。そのような状況下、同年末には隣島の高島炭坑事件の新聞報道をきっかけに、世論は騒然となる。八八年（明治二一）九月に至ってようやく事態は収束に向かうものの、端島の譲渡をめぐる訴訟[*7]など複合する要因もあり、三菱は長らく対応に追われることになった。

一八九〇年（明治二三）、三菱は鍋島孫六郎から建物・機械等の譲渡を受けたが、『高島炭砿史』所収の「高島炭坑来翰」の九一年（明治二四）分に記載された「端島炭坑　第壱《（一）》回報告」には以下のように記されている。

坑内巻器械　同機械ハ坑外ニ設置シ巻綱ハ井坑《せいこう》ノ一部ヨリ坑内ニ通ジ壱片磐以下石炭箱ノ昇降ニ使用スルモノナルガ其ノ意匠ノ許ス限リハ充分手入レヲナシタル故ニ当分使用ニ差支エナクモ…

坑内の古い機械を修理しながら採炭作業を続けていたことが確認できる。*8 三菱時代の端島坑は、そんな不安定な環境の下で操業が開始されたのである。

⑶ 埋立変遷史の再検討

端島における埋立の変遷については、今まで三菱史料館や東京大学が所蔵する「端島変遷図」［図5-5］に依拠してきた。世界遺産の申請時も同様である。

ところが長崎歴史文化博物館に所蔵されてい

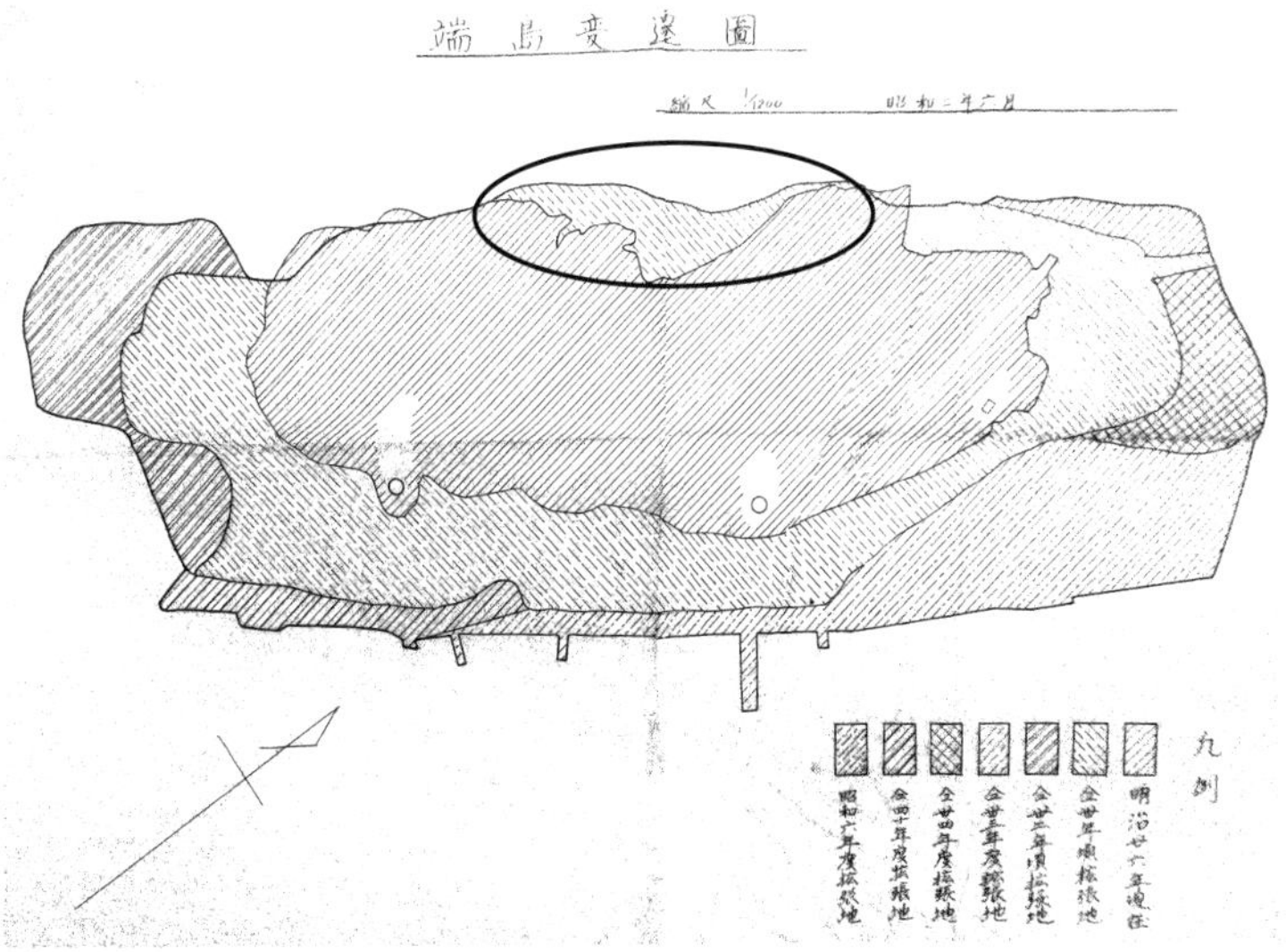

図5-5 端島変遷図（1927年〈昭和2〉6月、縮尺1/1200、三菱史料館所蔵）

＊7……一八九三年（明治二六）、川崎儀三郎が鍋島孫六郎と岩崎彌之助を相手に訴訟を起こした。八九年（明治二二）、川崎儀三郎が鍋島孫六郎に対し、契約金一〇万円のうち三万五千円支払っていたという訴えであった。裁判は九五年（明治二八）まで続き、最終的には三菱と川崎との示談となった。三菱の権利取得には複雑な状況が続いた。

＊8……前掲『高島炭砿史』123頁。「器械ノ部　汽缶。従来設置ノ汽缶ハ径六呎長サ二十七呎ノランカシャ形ノモノ六基ナリシガ内壱基ハ使用ニ適セザルニツキ取除キラリ残五基ノ内第四及ビ第五号ノ弐基ハ堅固ナルモ第一第二併ニ第三号ノ三基ノ烟管何レモ狂ヒタルニツキ新規ノモノト交換」との記述もある。

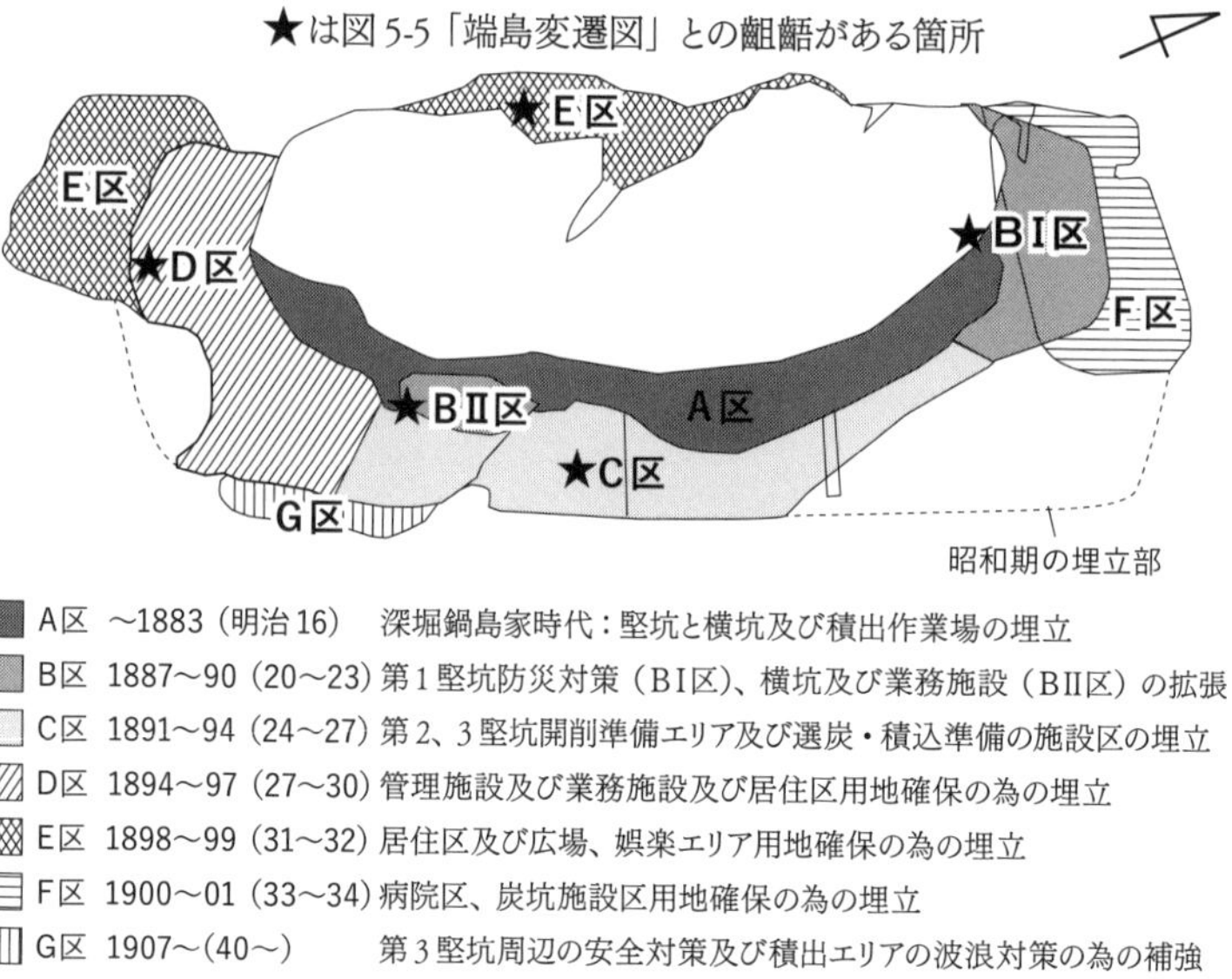

図5-6　筆者の検証に基づいて「端島変遷図」の内容を改定した明治期の埋立変遷図（筆者作成）。島西側のE区は居住区域であり、都市の形成史を辿る上で特に注目すべきである

る史料や長崎地方法務局の明治期の字《あざ》図を詳しく見ていくと、これまで述べられてきた埋立時期と埋立部が食い違うことがわかってきた。特に一八九七年（明治三〇）の埋立による拡張地、すなわち図5-5の島西部（丸で囲った部分）の埋立時期について修正の必要があるようなのだ。ここに齟齬《そご》があると、島の西側、すなわち居住区域の形成過程に大きな影響が生じる。なぜならこの部分は島のほぼ中央部にあって深く入り込んだ入江が人や物の移動を分断し、一体的な居住区の整備を困難にしていた。もし埋立によって容易に土地が確保できていれば、端島の建築があれほど高層化する必要はなかったのである。

　そこでこの齟齬を修正し、三菱が明治期に行った埋立を整理し直してみた〔図5

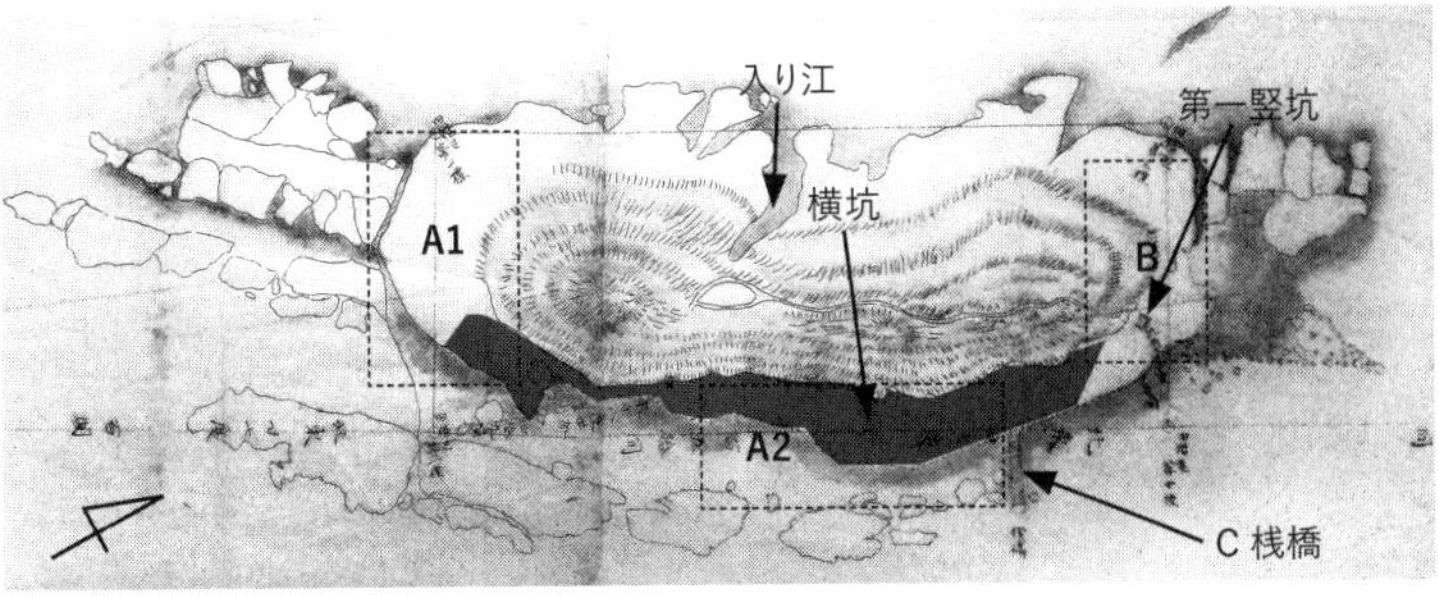

図5-7　1881年（明治14）ごろ、長谷川芳之助が測量した前掲図3-13「端島石炭坑出願坑区実測図」（三菱史料館蔵）に加筆。B部は86年（明治19）ごろ埋土用に山が削られる前の状態

－6］。B区～G区が明治三菱期の埋立にあたる。

ここからは、この間の地形と土地利用の変遷を詳しく見ていこう。まず、三菱が端島の採掘権と設備を正式に譲渡される一八九〇年（明治二三）以前の状況は、坑山師・長谷川芳之助による八一年（明治一四）ごろの測量図［図5－7、図3－13に加筆の上再掲］で確認できる。

北部［図5－7のB］に第一竪坑があり、東部海岸部には桟橋状に突き出した形状がある［図5－7のC］。石炭の積み出し用として利用されたと考えられる。東海岸部は採炭施設区として利用された［図5－7のA2部］。東海岸部以外は南西部の平地から斜面地にかけての区域は作業場や詰所、仮住居として利用された［図5－7のA1］。

次にこれを長崎地方法務局の「長崎税務管理局字図」［図5－8－①］と照合してみた。すると、

字端島2～4（図5－8中の新地番の1409～1411）

と、図5－7のグレーで塗った部分がほぼ一致することがわかった。

ちなみに長谷川の測量図には欄外に「坑口」の凡例がある。東北部には「竪坑」、東中央部に「横坑」の表示もある。図5－7のグレー部分は最初期の深堀鍋島家時代に、坑口の周辺であったため整備された場所と思われる。

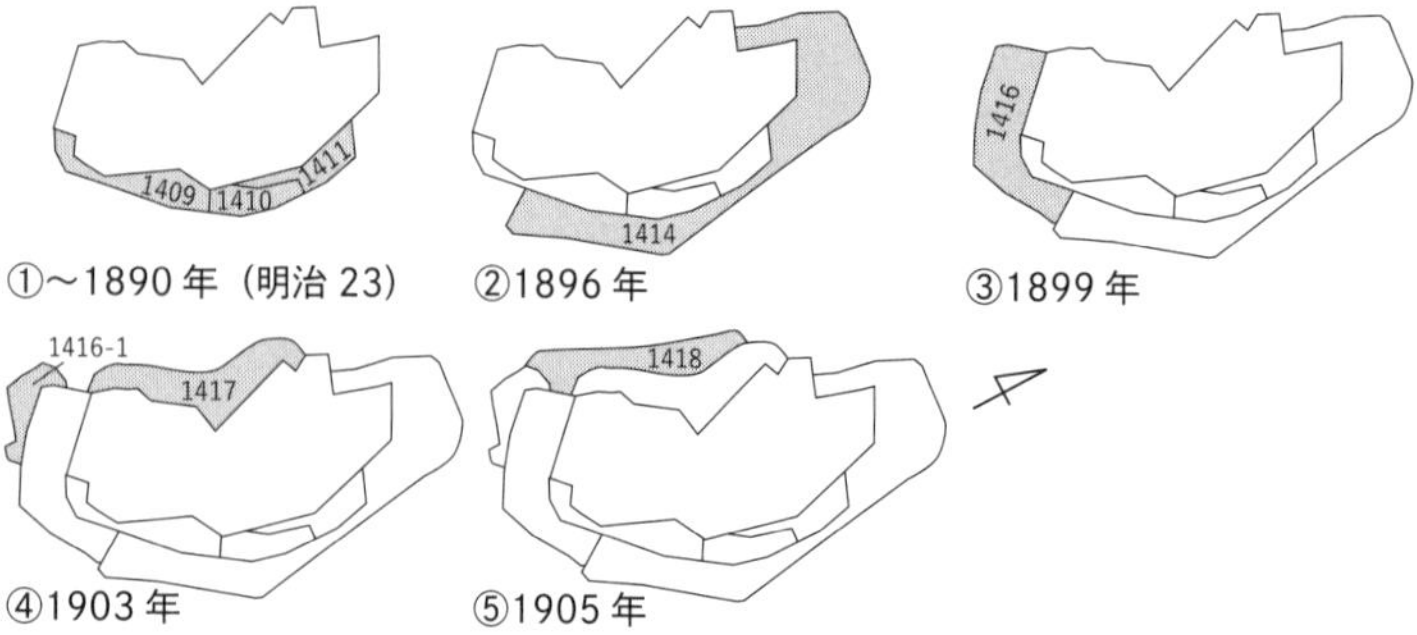

図5-8　新地番字図による埋立の変遷推定図（筆者作成）

次に一八九四年（明治二七）の「端島炭坑鉱区訂正願」［図5-9］と、九七年（明治三〇）の増区申請である「鉱区訂正」［図5-10］を比較すると、この間の地形の変化が理解できる。要点を列記すると以下の四点に集約できる。

①東岸の埋立は、九三年（明治二六）ごろには北半分がほぼ完了。
②東北部に設置されていた栈橋設備が無くなっている。
③東南部の埋立を準備中。第二、三竪坑のためであろう。
④以上により九七年（明治三〇）までには採炭施設区である東南部までの埋立が完了。

次いで南部および西側の埋立申請が一八九七年（明治三〇）、長崎県に提出されている［図5-11］が、申請した形状と実際に埋め立てられた形状に大きな違いがある。当初の計画では島の南北を分断していた入り江を含め西側を直線的に埋め立てて一体化する計画であったが、完成した護岸は西海岸部のうち岩礁がなかった図5-10のA部と入り江付近のB部において、結局計画通りに埋め立てできなかった。問題の入り江部分は埋立整備以降も度々台風で被害を受けたエリアであり、足もとに岩礁がない不安定な地盤であったことが影響したのだろう。

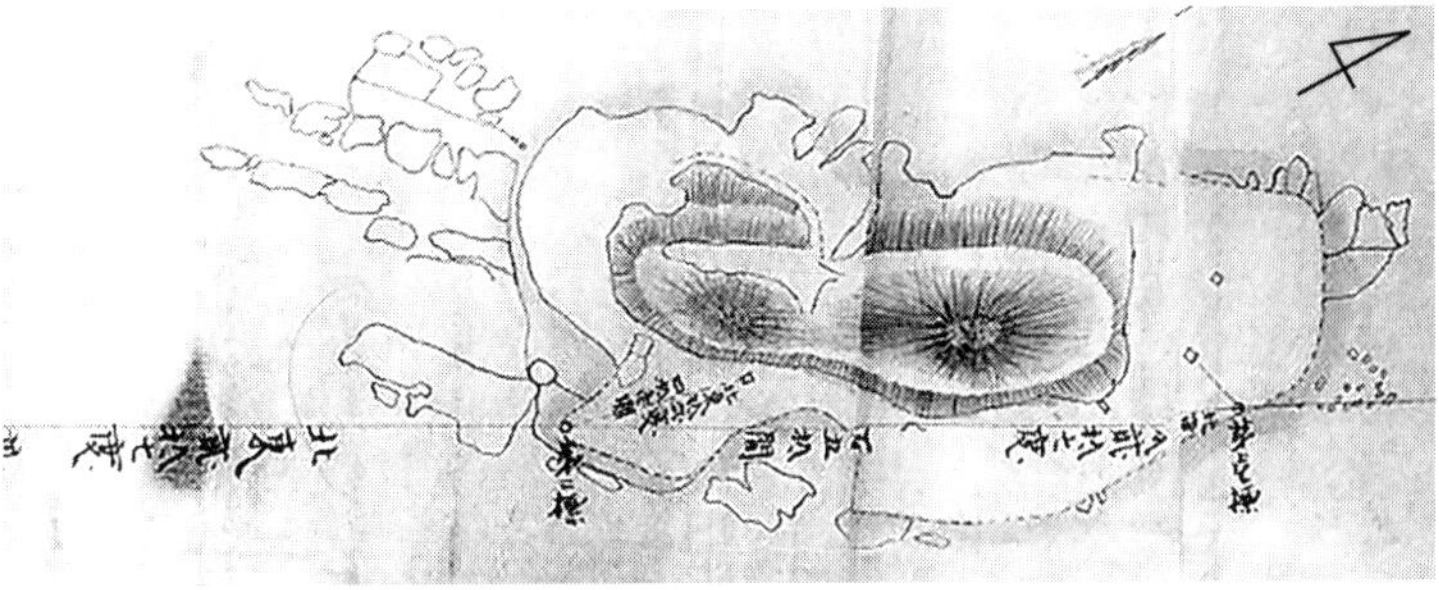

図5-9　1894年（明治27）「端島炭坑鉱区訂正願」（長崎歴史文化博物館蔵）

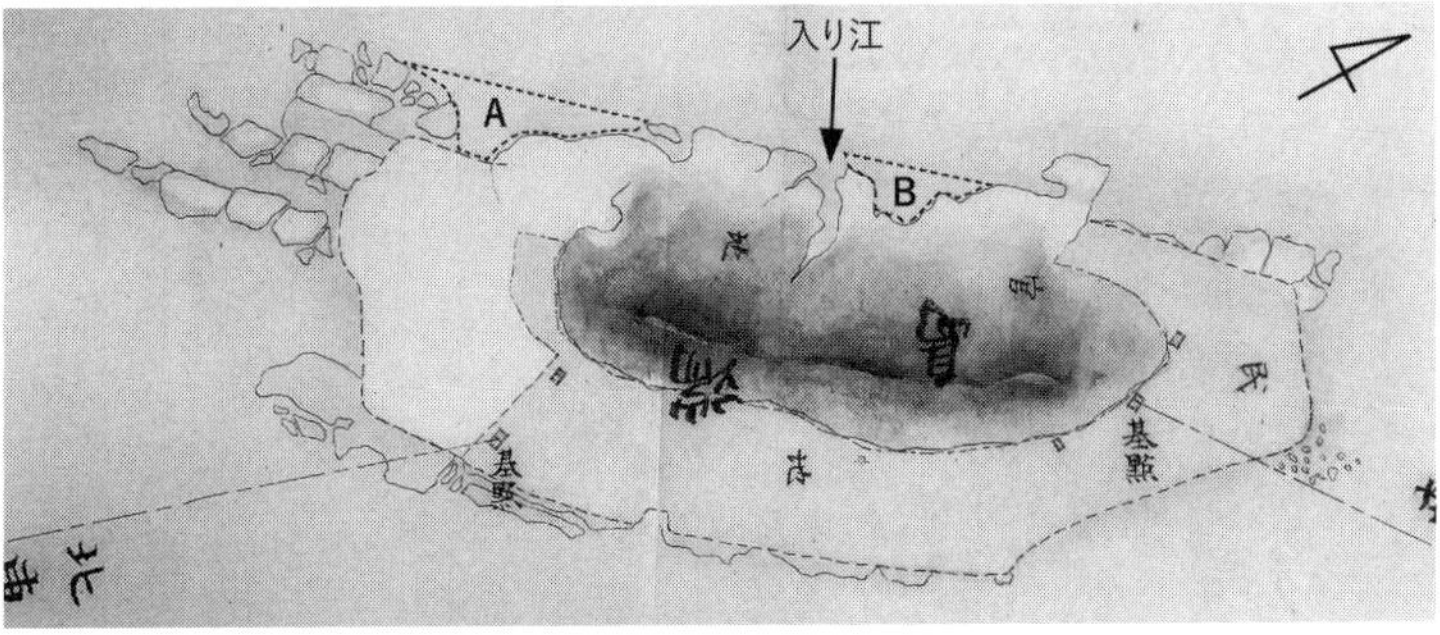

図5-10　1897年（明治30）端島の増区申請のための「鉱区訂正」（長崎歴史文化博物館蔵）

なお、一九〇五年（明治三八）、三菱が長崎県へ提出した「公有水面埋立願添付図」［図5-12］で、工事が完了した状態の地形を確認できた。明治三〇年代（一八九七～一九〇六）までの埋立地を含む土地面積は、土地台帳（＝五万六二五七㎡）と三菱の決算勘定書（＝五万三千㎡）で若干の違いがみられるものの、譲渡を受けた当初の面積（二万七一九〇㎡）の約二倍にまで拡張している。

(4) 海底の大炭田を獲得

一八八三年（明治一六）、端島の周辺海域を含む坑区の広さは、最初の「借区人」であった深堀鍋島家の家臣・峰眞興が旧領主・鍋島孫六郎へ採掘権を譲り渡した時点で四万八千

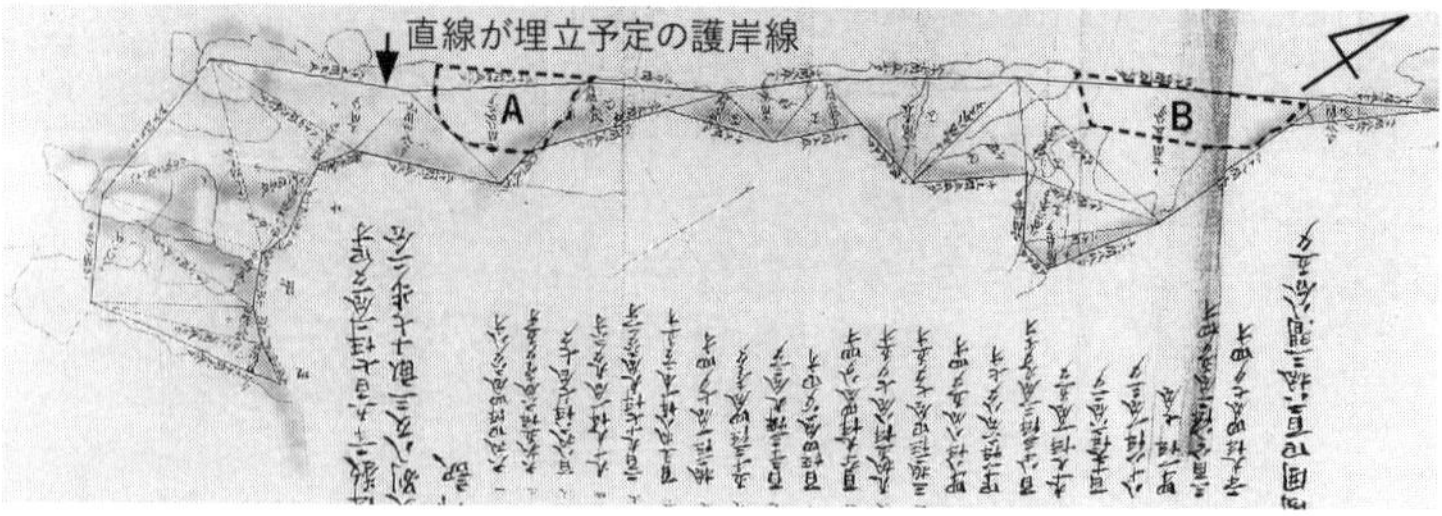

図5-11　1897年（明治30）「海面埋立願添付図」（長崎歴史文化博物館蔵）

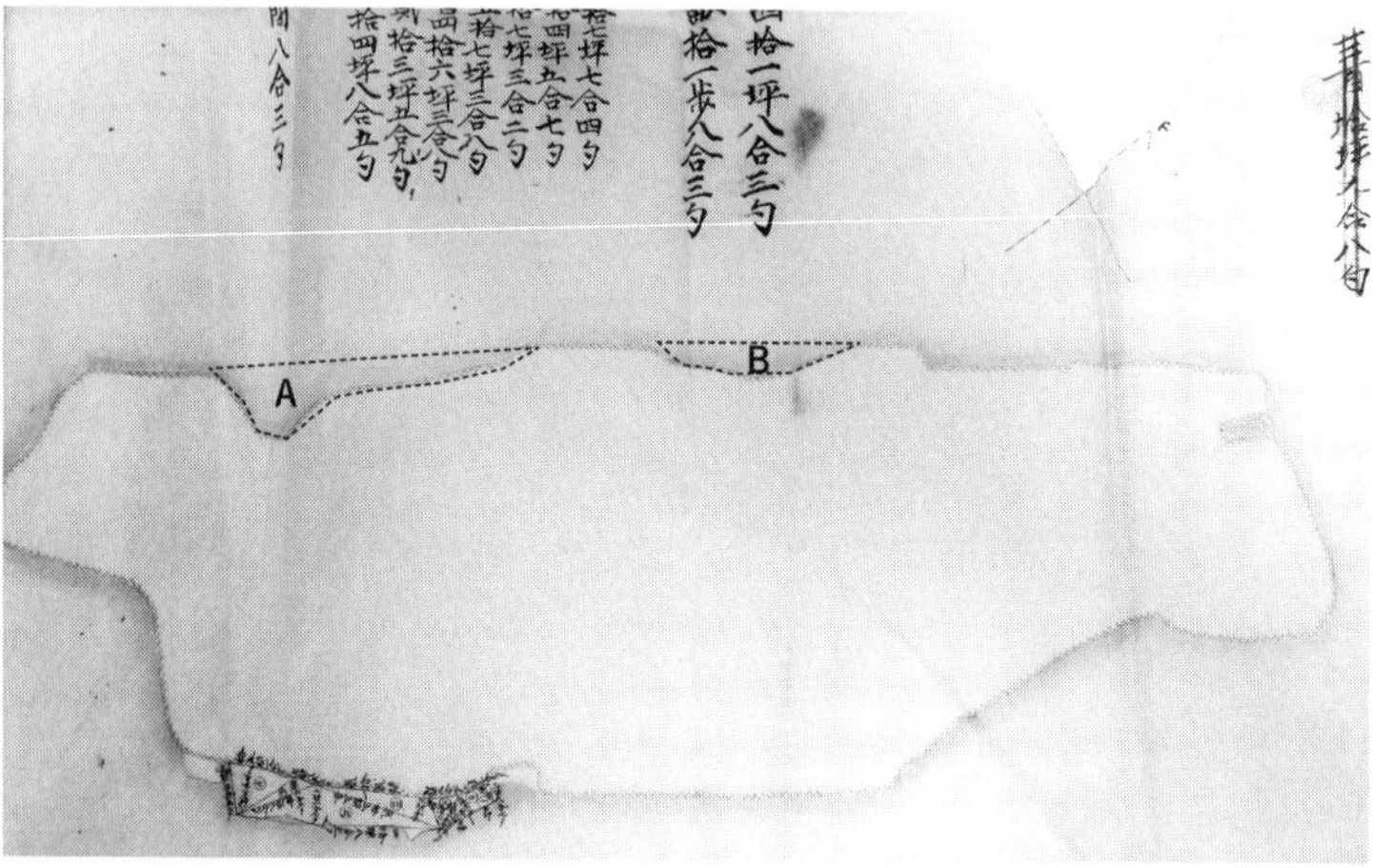

図5-12　1905年（明治38）「公有水面埋立願添付図」（長崎歴史文化博物館蔵）

二坪（約一五万八六七八㎡）であった。

　その八年後、すなわち岩崎彌之助が鍋島孫六郎から正式に採掘権を譲渡された翌年にあたる一八九一年（明治二四）一月、彌之助は海域の「増借区」の願いを農商務大臣・陸奥《むつ》宗光《むねみつ》に提出する。

　前に掲げた長谷川芳之助の測量図［図5-7］には当初の借区が標《しる》されているが、そこには方位北東二七度のライン上に四〇〇間、方位北西六三度方向に一二〇間（約七二七m×約二一八m）の区域が線引きされている。

当時の端島は南北方向約二〇〇間、東西方向約七〇間（約三六四m×約一二七m）の大きさで、周囲には岩礁が露出しており、借区していたエリアも島とその周辺の限定された範囲（四万八千二坪）であった。

ところが彌之助が願い出たのは従来の借区の西側海域に及ぶ二二万二千坪（約七〇万一千㎡）もの広大なエリアの「増区」だった。この海域に眠る大炭田こそ、彌之助が手に入れたかったものだった［図5-13］。一八九二年（明治二五）八月には「端島石炭坑採掘特許願」を提出している。同年六月、「日本坑法」に代わって「鉱業条例」が施行されたため採掘の特許願を改めて提出したのである。願書には「端島全地二六万二坪」（約八六万五千㎡）と記されている。一〇月に特許証が下付されるが、時の農商務大臣は奇しく

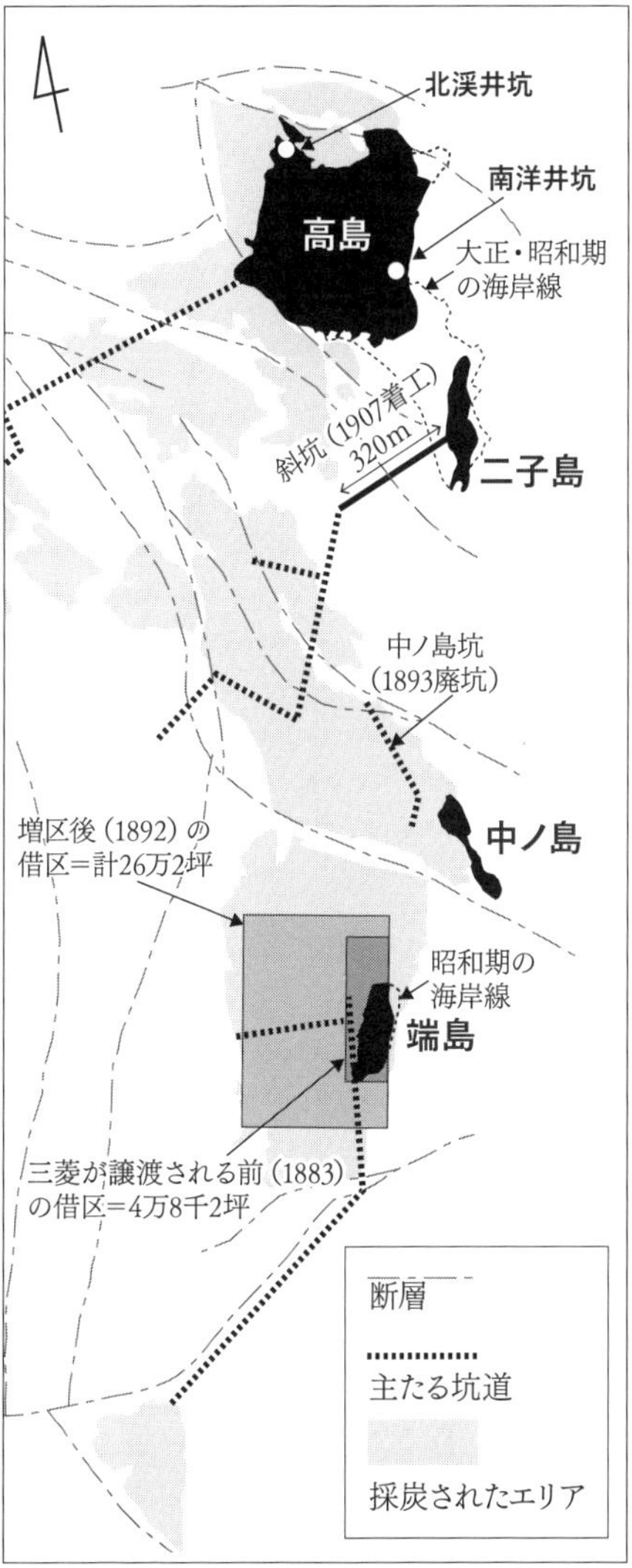

図5-13　二子坑開削図と掘削範囲。掘削完了までの範囲を薄アミで記す（『高島炭砿史』をもとに筆者作成）

も後藤象二郎《しょうじろう》であった。三菱は譲渡時の約五・五倍の坑区を取得したことになる。ここから三菱は、海底炭田を開削するための本格的な準備にかかる。

それ以前は、島の東北部にある第一竪坑を再利用して一八八七年（明治二〇）から第一層（上八尺炭層）の採掘が行われていた。東北部は比較的波浪による被害が少なく、採掘しやすかったのである。

一八九三年（明治二六）、東南部に第二竪坑を開削。翌九四年（明治二七）には第三竪坑を開く。一方で、度々の出水や爆発事故を起こしていた第一竪坑は九七年（明治三〇）の坑内出火を引金に廃坑となった。

明治時代の炭坑を取材した『日本炭礦誌』（一九〇八年刊）によれば、端島では「残柱《ざんちゅう》式」と呼ばれる採炭法がとられていた。炭層の多くは脆弱《ぜいじゃく》で崩壊しやすく、坑内では至る所に松材の組枠等で崩落防止策を行った。坑内排水は蒸気を利用した汲み上げポンプで排水した。通風は深度が深くなると重要な課題となるので、送風機が設置された。

端島坑の特徴に、炭層の勾配が急である点が挙げられる。隣接の高島が東北部において二〇度から二五度、南西部においては三〇度から五〇度の傾斜である。端島の勾配はこれと同程度かそれ以上で、一部は六〇度から七〇度にも至った。坑内の運搬は蒸気を利用する捲揚《まきあげ》機を整備し、炭車を入れ昇降させていたが、蒸気や廃熱が坑内の作業環境を著しく悪化させ、就労者からは不満が出た。坑内ではまだ多くの労務対策や技術的課題が残されていたのである。

なお一八八八年（明治二一）から一〇年間の出炭量を見ると、高島炭坑（高島坑、中ノ島坑、端島坑、横島坑）の出炭量は減少の一途を辿っている［74頁、表2-1］。九二年（明治二五）には合計で年間三九万トン近くの出炭があったが、九七年（明治三〇）には約一六万トンまで下った。中ノ島が九三年（明治二

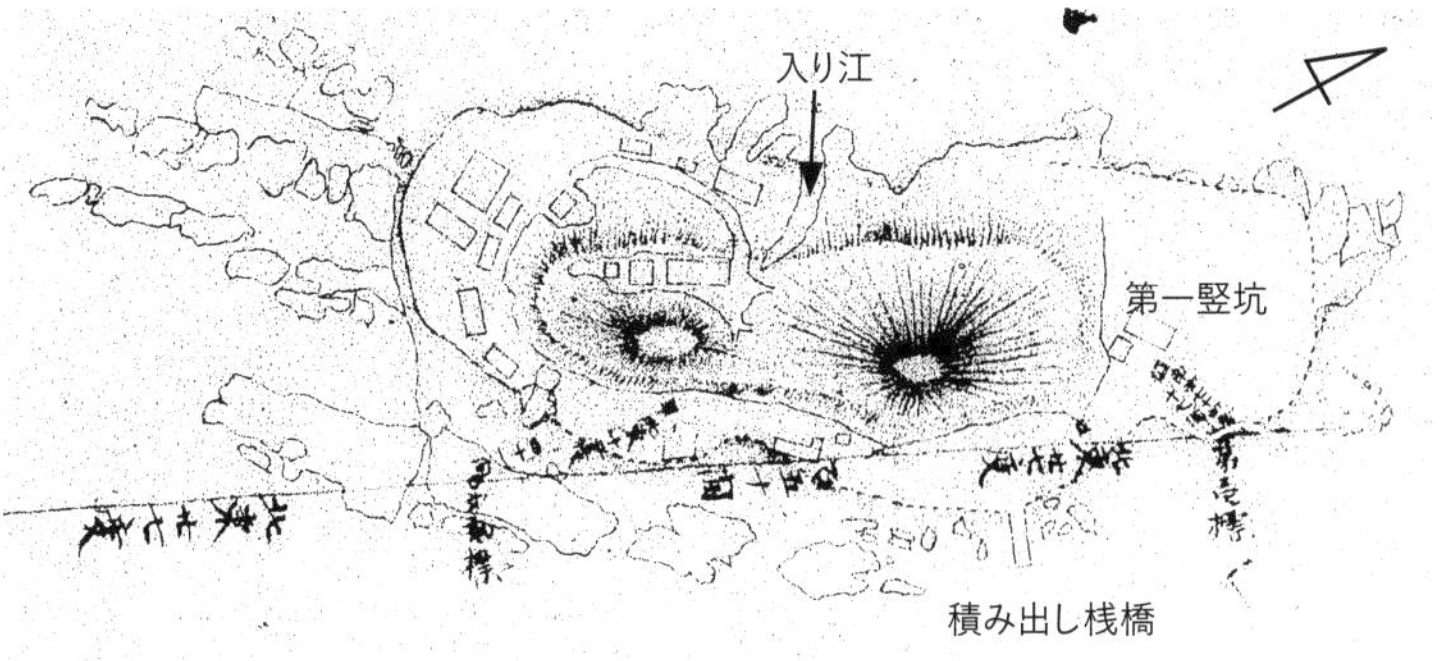

図5-14　1892年（明治25）8月30日「端島石炭坑採掘特許願」（部分拡大図、三菱史料館蔵）

六）に廃坑となったため端島への依存は高まり、九七年（明治三〇）には端島坑の出炭がついに高島坑を超える。その後は端島が長崎周辺における主要坑として推移していくのである。

⑸居住環境の変化

明治中ごろまでの端島の建築物を記録する史資料は少ないが、「端島石炭坑採掘特許願」［図5-14］や一八九〇年（明治二三）の譲渡時の関連史資料、あるいは隣の中ノ島から見た古写真などによってわずかに推測することができる。少なくとも明治一〇年代（一八七七〜八六）の端島の古写真は発見されておらず、ただ「長崎端島炭坑付属地所建物登記証」[*9]に添付の図面で建物の仕様が確認できるのみである。居住施設の大半は木造板葺《いたぶき》平屋であった。

前者の「端島石炭坑採掘特許願」では、採炭関連の建造物や居住施設が確認できる。時期的にはすでに三菱による整備が始まっているが、この図と先述の登記証書の添付図面を照合し、それを元に3DCG画像を作成してみた［図5-15］。

隣の高島の例ではあるが、高島炭坑事件が世間を騒がせていた

＊9……三菱史料館蔵。一八九〇年(明治二三)八月〜一八九二年(明治二五)二月

図5-15　3Dで復元した1890年（明治23）時点の端島（筆者作成、南側から鳥瞰）。右側の東岸から南岸の低部に炭坑関連施設、南西の斜面地を利用して居住施設が配置されていた

一八八八年（明治二一）七月、イギリス人坑山師ジョン・ストダートが英字新聞に寄稿した以下の記事[10]も、当時の生活環境を知る参考になろう。

既婚者と未婚者は別々の棟で生活し、既婚者は四坪（一三㎡）程の広さで、個別に区切られた長屋形式の建物に居住している。未婚者が共同で生活する建物は納屋と呼ばれ、納屋は山の中腹斜面にあり建物規模に差があるが、五〇人から一五〇人がともに生活ができる。納屋どうしは少し距離をおいて建てられている。二つの機能を有する場所があり、坑夫達の居間や寝室部、もう一つは食事部屋と事務室、納屋頭《がしら》の居住区である。坑夫一人に割当てられたスペースは一坪（二畳）程の広さで囲炉裏により暖められて、換気の為の建具があった。建物の床は六〇㎝程地盤から上げてあり、建物の周辺は一日二～三回多量の水で浄化作業が行われていた。

当時の炭坑に多く見られる間取りと配置である。ただし、「五〇人から一五〇人が共に生活ができる」という記述からもわかる通り、この納屋はかなり大きな建物である。なお、前川雅夫編『炭坑誌―長崎

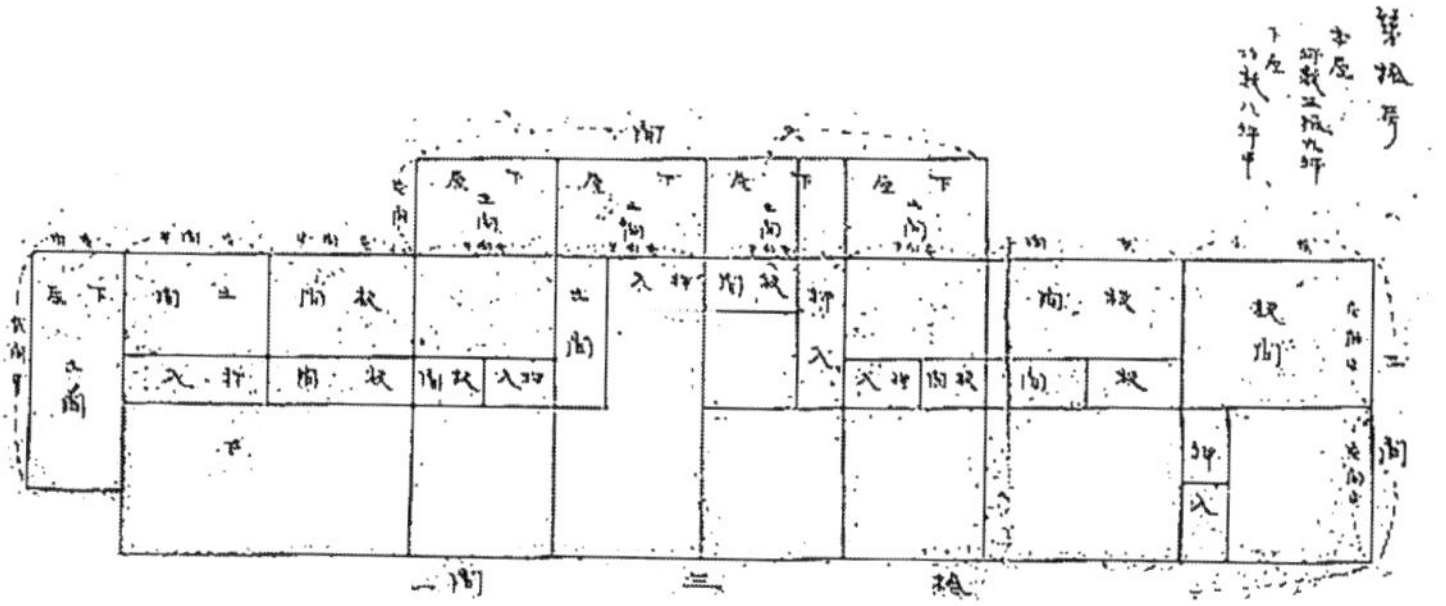

図5-16　明治10年代の端島の納屋（10号棟）の平面図（「端島炭坑付属地所建物登記証写」三菱史料館蔵）

県石炭史年表』によれば、納屋制度下における労働者は、賃金から手数料六％を徴収されたという。その他にも作業着等の必需品や賄《まかな》い（食費＝二五％）を含み六〇％近くが天引きされた。[*11] 第二章で述べたように、高島の労働環境の過酷さは大きく報じられ、社会問題化していた。政府は一八九二年（明治二五）施行の「鉱業条例」で労働者保護をうたったが、その後も納屋制度は伸長していた。

では、当時の端島にはどのくらいの労働者が暮らしていたのか。一八九〇年代初頭の労働者数を、一人あたりの採炭量から推定してみたい。

まず、正確な記録に基づくのが『高島炭砿史』に記された一八九九年（明治三二）の数字で、職工と坑夫で計一三八二名、出炭量は年産八万七一九五トン。よって（職工を含む）労働者一人当たりの採炭量は六三・一トンとなる。

八年遡《さかのぼ》った一八九一年（明治二四）の出炭量は二万九九〇四トンで

＊10……The Rising Sun & Nagasaki Express, July 4th 1888.（日本語訳は筆者）

＊11……前川雅夫編『炭坑誌—長崎県石炭史年表』119頁（原出典『日本労働運動史料』）。「納屋頭ノ所得ハ坑夫事業賃金高ノ六分ヲ手数料トシテ領収シ其他賄料ニテ多少ノ利益ヲ得ル。…坑夫一日ノ賃銭ハ二十五銭ヨリ二十三銭五厘ニシテ賄料其他需要品ヲ差引キ一日ニ得ルモノハ概ネ八銭至拾銭以上ニ当ル…」

ある。これを先ほど割り出した一人当たりの採炭量六三・一トンで割ると約四七五人。時代を遡るほど作業能率は低かったと考えられるので、全体で五〇〇人程の労働者がいたのではないかと推測される。

二年後の一八九三年（明治二六）には七万九二二二トン。換算すると一二〇〇人を超える。加えて護岸工事などの建設従事者や賄い関係者、そこに家族を加えると一五〇〇〜一六〇〇人前後の島民が生活する炭坑町へ成長を遂げていたと推測できる。ちなみにこの年、端島では第二竪坑の開削に着手。居住区は島の西側約二ヘクタールほどの強い勾配の斜面地を利用していたが、すでにヘクタール当たり七〇〇〜八〇〇人という高密さであった。

一八九七年（明治三〇）ごろまでには第二、第三竪坑から南西側が埋立によって拡張され、居住区も拡張される。北西部の斜面も居住区として新しく整備された。九四年（明治二七）には二九棟だった住宅数が三四棟となっている［表5-4］。

また住棟のほとんどは造成が簡便で効率良い配置が可能となるよう、等高線に沿って建てられた。海抜高度の高い部分は三菱の職員社宅に利用され、低地は坑夫（採炭作業員）や土木・建設関係者が生活した。

炭坑町が少しずつ形成されるに伴い、労働者の生活を支える施設も必要となった。一八九三年（明治二六）には三菱社立の尋常小学校が南西部の高台に設置される。

なお水源がない端島では、最も重要な環境整備は飲料水の確保だった。前掲の『炭坑誌』には、高島では「一八八七年（明治二〇）塩分のある旧坑湧水を飲用…本村旧立坪ノ溜水ハ晴天久ク続クトキハ塩気ノ水ナリ」とある。[*12] 高島より後発の端島で飲料用の蒸留水機が設置されるのは一八九一年（明治二四）だが、それ以前は船で飲料水を運搬していたという。[*13] また伝染病の対策としても蒸留水機は不可欠だった。

図5-17　1904年（明治37）に設置された端島の製塩工場（提：軍艦島デジタルミュージアム）

特に、一八八五年（明治一八）のコレラでは多数の死者を出していたからである。

海水から蒸留する副産物として、塩も製造できるようになった。従来、蒸気機関の汽灌用水として使用した後の海水は放棄していた。製塩はその鹹水《かんすい》を利用した副産物であった。なお製塩工場は端島のみならず高島にも建設され、端島では煎熬《せんごう》釜が九口も設置された。一九〇七年（明治四〇）には端島だけで年間一万一〇九三石（一石＝一千合）もの産塩を記録し、県内外で販売されるほどになった。[*14]

(6) 労働環境の改善要求と動力の電化

一八九四年（明治二七）二月、端島の労働者二〇〇人が食事等の改善を要求して同盟罷工（ストライキ）

*12……前掲『炭坑誌』93頁（原出典『日本労働運動史料』）

*13……秀村選三、武野要子、田中直樹、細川章校註『明治前期肥前石炭礦業史料集』447頁。「初め蒸留水を以て飲料とせさりし時にありては飲料及用水とも之を近傍の土地より、船運する者なりしが、蒸留器械を備え付けたる後は洗濯其の用水にのみ他方の水を仰くに過ぎずされど島民は大抵此運搬したる水を購買して飲料に供せり是れ島民が不便の苦情を訴うる所以の一なり」

*14……高野江基太郎『日本炭礦誌』421～423頁。一九〇六年（明治三九）から〇七年（明治四〇）一二月までの産塩額を集計している。

を起こす。労働者は社員や警官の説得を聞かず、納屋等を破壊。翌日午後に警官が出動し、三九人を逮捕して鎮圧した。この年開削を始めた第三竪坑では、炭層の傾斜勾配が大きいことや、採炭現場が海底四八〇ｍと深いことから、送風や排水などの諸問題が発生し、坑道内の環境悪化が進んでいた。

三年後の一八九七年（明治三〇）三月には第一竪坑での坑内出火や廃坑からの海水浸入など、生命を脅かすレベルの事故も発生し、「機械を以て上下する様《よう》に設け呉《く》れざれば就業せず退場せん」[*15]と訴え、結果的に第一竪坑は廃坑となった。

翌四月、ストライキを扇動した二〇名程が端島から高島へ異動となり、いったん騒ぎは収まったが、高島に飛び火する。この時の要求は今までとは異なり、納屋や納屋頭の圧制を糾弾するものとなった。第二章で述べた通り、ついに七月に納屋制度廃止の命令が社長名で出される。

第三代高島炭坑長の大木良直はすぐに労働者の待遇に関する改革の要点を一〇項目にまとめ、納屋頭に「精算金」を渡すことを決定した。改革の要点には労働者の妻帯を促進し、所帯分離を図る方針も提示された。この方針こそが、居住環境整備を伴った端島の都市化へとつながってくるのである。

一方で生産性を向上させたい三菱はこの時期、機械化・電化を導入し、採炭環境の改善を図る。明治期三菱の炭坑における動力源はほぼ蒸気機関に依存してきたが、端島坑の海底炭層は強い勾配の傾斜の上に採炭現場があまりに深いため、排熱処理が課題となっていたのだ。

機械の整備には動力源である蒸気機関が必要となる。ところがその蒸気機関自身が発熱するため、単に設置するだけで問題が解決する訳ではない。動力源確保には根本的な解決策が必要とされた。

電気の専門家で副坑長の妻木栗造（のち五代目炭坑長）は、電化による解決策を立案。一九〇〇年（明治三三)、三〇キロワットのアメリカ製直流発電機を設置し、坑内外の点灯を開始した。『高島炭砿史』では端島における特筆事項として、香焼島の沖合に浮かぶ横島坑とともに設置した、このGE社製発電機を挙げている（ちなみに長崎造船所では一八九七年〈明治三〇〉、飽之浦に発電所が竣工し、すでに発電を開始していた)。

また一九〇九年（明治四二）には端島島内の各住戸に点灯用の電気が配電。次いで一〇年（明治四三)、工費一五万円をかけ、電力によるタービン式の排水ポンプ（一五～三〇馬力）が設置される。蒸気式から電化されたことによって坑内温度は軽減。続く一一年（明治四四）には高島坑に先行して運搬用の電気捲揚機二台も設置した。*16

一九一七年（大正六）には高島の二子坑から中ノ島を経由し、端島まで海底送電ケーブルが敷設された。

---

*15……一八九七年(明治三〇)四月一八日付の『鎮西日報』にこの事故の記事が掲載されている。「同坑(第一坑)は第一層は去(三)月一三日瓦斯より出火し為に同坑々夫を新坑の方へ使用することとなしたけれども新坑は狭隘にして全部を使用すること能はざれば残余の坑夫と坑外の事業に使用したるに給金少なしとて常に不平を吐くものありしが、又々本月一三日第二層坑内に…廃坑より少しく海水浸入し、危険の模様あるより、ほとんど一千余名の坑夫は我々とても生命を賭して就業することは出来ずと言い出し…機械を以て上下する様に設け呉れざれば就業せず退場せんと不服を唱へ…遂に十三日二時頃宇三郎小屋の坑夫等一同不服を唱えて蜂起し出したるを手初めとして全島の坑夫挙って之に応じて同盟休工を唱え出し勢なかなか不穏」

*16……端島坑における排水の電化及び機械の刷新について『日本炭礦誌』に以下の記載がある。「端島坑排水運搬の動力及機械変更工事(一)変更の理由　従来坑内排水用唧筒(ポンプ)及曳揚機械等は、総て蒸気力に依て運転せるも、漸次坑内の拡延に伴ひ温度昇進して操業上の不便少なからざるを以て、是等排水及運搬上の設備、即ち唧筒曳揚機等を変更し、蒸気力に代ふるに電気力を以てし、其効率を増大して、坑内温度の軽減を謀るを目的とし、先に諸機械を外国に注文し、其大半は到着せり……」

図5-18　端島（写真奥）に向かう海底送電ケーブルの敷設工事（1917年、提供：軍艦島デジタルミュージアム）

⑺決算書等から見る住宅整備の進展

三菱史料館が所蔵する史資料の中に、「社史附表　昭和三年一〇月謄写　各炭坑決算勘定書　自明治二七年至三三年と自明治三四年至三九年　三菱合資会社資料課」（以下「決算勘定書」）と記された、二分冊の書類がある。三菱所有の炭坑別決算記録（貸借対照表、決算勘定書、営業勘定貸借試算表、原価勘定表、財産目録等）が収載されている。手書きで、しかも端島坑は単独で決算された期間と高島炭坑の支坑として決算された時期があり複雑だったが、期間中の端島坑の金額を整理してみた［表5-3］。

「決算勘定書」では一八九五年（明治二八）から九八年（明治三一）の間は確認できなかったが、運炭費の経費増加がわかる。

また一九〇一年（明治三四）には高島坑の出炭量が五・八万トンとなり、一八八八年（明治二一）のピーク時（三〇・七万トン）の一九％まで落ちる。すでに中ノ島坑は廃坑となっており、〇二年（明治三五）には高島炭坑全体でもピーク時の五〇％を割ってしまう（一八八八年＝計四〇・八万トン→一九〇二年＝計一八・八万トン）。

経営が厳しさを増す中で、一九〇四年（明治三七）、端島坑は高島炭坑全体の六二％を出炭するに至った。いきおい、端島坑の経営改善が高島炭坑全体の経営を大きく左右する状況となった。

	1894 (明治27)	'99 (〃32)	1900 (〃33)	'01 (〃34)	'02 (〃35)	'03 (〃36)	'04 (〃37)	'05 (〃38)	'06 (〃39)
採炭費	21,325	39,882	42,757	57,817	58,403	53,697	57,2927	61,3607	40,6107
坑内費	56,492	109,488	116,616	172,642	216,547	223,312	171,807	170,516	136,242
器械費	59,436	119,573	128,372	153,087	167,728	149,786	121,782	124,323	141,861
運炭費	64,944	93,067	101,886	106,139	118,875	142,536	181,382	270,086	171,926
売炭費	22,607	16,056	30,105	39,658	36,253	24,386	27,440	33,855	26,660
社費	9,115	27,599	30,956	44,976	47,278	58,007	45,548	43,981	44,689
税金					6,826	4,387	7,316	7,952	4,530
繰越炭代勘定	62,878	84,531	76,364	69,645	87,575	198,458	211,948	96,277	52,725
臨時費	27	2,904	2,293	1,713	1,765	697	284	7,675	103
医局費		6,420	9,703	10,947	12,424	12,563	8,803	9,919	3,339
電灯費				2827	2,557	3,892	5,551	6,305	1,073
雑収入金	2,815	13,484	6,842	9,616	9,091	8,018	6,812	6,598	6,437
売炭勘定	317,020	849,946	802,522	947,445	1,009,535	1,057,864	1,078,509	910,623	826,507
差引貸方残高	19,008	346,979	258,427	307,552	269,009	200,699	262,773	177,146	258,471
貸方・借方合計	325,478	867,395	816,524	974,523	1,034,402	1,083,211	1,110,417	1,014,830	886,695

表5-3　貸借対照表による端島坑の採炭費とその他関連諸経費の相関関係（単位：千円／三菱史料館蔵「社史附表　昭和三年一〇月謄写　各炭坑決算勘定書　自明治二七年至三三年と自明治三四年至三九年　三菱合資会社資料課」をもとに筆者作成)。左項目は「端島炭坑営業勘定貸借試算表項目」を示す

翌一九〇五年（明治三八）は壊滅的な台風被害があった年で、営業利益は納屋制度廃止以来初めての赤字決算となり、〇六年（明治三九）は、創業から閉山（一九七四年〈昭和四九〉）を通じて最低の出炭量となった。経費は全体的に上昇していくが、運炭費、坑内費、器械費をいかに抑えるかが経営上の課題だった。

一方、居住環境整備のため、埋立工事と並行した労働者住宅の整備が急速に進んだ。

まず第三竪坑が完成した翌年の一八九七年（明治三〇）に島南部D区〔図5-6参照〕での埋立が完了。九九年（明治三二）ごろまでには居住地域の西部と南西区E区〔同図参照〕の埋立が完了している。

住宅整備の進展を裏づける地所家屋費に関しては、前出の「決算勘定書」に一八九七年（明治三〇）から一九〇三年（明治三

決算年	1897年（明治30）	'98（〃31）	'99（〃32）	1900（〃33）	'01（〃34）	'02（〃35）	'03（〃36）	'04（〃37）	'05（〃38）	'06（〃39）
住宅	933（坪）	1,282	1,577	1,873	2,208	2,387	2,504	2,504	1,149	1,488
災害仮設住宅									305	442
住宅棟数（仮設含む）	34	45	60	74	84	100	104	104	55	78
事業所	501（坪）	600	646	691	745	812	971	971	1,003	1,053
筆者推定人口	1700（人）				2100			1800弱		

表5-4　財務資料による住宅の延べ坪数と住宅棟数、推定人口の変遷。ただし1899年（明治32）分は資料がなく、前後年の平均値をとった（前掲「決算勘定書」を参照）

六）にかけての家屋整備費が計上されている。また『高島炭砿史』には「高島炭坑月報」等からの転載があり、九九年（明治三二）に職工住居二棟、坑夫住居（旧）五三〜五六号、一九〇〇年（明治三三）には坑夫住居（旧）六五、六六、六八号の工事が行われたとある。要は、納屋制度廃止以降の所帯分離方針に従い、南部の新しい埋立地（E区）で、連続して労働者の住居が建設されたことがわかってきたのである。

当時の財務関連台帳からも住宅整備の進展がわかる［表5-4］。住宅の合計面積は一九〇三年（明治三六）まで増加し続け、納屋制度廃止時の二七〇％まで拡張。一八九七年（明治三〇）ごろには推定一七〇〇人ほどだった島民も、一九〇一年（明治三四）ごろには二一〇〇人程度となった。日露戦争前の〇三年（明治三六）末には一八〇〇人を割るが、この年の住宅面積は二五〇四坪なので、一人当たり面積は約一・四坪（三畳）。納屋制度廃止が行われたころに比べ二・五倍ほど広くなったことになる。一棟当たりの面積は八八％と若干下がり、分棟化の傾向がみられる。これも、所帯分離が進んでいた証左といえるだろう。

図5-19は一八九〇年代以降の建築物の変遷図である。南部埋立地D区西側及びE区［図5-6参照］には、④一九〇五年（明治三八）になると木造二階建の労働者住宅が五列で一五棟配置された。中央部の通り

①1891年（明治24）

三菱による操業開始ごろの様子。北部の第一竪坑付近が新たに埋め立てられ、石炭積出桟橋も設置。東側海岸部は炭坑施設区、南西側は居住区。北西山側は未利用区域

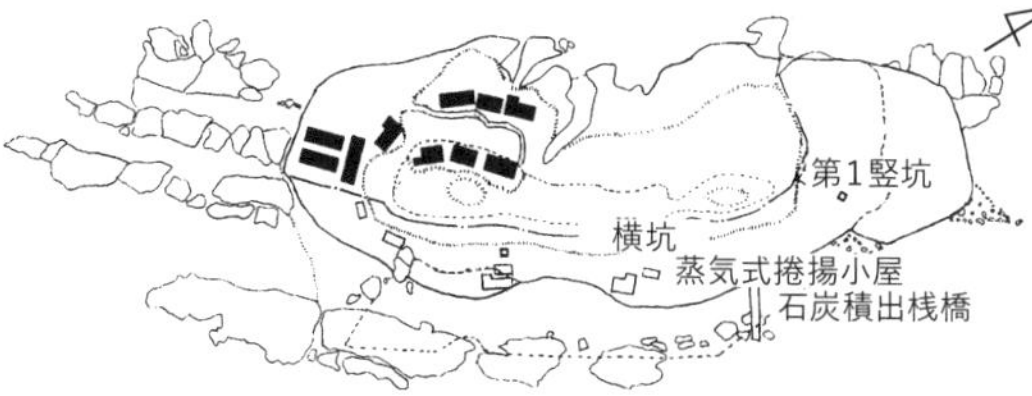

②1897年（明治30）

人口は1,700人ほど。納屋制度が廃止されるころ。南側の埋立が準備中。東側海岸の埋立が進み、南部には第二、第三竪坑の坑口が見える。労働者用居住施設整備が図られ、入り江部の埋立が始まる

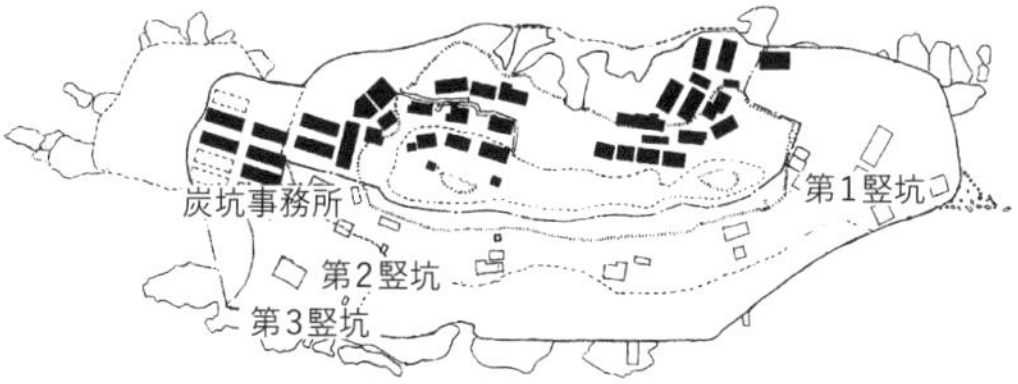

③1900年（明治33）

所帯分離の方針のもと西側埋立地で住宅整備が進む。山頂付近に（旧）小学校設置。第一竪坑が閉坑となり、東南部の第二、第三竪坑を中心に採炭施設区が整備される。入り江部の埋立が完了

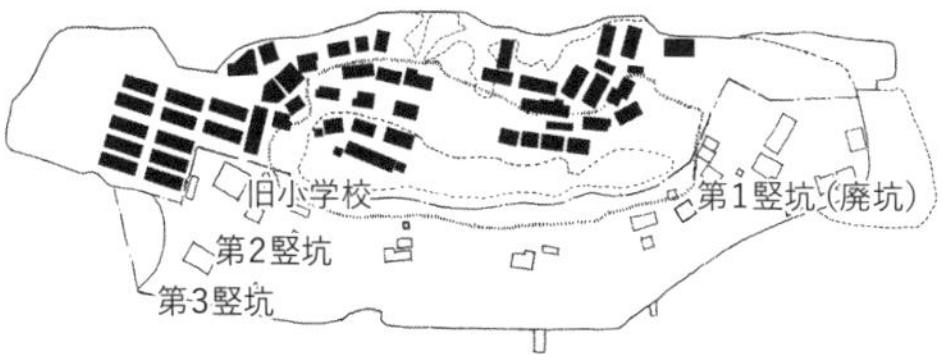

④1905年（明治38）

住宅整備が進み人口は増加するが建設用地確保が困難となる。暴風災害で西側護岸が破壊（破線部）され、全壊社宅30棟／半壊9棟。北部の丘に小学校が移設、医療施設等（北部）や遊興施設（南部）も誕生。採炭施設区には発電所、製塩施設が整備された

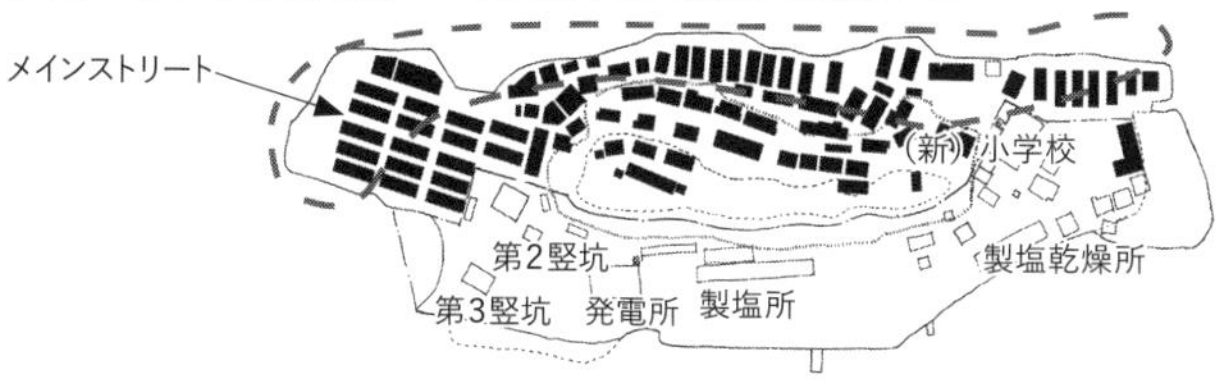

図5-19　「端島石炭鉱採掘特許願」（三菱史料館蔵）や国土地理院測量図、グラバー園の端島の模型等を参照して筆者が作図した端島の建築物の変遷

（東北—南西方向）では住棟の間隔が広めにとられた。式典や祭事などが行いやすいエリアを確保し、メインストリート化されているのである。居住区の整備は単に戸数を増加させるのみでなく、いわば都市的な整備を意図していたことがうかがい知れる。

住宅の規模は一所帯あたり一階が六坪（約二〇㎡）、二階が四坪（約一三㎡）程度の、いわゆるメゾネット式。一〇戸で一棟を標準としたように推測できる。当時の古写真を見ると、屋根は土葺《ぶ》き杉皮下地の和瓦葺きを瓦漆喰《かわらじっくい》で補強、外壁は竹小舞《たけこまい》の土壁の上に縦板張り、二階に物干台が置かれていたことが見てとれる［238頁、図-i］。当時の労働者住宅としては良質であろう。

E区には、演芸場や遊郭等の娯楽遊興施設も誕生していた。こうした施設は炭坑町には必ずといっていいほど付帯していたものだが、海上の孤島という端島の環境もまた、コンパクトながら都市化という方向を決定づける要因の一つとなったと考えられる。

一九〇五年（明治三八）になると棟数も一〇〇棟を超え、北西部の斜面を利用しながら島全体に拡大している。病院、製塩所も整備され、社立尋常小学校も開校していた。納屋制度廃止時に打ち出した妻帯と所帯分離の方針が、このころには達成されていたことになる。

次に、家屋建設の進捗を別の角度から可視化するため、建設費の償却分を除外してグラフ化した［表5-5］。明治三〇年代（一八九七～一九〇六）は所帯分離の方針に伴い妻帯を進めた結果、居住エリアが拡大されていった時期である。当然、家屋造作費も増加していくが、関連費用の償却分を除いた累計が一九〇三年（明治三六）以降横ばいとなっており、建設整備がほぼ止まっている。日露戦争に備え、住宅整備が延期・中断されたためである。図5-19-④を見ると空き地のないほどぎっしりと家屋が並んでお

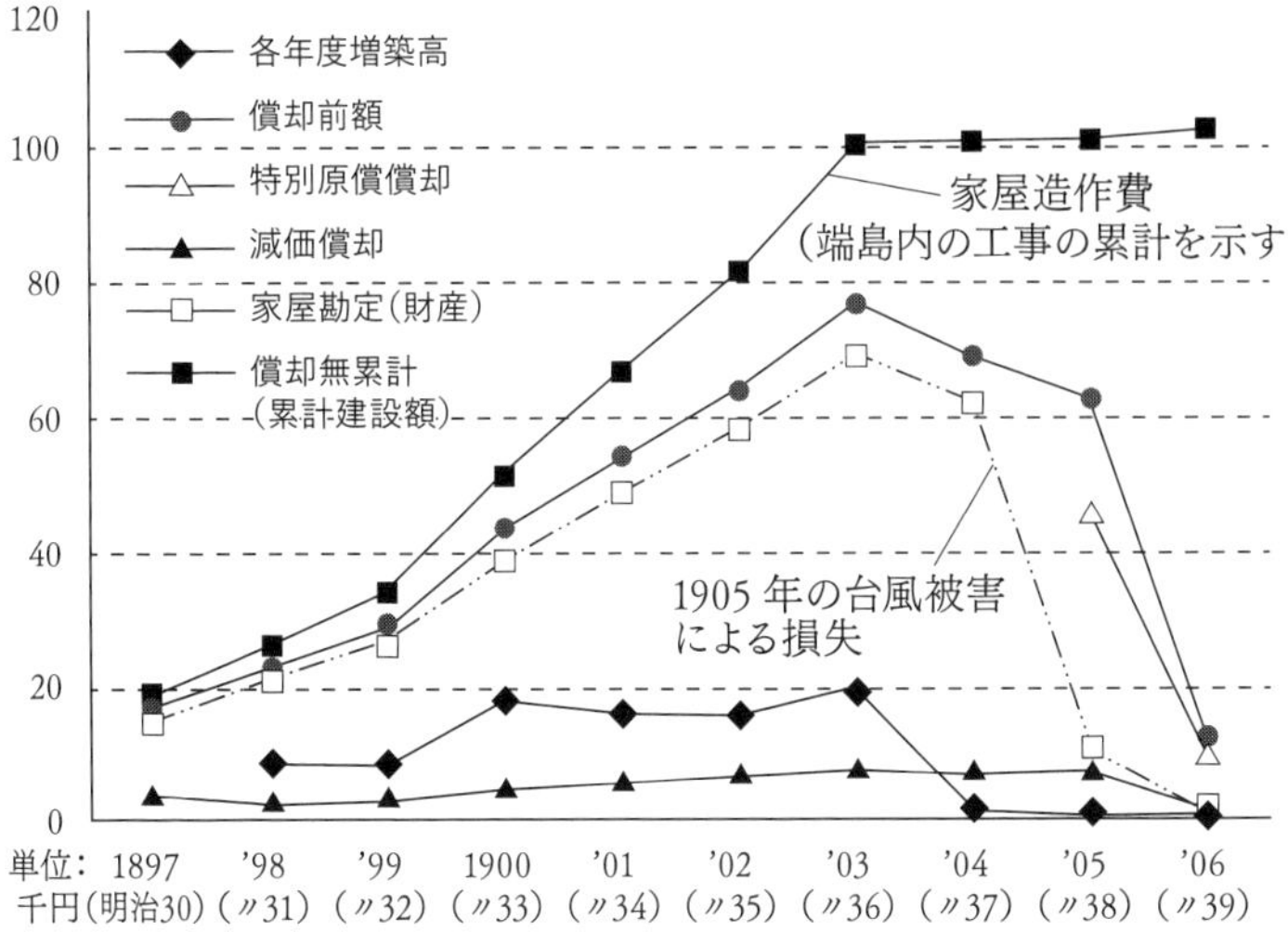

表5-5 償却分を除く家屋整備関連費の累計（前掲「決算勘定書」をもとに、建築償却費を減額して累計建設費をグラフ化）

り、新たな建設が可能な用地もほぼ限界に来ていたこともわかる。また一九〇五年（明治三八）の台風被害で家屋勘定（財産）が下がっていることも確認できる。

⑻台風と労働者不足が生んだ三〇号棟

長崎沖の外洋に面し、度重なる埋立によって土地を拡張してきた端島は、常に自然災害に脅かされてきた。また、端島坑の海底炭層は深く、強い勾配（東北部三〇～三五度、南西部六〇～七〇度）をなしていたため、坑口から坑道への海水浸入は致命的な事故につながる。激しい波は振動を生じさせ、坑内や機械等のトラブルも生んだ。課題が多かったのである。事実、第一竪坑は度々浸水等の被害を受け、一八九七年（明治三〇）の坑内出火をきっかけに閉坑となった。炭層を残したまま閉坑となったのは、隣の中ノ島坑も同様であった。

特に日露戦争終結直前の一九〇五年（明治三八）八月の台風は壊滅的な被害を出した。被害は図5－19－④の太い破線で囲んだ西側と南部の埋立部に集中し、護岸が破壊された。護岸に限らず、防潮堤を乗り越えた大波は低地にある建築物を襲った。埋土による脆弱な地盤が流出する危険もあった。納屋制度の廃止以降に整備された労働者住宅は、そのほとんどがこの台風で被害を受けた。島民の中には離島する者も多く出て、その後の労働力確保に大きな影響を与えた。[*17] 緊急に仮設宿舎を建設したが、二年前の〇三年（明治三六）には一四七四人いた労働者が〇六年（明治三九）には一〇七〇人と、わずか三年で約三割もの減となった。

かたや高島坑でも、一九〇六年（明治三九）に坑内ガス爆発が起き、三〇七人もの死者が出る大惨事となる。[*18] 翌〇七年（明治四〇）当時の状態について、『日本労働運動史料』に以下のような引用記事がある。

> 高島ハ昨年三月坑内瓦斯《ガス》爆発ニ際シ多数ノ罹災者ヲ出シ、端島ハ一昨年八月水災ニ基因シ頓《とみ》ニ坑夫数ヲ減シタル以テ、尓来《じらい》各方面ノ募集ニ従事スルモ特ニ近来一般事業勃興ノ為メ応募者少ナキヲ以テ補充ヲナス克ハズ

三菱は労働力の確保に奔走したが、事故の情報は各地に広がり、坑夫の募集がきわめて困難な状況となった。特に納屋制度廃止以降は三菱が直接労働者の確保を行う必要があり、各地に係員を派遣していた。納屋制度の廃止は大炭田地帯である筑豊諸坑に先んじて行われたにもかかわらず、端島における労働者の定着率は悪かった。とりわけ炭坑労働者（炭坑労働者には機械工、配管工などの諸職工も含まれるが

坑夫＝採炭作業員と諸職工は凡そ半々だった）においては台風被害以降の定着率は一・五倍ほど悪化し、以後二年程にわたり毎月一〇％を超える出入りが続いた。『高島炭砿史』によると、坑夫募集のため医師を含む五名で九州・中国・四国地方の各地に出張を繰り返したという。[*19] 端島坑では労働力の確保と定着率の改善という二つの課題を解決する必要があった。

労働力の確保に対する根本的な対策がなされないまま、一九一四年（大正三）にも暴風雨の被害が起きる。同年六月の台風では桟橋が流出するなど大被害が出た。

さて、『三菱社誌』所収の「高島炭坑起業費追加認許」には、この台風被害に関する復旧費用の項目として「四階建坑夫社宅」と記載された箇所がある。これこそがのちの三〇号棟である。日本初の鉄筋コンクリート造高層住宅して知られる三〇号棟の建設計画は、台風被害が直接の起因となって開始されたのである。

＊17……前掲『炭坑誌』に、当時「東洋日の出新聞」で報道された被害状況に関する記録が掲載されている。「台風で避難、不満続出、二二三名を即日解雇、暴風雨で納屋三〇棟全壊、九棟半壊、二〇万円の損害。納屋住八五〇人（家族とも一二〇〇人）病院・小学校に収容。今まで三人五人と限られて起居していたものが一堂に集合したため、談話の種は進んで坑夫対炭坑社の問題に移り、或者は待遇酷薄…食物の不足、給料の不平、事務員の傲慢…一時に平素うっ積し自分勝手の不平を持出…がやがやとさわぎ始め、同盟罷工などの激語も聞こえ、漸く不穏の形勢を示し殺気立ち…重（主）立つ事務員ら集会の末、断固たる処理をとることを一決……」

＊18……前掲『炭坑誌』162頁（原出典『筑豊石炭礦業史年表』）。「一九〇六年（明治三九）三月二八日　三〇七名が死亡、直後の報道では家族持ち一三九名、独身一六八名」。また別の報道では「炭坑労務者二三二名役員三名その他二一名」とある。

＊19……原出典『筑豊石炭礦業史年表』。一九〇七年（明治四〇）の端島の労働状況として「坑夫募集人は応募者一人に付三円ずつの手数料を得る　炭坑を楽園の如く吹聴し、世人を欺瞞②坑夫は何れも故郷忘れ難く、募集人の舌端に欺かれたるを悔いている③会社は淫売婦を雇い随所に淫売店を開業させ更に賭博を奨励④坑夫はあわれこの陥穽に落入り、前借の弱身に自由を縛し去られている」とある。

〈軍艦島〉誕生への〝三つの画期〟

ここからは、前節の最後で触れた三〇号棟の建設を皮切りに端島（軍艦島）が鉄筋コンクリート造建築によって高層都市化していくまでの過程を、三つの段階に分けて再度整理しておきたい。

第一段階：納屋制度廃止と居住施設整備

日本最初の近代炭坑で起きた高島炭坑事件は、経営と労務管理の大きな矛盾を表面化させることになった。納屋制度の廃止は一八九七年（明治三〇）に実施されたが、これまでも述べてきたとおり、間接雇用から直接雇用への大転換を行うにあたって所帯分離と婦女使役の方針が打ち出された点は注目に値する。所帯分離は同盟罷工（ストライキ）対策でもあったが、そのためにはまず居住施設の整備が必要となる。

端島における居住区の埋立は、納屋制度廃止と時を同じくして南部区域から始められ、西部区域へと進む［図5-6参照］。居住施設が次々と整備されていった結果、納屋制度廃止時と一九〇四年（明治三七）の土地台帳のデータを比較すると、わずか八年の間に一四〇％まで土地が拡張されたことになる。住棟数で三〇五％、床面積は二七〇％まで増大している［表5-4参照］。労使対策と軌を一にした住環境整備は、一定の実績が上がっていた。

第二段階：復活をかけた二子坑開削

日露戦争終結を目前にした一九〇五年（明治三八）八月、台風によって住宅三〇棟が全壊し、九棟が半壊するという未曾有の被害が発生する。納屋制度廃止時に三四棟だった住宅は一〇四棟まで整備が進んでいたが、埋立地域の居住施設の大半を失うことになる。三年後の〇八年（明治四一）にも再び台風が襲来。一三年（大正二）にも暴風被害が発生する。さらに翌一四年（大正三）は六月、七月、八月と、たて続けに暴風被害が発生。端島における採炭は災害との闘いでもあった。

中ノ島坑が一八九三年（明治二六）、わずか九年で廃坑となって以降、高島炭坑全体での出炭量は減少を続けていた。復活をはかる三菱は二子坑の開削に巨額の資金を投じる。一九〇七年（明治四〇）に着工した開削工事は一三年（大正二）一月、高島と端島のほぼ中間部で着炭し出炭を開始したが、炭質は粗悪で、すぐに期待した結果を得られなかった。翌一四年（大正三）、「胡麻《ごま》五尺層」と呼ばれる炭層からの出炭が開始されたが断層が多く、続く「磐砥《ばんと》五尺層」でも掘削は中断を余儀なくされる。一五年（大正四）に入り坑内外設備の新設・増強が進められたが、同年に掘削を開始した「新五尺層」も断層が頻出した。

結局二子坑の出炭環境は好転せず、二子坑が採炭を開始した一九一三年（大正二）から一〇年間の出炭量を平均すると、高島炭坑全体に対する内訳では端島坑が五〇％を超え、高島坑は三〇％弱、二子坑は二〇％弱であった［表5-6］。

また、これまで端島の居住区埋立事業は南部と西部で進められてきたが、うち重なる台風、暴風によって脆弱さを露呈した。安定操業を目指した三菱は施設整備を見直す必要に迫られた。

	高島坑	構成比	二子坑	構成比	端島坑	構成比	合計
1913（大正2）	66,008	28%	8,785	4	162,363	68	237,156
'14（〃 3）	72,869	29	16,834	7	158,910	64	248,613
'15（〃 4）	65,042	28	24,885	11	139,046	61	228,973
'16（〃 5）	56,054	25	22,715	10	142,779	64	221,548
'17（〃 6）	73,012	28	56,622	21	133,990	51	263,624
'18（〃 7）	67,349	25	60,491	23	138,909	52	266,749
'19（〃 8）	75,866	28	68,819	26	123,239	46	267,924
'20（〃 9）	89,448	29	81,627	27	134,093	44	305,168
'21（〃 10）	107,791	32	87,383	26	139,442	42	334,616
'22（〃 11）	91,089	28	89,734	28	141,615	44	322,438
各支坑計	764,528	28	517,895	19	1,414,386	52	2,696,809

表5-6　高島、二子島、端島各坑の出炭量（単位：トン）と構成比の変遷（1913〜22年『高島炭砿史』記載のデータをもとに筆者が作表）

第三段階：一九一四年（大正三）の台風被害

一九一四年（大正三）六月の台風は高島や端島だけでなく、三菱・長崎造船所の構内施設にも大きな被害を及ぼした。同年七月二三日から二九日にかけ、社長の岩崎久彌《ひさや》が視察のため来崎していたが、久彌の滞在中にも台風が襲来し、被害が生じた。八月には三度目の暴風襲来があり、端島では坑夫住居エリアの一部埋土が流出した。

八月二五日、台風の災害対策費が緊急に予算化される。うち端島関連の予算が九件で、主要な三件は①「四階建坑夫社宅」の建設費が最も大きく二万七八八〇円、②「雇人坑夫社宅被害復旧工事費」が一万七四〇円、③「南岸鉄筋コンクリート突起工事費」が一万四千円。うち、①の「四階建坑夫社宅」こそが日本最古の鉄筋コンクリート造高層住宅として知られる三〇号棟の建設費である。最終的には七階建で建設された三〇号棟は当初、四階建で計画されていたのである（ただし同年からすぐに増築が始まっている）。

誰が三〇号棟を建てたのか？

三菱建築陣との接点

一体誰が端島（軍艦島）の三〇号棟を誕生させたのか？　設計者は誰なのか？　これは、著者が研究を始めたころから抱いていた素朴かつ大きな関心事だった。

三〇号棟が完成したのは、一九一六年（大正五）のことである。これまでも触れてきたように、三菱には明治から大正期にかけ、曾禰《そね》達蔵や保岡勝也《やすおかかつや》、本野《もとの》精吾《せいご》、内田祥三《よしかず》、桜井小太郎《こたろう》ら、綺羅《きら》星のごとき建築家が所属した。このうち曾禰は〇六年（明治三九）に三菱を退職して顧問となっていたので、直接三〇号棟の建築には関与していないはずである。

曾禰の後任の保岡も一二年（明治四五）に退職し、独立して事務所を構えていたが、翌一三年（大正二）までは嘱託としての籍を置き、丸ノ内の三菱館の設計に関与した。特に一三年（大正二）に竣工した丸ノ内の一四号館［177頁、図4-24］はわが国における草創期の全鉄筋コンクリート造事務所建築である。これを皮切りに、丸ノ内の三菱館は鉄筋コンクリート化の口火が切られる。

またこの年、保岡の下で建設が進められていた三菱合資会社若松支店［181頁、図4-27］が竣工。外観は装飾が少なく、モダニズム建築へと移行する過渡期の革新的デザインだと言える。内部空間［186頁、図4-32］にこそ装飾があるものの、光の取り入れ方、平面構成には端島の三〇号棟と共通する印象を受ける。

三〇号棟の建設費が計上されたのは端島が三度の台風により大被害を受けた一九一四年（大正三）八月末のことだったが、この時点で保岡はまだ何らかの形で三菱と繋《つな》がっていた可能性がある。ここでは保岡の経歴に再び注目しながら、三〇号棟誕生に至る背景を紐《ひも》解いてみたい。

保岡が渡欧した一九〇八年（明治四一）ごろは、革新的なモダニズム建築運動がひときわ活発化した時代であった。保岡は英、独、仏、ベルギー、スペイン等欧州諸国からアメリカまで建築先進諸国を視察した。

保岡は一九〇四年（明治三七）の『建築雑誌』（二〇九号）に「住家の室内装飾に於て」を投稿。翌〇五年（明治三八）一〇月から翌年一一月にかけて、「室内の採温及び換気」と題した論文を断続的に連載している。三菱から独立後も『理想の住宅』、『最新住宅建築』『日本化したる洋風小住宅』『欧米化したる日本小住宅』など、個人の住宅に関する画期的な啓蒙書を刊行している。

一九一九年（大正八）の『建築雑誌』（三九〇号）には、学会での講演記録「今後の都市住宅」が掲載されている。都市の居住が混乱を来している現状を指摘し、大都市においては、大邸宅は中心部から離し、あるいは敷地規模を小さくして残すべきであると論じている。都市計画的な視点である。中流の住居に関しては海外の事例を示しながら、共同居住を含めコンパクトにする必要があるとし、都市計画や景観の視点をまじえつつ、住宅建築にも建築家が積極的に関わることの必要性を訴えている。

この時代、住宅問題に積極的に取り組もうとした建築家はまだ少なく、保岡が「わが国最初の住宅作家」（内田青蔵『日本の近代住宅』）と呼ばれる所以《ゆえん》である。保岡は欧米の事情に触れ、都市の進展に伴う住宅問題に積極的にコミットしようとしたのであろう。保岡は以降、地方の銀行をはじめとした商業建築なども手がけていったが、三菱との直接的な関係はやはり確認できない。

ちなみに本野精吾、内田祥三、桜井小太郎はともに時代を代表する建築家として、三菱退社後も活躍した人物である。本野は東京大学在学中からアール・ヌーヴォーに影響を受け、欧州の動向に興味を抱いていたが、一九〇八年（明治四一）に三菱を退職後、京都高等工芸学校（京都工芸繊維大学の前身）の教授となる。その後留学したドイツで勃興していたペーター・ベーレンスらドイツ工作連盟の活動にふれ、最初期のメッセンジャー役を務めた。ただし帰国後、三菱との接点はない。

内田も三菱で経験を積んだ後、一九一〇年（明治四三）、東京帝国大学大学院に入学し、鉄筋コンクリートの研究に取り組むが、それ以降の三菱との接点はないようである。内田はその後、安田講堂をはじめとした同大構内の鉄筋コンクリート造校舎群を手がける。

桜井は東京帝国大学の選科生であったがコンドルの下で実地指導を受け、一八八九年（明治二二）ロンドン大学に入学し主席で卒業後、帰国して海軍技師となったのち、一九一三年（大正二）、曾禰の誘いで三菱に入社した。丸ノ内の旧丸ビル（一九二三年）を手がけたことで知られる。桜井の在任期間は三〇号棟の建設計画が進められていた時期と重なるが、桜井と三〇号棟の関係も確認できない。

アメリカ人が原設計？

長年にわたる端島の調査で知られる東京電機大学名誉教授の阿久井《あくい》喜孝《よしたか》は、端島坑閉山直後からの調査をまとめた『軍艦島実測調査資料集』の中で、三〇号棟（一九一六年）や日給社宅（一六～一八号棟、一九一八～二〇年、二二年に一九～二〇号棟）は、「アメリカ人の原設計を下敷きにして、土木工学上の知識と経験を十分備えていたはずの炭坑技術者が、当時のＲＣ建築の先例を参考にしながら独力で実施設計と施工管理にかかわった」ものか、あるいは当時下請として端島に入っていた「清水組の技術者が試行錯誤的に実施設計を行い且つ施工したものではないか」と推測している。

阿久井の推測は、「カーンバー・システム」と呼ばれるアメリカ由来の鉄筋コンクリート工法で使われる鉄筋が三〇号棟や日給社宅で使われていたことが根拠となっている。このカーンバー・システムは、フランスの「アンネビック工法」とともに当時の鉄筋コンクリート技術の主流であった。

ちなみに清水組（のちの清水建設）は三〇号棟建設前の一九一四年（大正三）、カーンバー・システムを駆使した日本製粉久留米工場（鉄筋コンクリート造六階建）の施工を手がけており、阿久井はその経験を流用したのではないかという。

だが、すでに丸ノ内の三菱館においていくつもの鉄筋コンクリート造建築を生み出していた当時の三菱にとって、ことさらアメリカ人の設計指導が必要だったとは思えない。むしろ、阿久井らの実測調査で発見された、カーンバーの鉄筋と炭坑資材のワイヤーロープを併用（転用）させるというアイディアのほうが興味深い。三〇号棟の建設時、第一次世界大戦の余波で欧州の鉄材が入手困難だったため、比較的調達しやすかったアメリカの鉄筋と手元にある資材を組み合わせたのであろう。

三〇号棟に先駆けた「混構造」建築

三菱では一九〇八年（明治四一）以降の機構改革の結果、地所用地課は地所課となり、一〇年（明治四三）には従来本社直轄であった丸ノ内建築所が地所課の所管となって地所課営繕係と改称された。翌年、

図5-20　奥中央が旧14号棟（『高島炭砿史』より）

地所課は地所部となり、各部が独立採算制となる。地所部では一九一四年（大正三）、コンドルの事務所を出た桜井小太郎が技師長となる。

なお端島では三〇号棟より三年早い一九一三年（大正二）、木造五階／床屋根コンクリート造の「混《こん》構造」の旧一四号棟〔図5-20〕が建設されている（設計はおそらく前年）。周囲の木造寄棟の建築に囲まれ、突然モダニズム建築と見紛うような建築が出現した感がある。従来なかった工法で、木造であると判別するのは現代の建築関係者でも困難である。屋上庭園も有していたが、当時国内ではおそらく前例がなかった。

ちなみに、保岡勝也が三菱在職時代最後に手がけた丸ノ内の二一号館の設計も旧一四号棟と同じ一九一二年（明治四五／大正元）である。同じ年に設計された端島・旧一四号棟にも保岡が関与していた可能性は否定できない。保岡が自らの事務所を開設した後に手がけた川越・旧山崎家別邸の蔵や旧山吉デパートの化粧所において、木造と鉄筋コンクリート構造を併用した木骨鉄網の混構造を採用していたことも[20]、保岡と旧一四号棟のつながりを推測させるに十分な事実である。

もっとも、保岡が鉄とコンクリートを併用した本格的な事例は一九一〇年（明治四三）竣工の丸ノ内一二号館と翌一一年（明治四四）竣工の一三号館まで遡ることができる（ともに波形鉄板とコンクリートが大

＊20……川越市立博物館編『建築家保岡勝也の軌跡と川越』64頁。旧山吉デパートの化装所（付属木骨鉄網混凝土造三階建化装所）、旧山崎家別荘の蔵（鉄網コンクリート土蔵）等に木骨鉄網混凝土造の事例が確認できる。

量に使用されていた）。以降丸ノ内の建築物は鉄筋コンクリート造を標準とするようになっていくが、保岡は鉄板、鉄網、鉄筋、鉄骨の使用を含むコンクリート造の混合技術の先駆者でもあったのだ。

ちなみに鉄筋コンクリート構造の発達に貢献したフランスのフランソワ・アンネビックは一九〇四年、自宅のヴィラを鉄筋コンクリート造で建設し、かつその屋上は庭園を有していたという。おそらく旧一四号棟は鉄筋コンクリートの経験を積んだいずれかの技師が主導したのだろうが、残念なことに設計者の名前はどこにも記されていない。

三〇号棟の立役者、日下部義太郎

一九一三年（大正二）、妻木栗造の跡を継ぎ六代目高島炭坑長に就任した日下部《くさかべ》義太郎は、三〇号棟誕生の立役者というべき人物である。

日下部は東京帝国大学工科大学採鉱冶金《やきん》学科を卒業、入社後の一八九八年（明治三一）から二年間を高島で過ごした。一九〇〇年（明治三三）以降は三菱が高取伊好《これよし》から買収した佐賀・相知《おうち》炭坑に移り、長壁《ちょうへき》式採炭法の研究に余念がなかったという。

日下部が炭坑長として赴任したころ、端島坑では採炭効率が悪化していた。日下部はまず採炭法の改善を図ったが、後年の日下部の談話「相知・高島の二〇年」[*21]によると、海底深くでの採炭作業では坑道の維持修繕に膨大な時間を要し、一日の入坑夫一千人中七〇〇人以上がこれにとられた。坑道を支える支保のための組枠材を存置する坑木費もかかり、非生産的な状況だった。坑外にあっては、もうひとつの不安定要素である台風や高潮の危険とも常に隣り合わせだった。

実は日下部は就任に先立ち欧米を視察していた。前掲「相知・高島の二〇年」の中で日下部は、端島の高層・高密な都市設計について、「ニューヨークやシカゴで高層建築を沢山見て帰ったので、ここに考えが及んだ次第」と証言している。

さて日下部が在任中の一九一四年（大正三）、端島坑の炭層のうち最も厚層となった一二尺の新炭層が発見された。この炭層の発見は、端島の坑命を格段に延長し、隆盛を維持する結果となった。新炭層は一一月から採掘を開始。翌一五年（大正四）には、探炭ボーリングにより一二尺層の下にさらに四枚の新しい炭層も発見された。

端島において三度にわたる暴風雨の被害が起きた一九一四年（大正三）夏も、日下部の任期中であった。速やかに復旧予算が組まれ、鉄筋コンクリートによる護岸補強費および三〇号棟の建設費が計上された。これを機に、妻帯者を含めた労働者が高密度で定住するための居住環境がついに現実のものとなっていくのである。

同時に日下部は、視察中に感じていた欧米における宗教の位置づけにも注目しており、「宗教によって人心を指導しようと考えるに至った」という。日下部は社長（時期的にはおそらく岩崎久彌）に頼んで禅宗の僧侶を派遣させ、労働者の生活を精神面からも安定させるために、島内に寺を建てた。他にも幼稚園や日曜学校等を開き、教育面での充実も図った。婦人会などの交流や催事も積極的に行い、コミュニティーの活性化を図って物心両面の環境整備に腐心した。宗教や娯楽による精神面での安定化を図った炭坑都市づくりは、当時の日本では珍しかった。

＊21……『石炭時報』第三巻一一号（一九二八年一一月）所収

†column

古写真で見る軍艦島

掲載の写真［図ⅰ］は、現存する端島《はしま》（軍艦島）最古の島内写真である。三〇号棟はまだ影も形も見えないが、右奥に発電所と製塩工場の煙突が確認できる。

端島に最初の製塩設備ができたのは一九〇四年（明治三七）である。翌〇五年（明治三八）、端島は台風に襲われたが、左手前の住居は復旧されつつある時期のものと考えられる。社立の尋常小学校も開校しており、すでに多くの子供達が生活していたことがわかる。

図ⅱは大正期の写真で、群衆の後ろに電柱が見える。端島では一九〇九年（明治四二）、各住戸への配電が行われていた。翌年には電気タービン式の坑内排水ポンプの試運転が行われ、一一年（明治四四）には第三竪坑の電気捲揚《まきあげ》機が落成。島内には医療施設や福利厚生施設も整備されていた。

図ⅲは一九二五年（大正一四）の台風直後に撮影されたものであろう。波浪で破壊された南部の護岸か

図ⅰ　端島島内の最古の写真。1906年（明治39）ごろと思われる（提供：軍艦島デジタルミュージアム）

ら撮影されたものである。右奥に三〇号棟が見える。土砂が流出し、岩盤まで見えている。

なお端島では一八九〇年代後半には南部の埋立がほぼ完了し、住戸の整備に続いて娯楽・遊興施設も建設されている。端島では一九〇五年（明治三八）の台風被害時、多数の離職・解雇者を出し、当時は新たな労働者の確保に相当難儀していた。[*1] 娯楽・遊興は労働者の獲得と定着に貢献する重要な要素だった。

図ivは、三〇号棟側から撮影されている。楕円内の三階建の建物は遊郭と思われる。[*2] ただし屋根についてはその厚さ、及び形状がフラットであることから、コンクリート造であろう。CG画像を重ね合わせて検討してみたところ、遊郭の間口と奥行きは四間（約七・三m）×八間（約一四・五m）と推測された。

図v-①は、当時九州帝国大学鉱山学科の実習生だった山田義勇の報告に添付された資料の平面配置

図ii　1920年（大正9）ごろの端島。後ろは労働者住宅。電柱が確認できる（提供：軍艦島デジタルミュージアム）

図iii 1925年（大正14）の台風後の端島。左は破壊された3階建の遊郭。右奥は30号棟（提供：片寄俊秀氏）

図iv　1925年（大正14）台風で破壊された南部の護岸（『高島炭砿史』より）

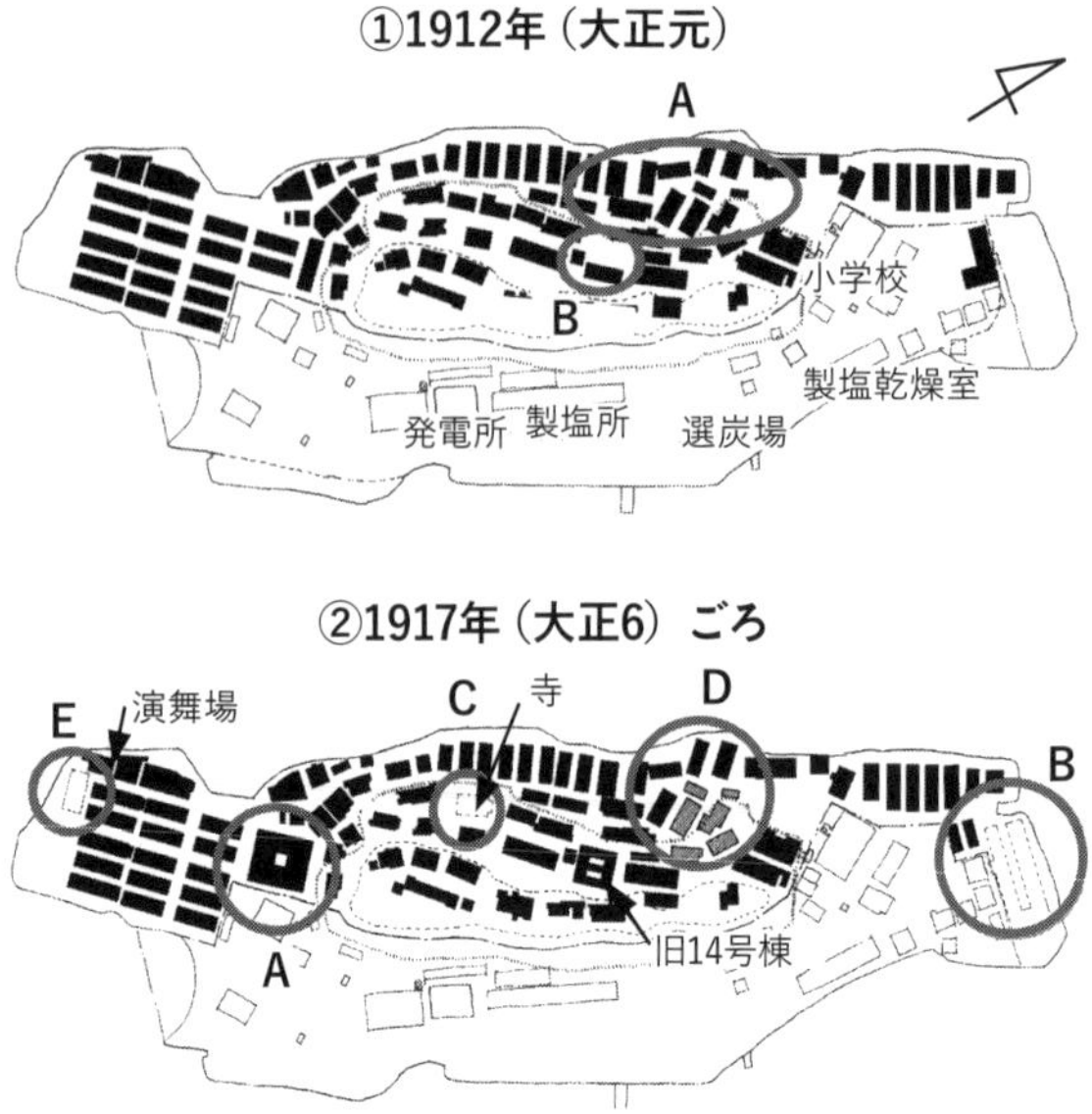

図v　上は1912年（大正元）、下は1917年（大正6）ごろの端島島内の建物配置図（筆者作図）

図と照合させた一九一二年（大正元）の建造物配置図である。『高島炭砿史』には、「一九一三年（大正二）」の記載とともに旧一四号棟［235頁、図5－20］が写っている。周辺は、同時代かそれ以前の建築であると推測し、丸で囲んだA部区域の建物を配置した。B部の敷地は旧一四号棟以前にも建物があったと推測し配置した。埋立事業によって造成した南部、西部区域は、〇一年（明治三四）ごろに造成された区域を除き労働者の住居で埋め尽くされていた。

一九一六年（大正五）、図v－②のA部に三〇号棟が完成。B、C、E部は空白（破線）となっているが、B部の円内の破線で示された建物は建設予定の病院である。Cは建設予定の寺。D部はのちの「日給社宅」の敷地に建設されていた旧労働者住宅である。E部は先に述べた遊郭。建設年は未詳だが、先掲の写真［図iii、iv］から、少なくとも二五年（大正一四）には建設されていたことがわかる。

図vi－①と②は一九一七年（大正六）の絵はがきである。[*3] 市場が開かれ、露店商が軒を連ねる炭坑街が

図vi - ①　1917年（大正6）撮影の絵はがき。端島北東部海岸。右上・左下は青果や魚などの市場（提供：九州大学図書館）

図vi - ②　①とセットの絵はがき。南西方向から撮影した工事中の日給社宅。円内は旧病院（提供：九州大学図書館）

形成されていたことがわかる〔図vi-①〕。

なお先に紹介した山田義勇の報告書には一九一六年（大正五）六月から翌一七年（大正六）七月までの端島の総人口と坑夫数の月ごとの推移が掲載されている。三〇号棟が竣工する直前の一六年（大正五）六月の総人口は二九六六人、うち坑夫一二三六人。住居区域の面積を算出すると約三・一五ヘクタール。大正初期において、ヘクタールあたりすでに約九四〇人という人口密度に達していたことがわかる。

一九一八年（大正七）、「日給社宅」と呼ばれるさらに高層の労働者向け集合住宅が竣工する〔図vi-②〕。一九二二年（大正一一）、山田と同じ九州帝国大学鉱山学科の実習生だった石井伝弘の論文（実習報文「The Report of Hashima Mine」）には「端島炭坑の人口は約三五〇〇人（韓国人一一五人を含む）」と記されているから、大正中期にはヘクタールあたり約一一〇〇人／ヘクタールという超高密な海上都市が出現していたのである。[*4]

＊1……『筑豊石炭礦業史年表』所収の「三菱端島労働状況」（一九〇七＝明治四〇年三月〜八月）にそのころの実状が見てとれる。「端島は一昨年八月水災に起因し頓（とみ）に坑夫数を減したるを以て、尓来各方面の募集に従事するも特に近来一般事業勃興の為め応募者少なきを以て補充をなす叶わず」

＊2……山田義勇の実習報文「高島炭坑端島支坑報告書」にこの建物は配置されていないが、『筑豊石炭礦業史年表』所収の年表には当時の端島に遊郭があったとの記録がある。

＊3……写真は絵はがきセットとして組まれ、販売されたものであろう。三枚を確認しているが、全枚数の確認はできない。

＊4……前掲「高島炭坑端島支坑報告書」4頁。「人口激増シ、現二三、〇〇〇人ニ達スルニ至レリ、人口稠密度ノ度ニ於イテ他ニ其ノ比ヲ見ズ」。記されている総人口と坑夫数の一覧表には、一九一六年（大正五）六月から一四ヵ月間が記載されているが、平均で三〇二二人である。三〇号棟竣工後の三ヵ月間のみ一〇％の増が確認できるが、他は二九五〇人±五％でこの期間、端島の人口は安定して推移している。

また端島における日下部の功績の一つとして、護岸に鉄筋コンクリートによる補強を加えたことが挙げられる。それまでも護岸は整備されてきたが、天川《あまかわ》漆喰《しっくい》で天草石を積み上げる伝統的な技術だった。日下部はまた二子島と高島本島を連絡させる大工事や、端島と二子島をつなぐ海底隧道（トンネル）工事の構想（坑内火災が起きて中止となった）をはじめとしたインフラ整備に多くの功績を残した。

三〇号棟は偶然の産物か

幻に終わった海底トンネル

苛酷な労働を強いられていた工場労働者の保護を目的とする「工場法」が施工された一九一六年（大正五）、端島（軍艦島）側から高島の属島・二子坑へと連絡する海底隧道（トンネル）の開削が始まった。ところがこの計画は結局坑内火災によって中止となってしまう。『炭坑誌―長崎県石炭史年表』を著した前川雅夫は、海底隧道によって両島の労働者が一体化して労働運動が活発化することを恐れ、あえて坑道の接続を中止したのではないかと推測している（『新長崎市史』第三巻）。

炭坑長だった日下部義太郎は連絡隧道の計画復活を提案したが、「利害問題がやかましくなり、沙汰止みとなった」と述べている（「相知・高島の二〇年」）。連絡隧道が未開通に終わった理由が労働問題だったのか、はたまた技術的な問題だったのか、今となっては不明である。

もし隧道が開通していた場合、端島の高密・高層都市化にも影響があっただろうか。先のコラムで紹介した九州帝国大学鉱山学科の実習生・山田義勇による「高島炭坑端島支坑報告書」に以下の記述がある。

端島ハ蠣瀬《かきせ》坑（筆者注：高島島内の竪坑）及《および》二子坑ノ如ク、断層ノ複雑ナルモノモナク、第三紀以後ニ噴出セル火山岩ヲ見ズ、島ノ周辺ニハ大断層アリト雖《いえど》モ、其《その》大部分ハ断層先ノ探炭ニ成功シ、其炭量ノ如キモ頗《すこぶ》ル確実ニシテ豊富ナルモノアルヲ以《もっ》テ、三菱炭坑部ガ其ノ創業費ノ大部分ヲ高島炭坑殊《こと》ニ端島坑ニ投ズルモノニシテ高島炭坑ノ将来ハ全ク端島坑ノ運命ニヨリテ指配《しはい》セラルヽヤ勿論《もちろん》ナリ

当時、端島坑が高島炭坑の中核を占めていたことがわかる。二子坑はまだ十分な実績を上げておらず、海底の断層間を接続して高島と二子島、端島の一体化による労使問題のリスクを負うよりも、採炭安定性に勝る端島を徹底して整備すべきだという経営的判断がなされたのであろう。同時に費用対効果も課題であり、経済性と強靭性が構造・工法選定の際に重要であった。

なぜ鉄筋コンクリートだったのか？

重鎮・荘田平五郎の功績も大きかった。荘田は一八七五年（明治八）の入社から一九一〇年（明治四三）の引退まで、岩崎彌太郎《やたろう》、彌之助、久彌の三代の社長を支えたが、この間荘田が関係した建築家、土木家は、郵便汽船三菱会社時代のジュール・レスカスや山口半六に始まり、丸ノ内の三菱館や岩崎彌之助別邸のジョサイア・コンドルや、コンドルとともに初期の三菱館を手がけた曾禰達蔵、さらには曾禰の

跡を継いだ保岡勝也、そして神戸・和田岬の「東京倉庫」を手がけた白石直治《なおじ》といった人々である。荘田は「東京倉庫」創立時から取締役を務めていた。〇八年（明治四一）に完成した日本初の鉄筋コンクリート造の大倉庫を目の当たりにし、その合理性を十分認識していたに違いない。その認識は荘田の後継者たちにも当然受け継がれたであろう。

なお岩崎久彌の後を継いだ四代目の小彌太は、台風災害のあった一九一四年（大正三）当時、三五歳だった。小彌太は経営感覚に優れていただけでなく、三菱倶楽部などの福利環境整備にも取り組んだ。また、三〇号棟より少し遅い一九二三年（大正一二）に建設された丸ノ内の「丸ビル」の建設計画は株価暴落の影響で社の幹部から慎重論も出ていた。建築物が有する資本価値についても、イギリスへの留学時の見聞を通じ認識していた小彌太は丸ノ内建築所の当時の技師長・桜井小太郎らの意見を聞き、「丸ビル」の建設を決断した（着工は一九二〇年〈大正九〉）。三〇号棟誕生の背景にも小彌太ら中枢部の判断があったのは当然だが、三〇号棟が竣工した一九一六年（大正五）は、小彌太が社長に就任した、まさにその年であった。

一九一〇年代から、三菱では倉庫や事務所建築以外にも鉄筋コンクリート造が標準化し始めていた。鉄筋コンクリートの経済性と強靭性は、神戸や丸ノ内ですでに証明済みだったし、炭坑では防水や補強等にも利用されていた。また長崎造船所内では末広恭二が鉄筋コンクリート船の建造を主導し、発祥の地イギリス以外では前例のなかった大型の鉄筋コンクリート製試験水槽の実績もあった〔138頁、図4-2〕。端島において木造五階建、床と屋根が鉄筋コンクリートという「混《こん》構造」の旧一四号棟〔図5-20〕が建設されたのは一九一三年（大正二）のことである。

三年後の一九一六年（大正五）、ついに三〇号棟が完成する。鉄筋コンクリート造七階建、延《のべ》床面積一一五二坪（三八〇八㎡）。洋上の孤島におけるこれほどの高層建築は未踏の領域であった。保岡勝也による丸ノ内の三菱二一号館（一九一四年）は、二一五三坪（七一二〇㎡）と延床面積こそ三〇号棟を上回っているが、管見の限り、階数、規模ともに三〇号棟を上回った事例はない。

三〇号棟の後も、端島では日給社宅（一六〜一八号棟、のちに一九〜二〇号棟）ほか鉄筋コンクリート造による整備が継続された。当時の端島には、すでに三千人を超える住民がわずか四・七ヘクタール（四万七〇〇〇㎡）の島内に生活し、二階建の労働者住宅が密集していたが、さらなる住宅が必要とされていた。当初四階だった三〇号棟の建設計画は途中で七階に変更されたが、当時の技術では埋立による拡張が限界に達し（昭和期に六・三八三ヘクタールまで拡張）、さらなる高層化が必要だったのである。それを成し遂げるためには、鉄筋コンクリートこそ求められていた技術だった。

事実、当時の高島炭坑長・日下部義太郎によれば、高層化を発意したのは高密な人口が居住可能な環境を整備するためだったという（前掲「相知・高島の二〇年」）。

だが、単に高層化というだけならそもそも鉄筋コンクリート造でなければならない必然性はなく、鉄骨造でも良かった。一九一三年（大正二）の渡米視察中に日下部が目にしたニューヨークやシカゴの高層建築群は殆どが鉄骨造である。ところが端島は塩害にあいやすく、鉄骨ではメンテナンスに費用がかかる。さらに第一次世界大戦勃発の影響で各種輸入鋼材の価格が暴騰し、一六年（大正五）、一七年（大正六）と、相次いで英米が鉄鋼の禁輸に踏み切るという状況下にあった。逆に〇〇年（明治三三）以降、わが国ではセメントの生産が増加し輸出超過する程で、以前より安価で入手可能だった。こうした情勢をふまえると、当時最先端の技術であった鉄筋コンクリート造を選択したのは極めて妥当だったといえる。

欧米の潮流と端島ならではの課題

端島の三〇号棟や日給社宅は労働者用の集合住宅である。建設コストを徹底して削減した結果、その意匠は装飾を廃したものとなり、はからずもモダニズム建築の条件を満たす建築となった――そう説明してしまえば簡単だが、これらが生まれた理由はそれほど安直なものではなかった。

例えば三〇号棟に続いて建設された日給社宅には一〇〇年後の現代にも通用する見事な平面計画がなされている。屋上に庭園が配置され、中庭に面した部分には、奥行は狭いがバルコニーが設けられている。各室に設けられた竈《かまど》や流し台、土間部と居室との段差や小さな縁台など、坑夫たちの生活様式が大きく変わらないような細やかな配慮が随所になされている。地理的制約ならびに労働者の確保と定着という炭坑経営上の大きな課題を解決するために、海外の事例を研究した結果があのような建築群を生んだと思われる。

二〇世紀初頭に欧米で起こった一連の建築運動は、留学した建築家や各部門の〝超技師《スーパーエンジニア》〟たちによる実践を通じて国内の建築にも影響を与えたはずである。モダニズム建築の先駆者として知られるアドルフ・ロースが「装飾は犯罪」と宣言したのは一九〇八年のことである。建築はアール・ヌーヴォーやセセッションといった芸術運動が相互に影響を与えつつ、さらなる転換点を迎えていた。

米国では一九〇六年、アルバート・カーンがデトロイトにパッカード第10ビルを、また〇五年にはフランク・ロイド・ライトがニューヨークのラーキン・ビルを竣工させ、工業化時代の建築を先導した。特に

図5-21　ラーキン・ビルの吹抜け

図5-22　端島30号内部の吹抜け（2007年9月、阿久井喜孝東京電機大学名誉教授と共に実施した上陸調査の時のもの）

ラーキン・ビルの中央の吹抜け空間〔図5-21〕は三〇号棟を連想させるし〔図5-22〕、構造体を露出したパッカード第10ビルの外観〔図5-23〕も三〇号棟に近いものを感ずる。

かたや欧州において、かのル・コルビュジエにも影響を与えたオーギュスト・ペレは一九〇五年、鉄筋コンクリート造のガレージをパリのポンテュー街に完成させる〔図5-24〕。

ペレは一八九九年に刊行されたオーギュスト・ショワジーの古典的名著『建築史（Histoire de l'Architecture）』に大きな影響を受けていたが、ショワジーにとって優れた建築の本質は常に構造であり、建築家の任務はいつも〝課題〟を正しく評価することであると主張していた。ペレは木構造から鉄筋コンクリート構造への置換を建築で実践してみせた。柱と梁《はり》からなる矩《く》形《けい》の美学を加味することによって、建築の新しい様相を示したのである。ただ、それは欧米の建築家たちにとっては新奇なものだったかもしれないが、木構造の工法や造形力を長年培ってきた日本人の建築家やエンジニア・アーキテクトたちとっては理解しやすいものであったに違いない。

イタリアにおいては、フィリッポ・トマソ・マリネッティを中心とする「未来派」の運動が始まっていた。少し遅れて運動に参加した建築家アントニオ・サンテリーアが一九一四年、「新都市」計画案のひとつとして描いた有名なスケッチがある［図5-25］。セットバックする階段状の建築は、一八年（大正七）～二二年（大正一一）にかけて端島に誕生した日給社宅に実によく似ている［図5-26、27］。ただし日給社宅では、隣棟との間隔が狭いことから採光という〝課題〟を解決するためにこの工法が採用されたのである。

かつて村松貞《てい》次《じ》郎《ろう》は、「……機能主義は大正中期以後の日本における建築運動の展開とともに、西欧か

図5-23　パッカード第10ビル

図5-24　ポンテュー街のガレージ（下は内部）

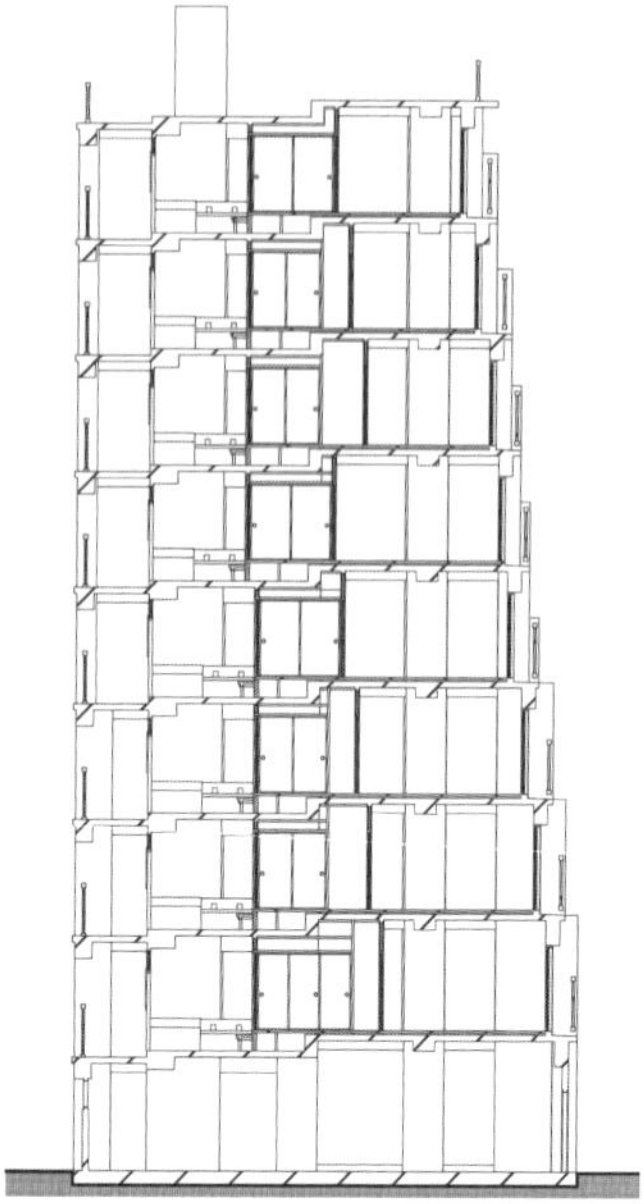

図5-26　阿久井喜孝、滋賀秀實『軍艦島実測調査資料集』の実測データをもとに筆者が起こした日給社宅の断面図

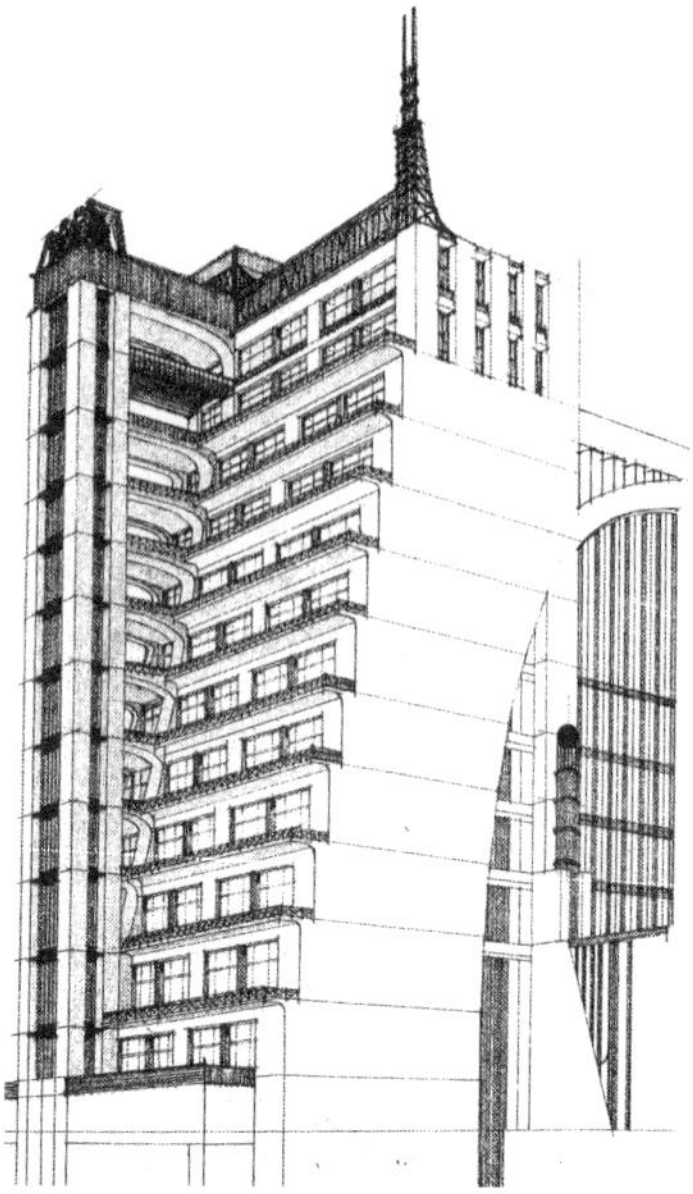

図5-25　アントニオ・サンテリーアによる「新都市」計画案のスケッチ

図5-27　前掲『軍艦島実測調査資料集』の実測データをもとに筆者が起こした日給社宅。山側から見た3D・CG断面図

ら、文字通り言葉だけの思想として輸入された」と喝破した。だが、明治から大正にかけ、三菱とその周辺に集ったエンジニア・アーキテクトたちは、そもそもの土地の狭さや台風、高潮といった洋上の孤島ゆえの過酷な自然条件や労働者の確保・定着、そして建築物資の搬入の難しさ、経済的合理性といった端島ならではの多くの〝課題〟に向き合う中で、モダニズム建築の思想を体現する建築を次々と現出させていったのである。

端島の課題は三菱の課題であったが、日本近代化の課題でもあった。明治初期のわが国において石炭は、近代化を進めるための文字通りの動力源だった。しかしながら、端島のように自然条件の厳しい外洋の孤島で、常に災害対策を強いられながら同時に採炭を続けるのは並大抵の資本では不可能なことだった。

三〇号棟と「近代建築五原則」

三〇号棟の建設では、セメントや鉄筋などの資材を島外から運び込む必要があったが、当然こうした資材の搬入は最小限にとどめたはずである。

例えば三〇号棟は柱、梁、床の構造（骨格）部分と階段のみが鉄筋コンクリート造で、骨格となる主要な構造部のみで最小限に抑えられている。外壁や間仕切り壁、床の造作は木造による在来工法で行われているが、ここには解体された木造の労働者住宅から転用された建具や木材なども再利用されたと考えられる。[*22]

床は畳部と土間部で段差を設け、鉄筋コンクリートの梁もそれに合わせて高さが設定してある。各階

＊22……阿久井・滋賀が行った三〇号棟の実測調査では六尺前後で畳が敷かれ、建具の高さは五尺六寸から七寸と記されている。

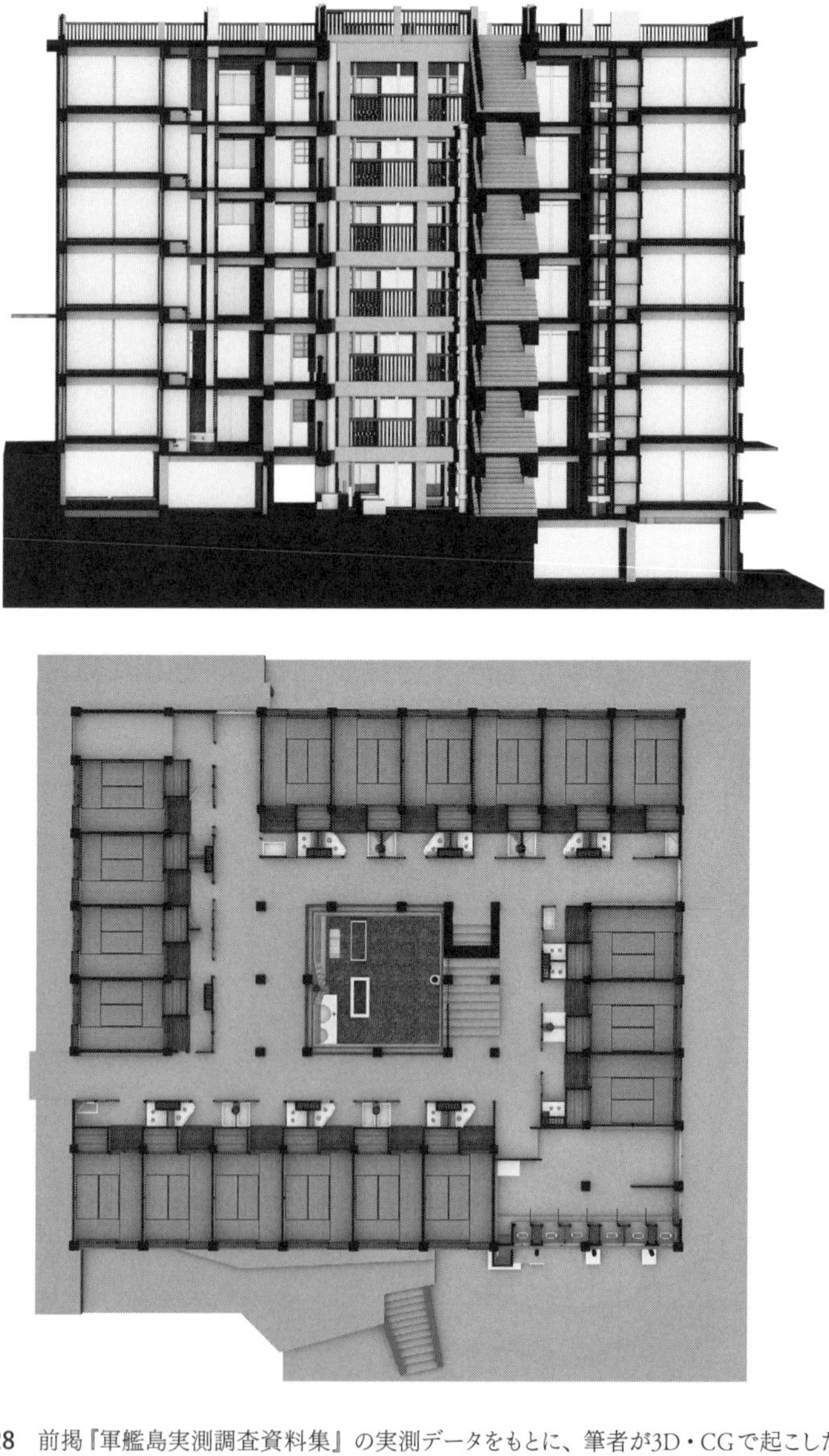

図5-28　前掲『軍艦島実測調査資料集』の実測データをもとに、筆者が3D・CGで起こした30号棟の断面図（上）と平面図（下）

標準の平面が採用され、作業効率の良い計画である。工期の短縮にも役立ったはずである。

床コンクリート部分は地面と同様に位置づけ、廊下や階段が街路や路地の機能を果たした。廊下に面した吹抜けの中庭〔図5-22〕は外部環境を持ちこむための機能で、土間空間や屋上は広場の代わりを果たせるように計画されている。

三〇号棟誕生から一〇年後の一九二六年、ル・コルビュジエがいわゆる「近代建築五原則」（Les5 points d'une architecture nouvelle＝新しい建築の五つの要諦）を提唱する。そこでは、コルビュジエが手がけたクック邸の実例とともに以下の五つのポイントが記されている。

1　ピロティは建築全体を地上から持ち上げる。
2　自由な平面は、耐力柱を間仕切り壁から分離させて達成される。
3　自由な正面は、自由な平面の垂直面への必然的投影である。
4　横長引き違い窓、または「水平窓」が取り付けられる。
5　屋上庭園は建築が占める地上の面積を取り戻すことになる。

三〇号棟に確実に当てはまるのは2、3、5だが、実は1についても、目的は防潮対策とはいえ実現していたのだ。ただし4については、「引き違い窓」となっているものの横長というほどではない。その後の日給社宅の各棟をつなぐ廊下部には、水平ラインが強調された立面（ファサード）を見ることができる。

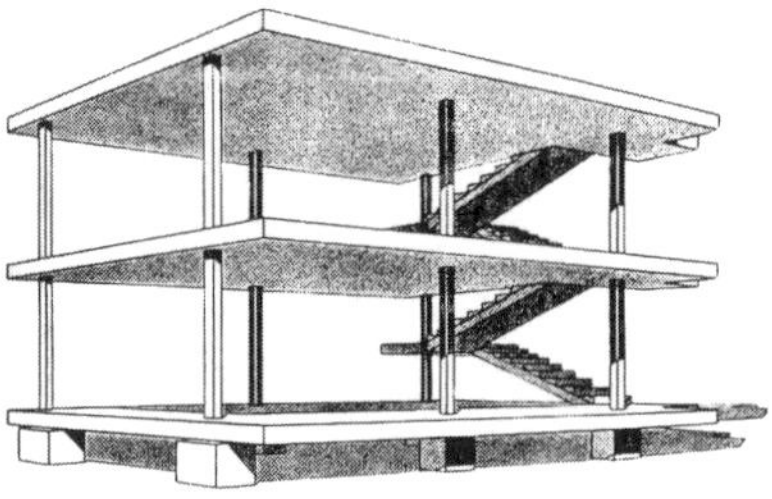

図5-29　1915年（大正4）、コルビュジエが描いた「ドミノ構造」のドローイング

図5-30　前掲『軍艦島実測調査資料集』の実測データをもとに筆者が3D・CGで起こした30号棟のコンクリート躯体

　いずれにせよコルビュジエの提唱を遡ること一〇年も前に現実の建築として三〇号棟が完成していたことに驚きを禁じ得ない。課題に対し合理的につきつめていった結果、コルビュジエがプロトタイプとして示した「ドミノ構造《システム》」[図5-29]と酷似する建築が図らずも出現したのではないだろうか。これは、三〇号棟のコンクリート部のみの中央吹抜部の断面パースを見るとよくわかる[図5-30]。

　また、エレベーターなど昇降設備なしでの高層化が可能となったのは、端島の地形をうまく利用した結果である。端島ではすでに一八九〇年代から強い勾配の斜面において有効な土地利用が図られてきたため、居住地は段状に整備されていた[図5-31]。そのため端島では、建物の高層階と段状の斜面を直接廊下でつなぐことができる。高密・高層化の有効な手法であった。のちには、土地と建物だけでなく建物と建物も空中渡り廊下でつなぐようになった[図5-32]。

〝課題〟に向き合った合理的建築

ここまで見てきたように、端島ならではの課題を合理的に解決するため、鉄筋コンクリート造という工法が採用されたことがわかる。その意味でも、三〇号棟はモダニズム建築の定義を満たすものである。

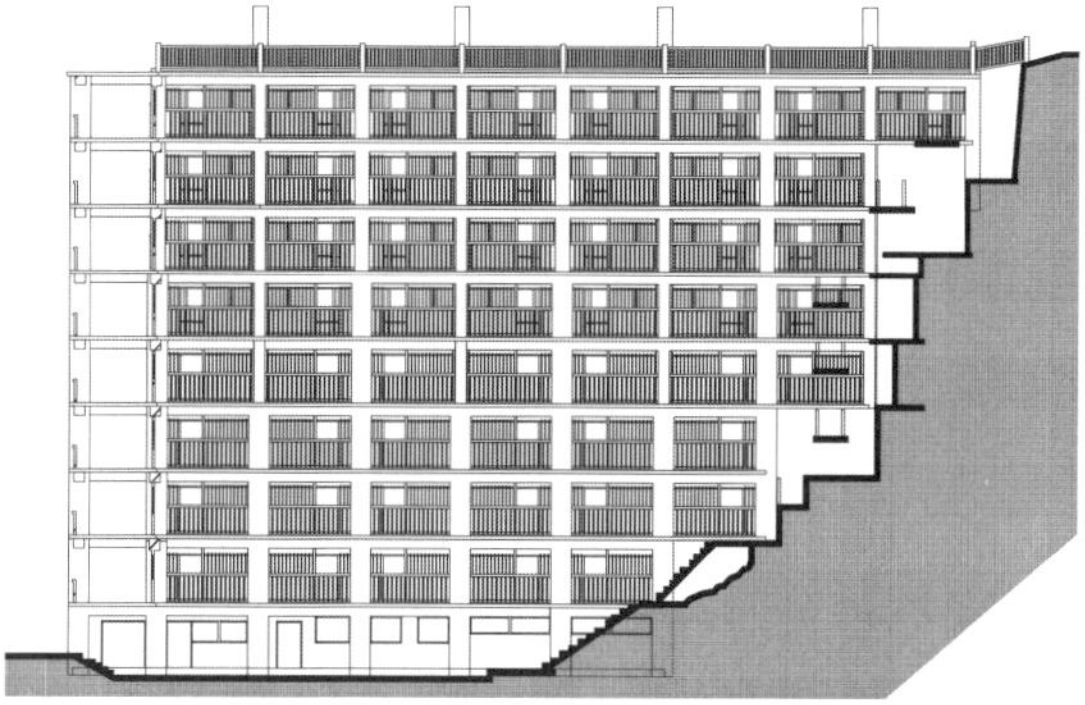

図5-31　前掲『軍艦島実測調査資料集』の実測データをもとに筆者が復元した、日給社宅を南側から見た断面図。東側は岩礁の斜面を利用している

図5-32　戦後の端島。「端島銀座」と呼ばれた島西部の繁華街。51号棟（左）と日給社宅が渡り廊下で結ばれているのがわかる（高島町教育委員会編『端島（軍艦島）―閉山30周年記念写真集』より）

ではなぜ、七階建という高層の建築が必要とされたのか。それはすなわち、端島が一八九七年（明治三〇）の納屋制度廃止以降も抱えていた労働者の確保と生産性の安定という課題への〝答え〟だった。そして同時に、将来別の都市機能を担う、

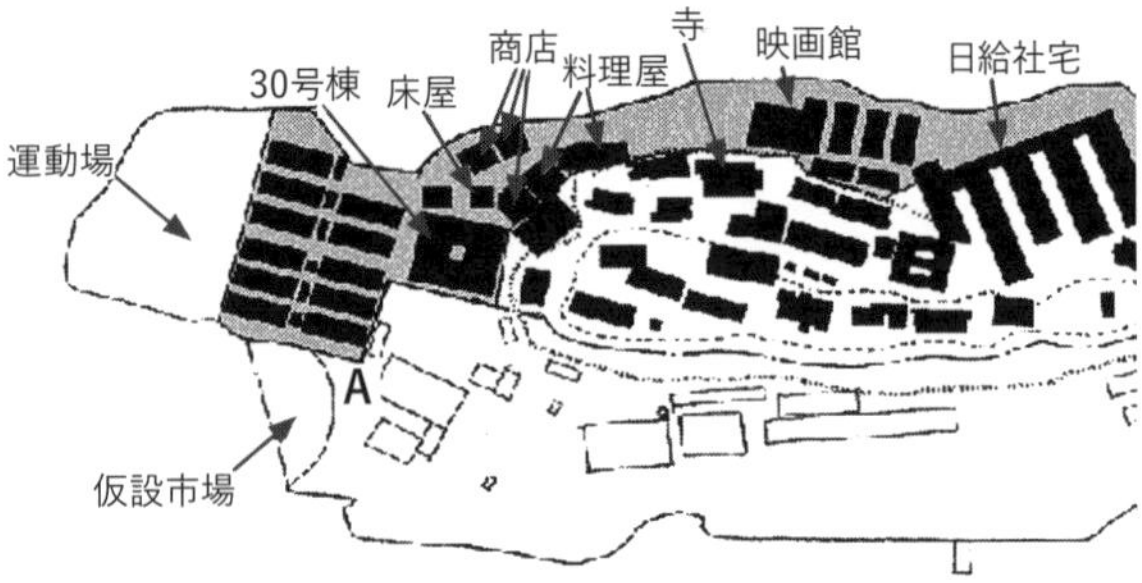

図5-33　1928年（昭和3）ごろの端島。グレー部分は住宅を高層化することで得られた、映画館前の広場や商店・料理屋に繋がる街区

居住エリア以外の〝空地〟の確保も企図されていたのではないかというのが筆者の推測である。その理由と目的については、以下のような一連の流れを追うとわかりやすいかもしれない。

端島では三〇号棟に続いて、一九一八年（大正七）〜二〇年（大正九）にかけ島中央部西側に九階建の「日給社宅」（一六〜一八号棟）が竣工。続いて二二年（大正一一）、日給社宅の南側に隣接する木造七棟が壊され、その跡地に日給社宅の新棟として一九、二〇号棟が建設される。このように、宿舎の移設・撤去・解体・増築は段階的に行われた。計画当初は一二階まで増築が可能であるとした記録もある[*23]。

三〇号棟をはじめとする高層住宅によって確保できた空地には、一九二七年（昭和二）、「昭和館」なる映画・劇場が建設される。その間の二一年（大正一〇）には寺院（泉福寺）も建設されている。密集した低層木造の労働者住宅を一掃し、商店、料理屋、床屋が軒を並べ、映画館の前には小規模ながら広場もでき、妻帯者の家族が生活しやすい環境整備が進んだ［図5-33］。

三〇号棟から広場やストリートの出現に至る一連の計画は、おそらく三〇号棟建設の前後に一体として考案されたのではないかと筆者は推測している。

一九一六年（大正五）四月一〇日の『大阪朝日新聞』に、端島の様子を報じた以下のような記事がある。

「東京の銀座街頭ならばイザ知らず斯《か》かる絶海の一孤島に而《しか》も下層労働者と目さるゝ炭坑坑夫の為に鉄筋コンクリートを以《もっ》てせる七層の高層が打《うち》建てられんとは恐らく何人《なんぴと》も想像し得ない所であらう。…洗場と便所のみは各一階の共同に供されて居るが洗場は常に海水を送られ、便所は是亦《これまた》海水を以て絶えず洗浄さるゝ仕掛なので甚《はなは》だ清潔である」

三菱にとって端島のイメージ改善は、労働者を増加・定着させ、採炭の生産性を向上させるための必須課題であったし、大番頭・荘田平五郎が述べた「資本家にして、苟《いやし》くも労働者の離散を念とする以上は、努めて其《その》日常に於ける施設待遇に意を注ぐと共に労働者を愛撫する事を怠るべからず[*24]」という方針とも合致するものだった。

一九二一年（大正一〇）、地元長崎の新聞で、海上から見た端島の島影が、長崎造船所で生まれた軍艦「土佐」に似ているところから「軍艦島」として紹介されたころには、日給社宅の第一期工事も終わり、世帯数六三〇／人口三二七一人が暮らす、超高密度の洋上都市となっていたのである。

＊23……山田義勇の実習報文「高島炭坑端島支坑報告書」4頁。「坑夫納屋ノ如キモ、鉄筋混凝土ノ七階建テノ空ニ聳ユルアリ、又十二階ノ坑夫納屋ノ設計既ニ成リ近ク其ノ施工ニ着手セントス」

＊24……兵藤釗『日本における労資関係の展開』276頁。原出典は荘田平五郎「労働問題に就て」『東洋経済新報』一九〇七年三月一六日号

結び　三〇号棟を生んだ〝矛盾〟と〝制約〟

ドイツの御雇《おやとい》坑山師クルト・ネットーは一八七三年（明治六）、わが国初の体系的な鉱業法として制定された「日本坑法」に労働者を保護する条項が欠如していることを早くから指摘していた。当時の日本は技術の導入を最優先に近代化を推し進めながらも、雇用はいまだ旧弊の納屋制度によっていた時代である。労働環境の改善が強く求められるようになった契機は八七年（明治二〇）の高島炭坑事件であり、ネットーの指摘から一四年が経過していた。

グラバーとの合弁（一八六八年〈慶応四〉）から官営、後藤炭坑舎時代を経て高島坑の経営が三菱に移行した後も労働環境の問題は宿痾《しゅくあ》であり続けたが、洋上の孤島であった高島や二子《ふたご》島、中ノ島、端島《はしま》（軍艦島）においてはより高度で広範囲の技術（エンジニアリング）が必要とされた。

もとより高島炭田の大部分は海底炭坑であり、かつ暴風や台風による高波・高潮に晒《さら》される厳しい自然環境にあった。一八九〇年代以降、高島炭坑における採炭の拠点となった端島は元々、わずか二ヘクタール（二万㎡）程の岩礁に過ぎなかったため、伝統的な天川漆喰《あまかわしっくい》による工法から、欧米で進化しつつあったコンクリート護岸技術への修得・移行が必要とされた。

開港地として発達した長崎はそれまでもセメントや鉄といった近代的な建築素材が先行して実用化さ

れた地域であり、防疫に必要な上水道の整備やダム建設を通じ、鉄筋コンクリート技術の導入も早かった。

海運業を切り離し（一八八五年〈明治一八〉）、造船業を世界レベルの事業へと成長させるべく転換を図っていた三菱は、東洋一の大型乾式ドック（第三船渠《せんきょ》）建造を進める過程でコンクリート技術を発展させていった。船渠の建造を主導した土木家・白石直治《なおじ》は港湾、船渠のみならず建築、鉄道の敷設に至るまで広範囲の知識を有した〝超技師《スーパーエンジニア》〟だった。

明治・大正期の三菱の財政基盤を支えた坑山師や土木系の技師たちは社会の情勢や企業の経営状況に鑑《かんが》みながら、技術を背景にした変革を提案し実行していった。彼らが俯瞰《ふかん》した領域は、現代人が想像するよりはるかに広範囲であった。

この間、高島炭坑では高取伊好《これよし》、長谷川芳之《よしの》助《すけ》、南部球吾《きゅうご》ら第一世代の日本人坑山師の台頭を経て、大木良直《よしなお》、松田武《ぶ》一郎《いちろう》、日下《くさか》部《べ》義太郎ら第二世代の〝超技師《スーパーエンジニア》〟を輩出した。

*

筆者が端島の三〇号棟及び日給社宅の調査や3D・CGを制作してみて感じた建築計画の水準は相当に高いものである。具体的に列記すると、

①平面計画：炭坑労働者の起居様式（従来の生活）が維持できること。内部空間の隅々までの有効利用

②断面計画：①の目的のための床段差の設定やフラットでないコンクリート床レベルの調整。コンクリート技術との合せ技であり難易度が高い

③設備計画：厨房内竈《かまど》の多層階を共有する排気筒（シャフト）の計画。これも難易度が高い

④内部吹き抜けによる外部採光の有効利用
⑤海水を利用した水洗トイレや共同の流し場による衛生環境の確保
⑥古い住宅の職人による建具類を再利用した生活様式の維持。調湿・通風・換気にも有効

などが挙げられるが、これらを土木・鉱山系の技師《エンジニア》らだけで発案できたかというと、正直、困難だったように思う。そこには「一丁倫敦《ロンドン》」と呼ばれた丸ノ内のオフィス街の計画を推進した丸ノ内建築所系の建築家らの介在があっただろう。また、建築が環境に及ぼす力を理解していた三菱の経営陣の後押しも、当然必要だった。

一八九四年（明治二七）に始まる丸ノ内の三菱館の建築においては、保岡勝也《やすおかかつや》が丸ノ内建築所の二代目所長（技師長）となった一九〇六年（明治三九）以降、鉄筋コンクリート技術が積極的に採用され、標準化されるまでに至り、その過程で建築装飾は徐々に減少していった。

丸ノ内の二一号館という、当時としては前例のない巨大な全鉄筋コンクリート建築が竣工した一九一四年（大正三年）、端島は台風によって大被害を受ける。復旧予算はすぐについたが、当時の高島炭坑長だった日下部《くさかべ》義太郎は、納屋制度廃止以降の諸課題（労働者の確保と定着のための妻帯の促進、婦女使役と所帯分離）のための環境整備を決断した。

労働者の共同住宅として立案された三〇号棟は、コストを極限まで絞り込む必要があったため、資材搬入は最小限にとどめられ、不要な装飾は一切排除された。その結果、欧州で勃興していた合理主義的なモダニズム建築の条件を備えた建築となった。三〇号棟（一九一六年〈大正五〉）やその後の日給社宅（一八年〈大正七〉～）が鉄筋コンクリート造による骨格と、内部の床・壁等が明確に分離されたスケルト

端島・30号棟。左は山側につながる渡り廊下（2008年、筆者撮影）

ン・インフィール工法へと昇華したのは、コストのみならず維持管理・寿命までを考慮した建築計画がなされた証左である。コルビュジエが提唱した「近代建築五原則」が、約一〇年も前に長崎沖の岩礁の島で現実の建築物として具現化されていた事実は、どんなに強調してもしすぎることはない。

彼ら〝超技師《スーパーエンジニア》〟や小山秀《ひいで》をはじめとするエンジニア・アーキテクトたちの残した功績は今後、正当な評価を得ていくだろうか。技師だけではない。建設に携わった職人たちはどうだろうか。建築遺構においては、建物の評価と同時にそこに秘められた技術や、背景となった歴史や思想に対する評価も必要ではないだろうか。

*

筆者はこの間、端島や高島で起こった社会変革（納屋制度の廃止＝間接雇用制の廃止）と逆行するような現代の社会変化を感じとっていた。本書で確認したように、納屋制度の廃止は三〇号棟誕生に至る大きな流れの発端となった事柄だった。それから約一二〇年を経た現在、派遣労働は多業種に普及し、近代が目指したはずの安定した生活とは違う、不安定で、所得格差の拡大した社会となってしまった。常に企業の利益が優先され、建築や都市は効率を求めて巨大化し、膨張を続けた。

昨年（二〇一九年）末に中国武漢市で発生した新型コロナウイルスは瞬く間に世界中に広がり、日本社会にも大打撃を与えている。特に人口が高密・集中化した大都市圏では感染拡大が続いた上、派遣労働者や生活困窮者への影響は計り知れない。経済を優先させた社会構造が、多くの市民の生活や人命を脅かし、グローバル化された現代社会の政治・産業構造に内在化していた矛盾や弱点が顕在化しているのである。

パンデミックはやがて収束するだろうが、その時、世界のあり方や都市のあり方も時代に合致したものに変化させる必要がある。求められる「未来の都市」とはどういうものだろう。それを探るヒントは、歴史の中にこそあるように思う。

経済合理主義を優先した歴史観や思想なき建築が都市を覆っていく中で、一九世紀イギリスの社会思想家ジョン・ラスキンの言葉を借りるなら、「不完全なものへ戻れ」、そして「労働者が単なる機械の歯車にならないよう、表現に自由や創造する活力をとり戻す」べき時機《とき》が来ているように思えて仕方がない。

あとがき

——私は今、ボーイング747の座席に座り、「端《は》島《しま》」のことを考えている。書き始めた途端に涙がでてきた。生前大変お世話になった八橋《やつはし》健二・白石建設相談役の葬儀に向かっているから、というだけでもないだろう。端島の写真集を出版した雑賀《さいが》雄二さんの手記を思い出したからかもしれない。

今朝、福岡の自宅を出た私が、約二時間後には東京都内にいる——そんな便利な社会に生きている。だが、我々が住んでいる環境はどうなんだろう。私には海も、山も、木も、水も、生き物に思える。そして都市も建築物も同様に生き物だと思っている。

長崎の端島といっても殆どの人々は知らないが、軍艦島といえば、今では多くの人々が知っている。そして、そのイメージは近代社会に消費され、捨てられた「廃墟」の姿ではなかろうか。確かに何割かの人々は、かつてこの島に存在したものすごいエネルギーに興味を持っている（私もその一人である）。近代の日本は西欧と違い、短期間に近代化を成し遂げ、成長してきた。今、その近代が見直されつつある。端島がもっていたそのエネルギー（カオス）は、島の人々が島を離れた時、死に絶えてしまったのだろうか。

以上は、かけ出しのころの筆者が勤めていた白石建設の第五代社長を務め、退任後は相談役として社の行く末を見守っておられた八橋健二氏の葬儀に向かう機内で綴ったメモである。メモの日付は一九九三年（平成五）六月一六日。本書の「序」で述べた一九九一年（平成三）の都市コンペから二年が経過していた。この時はまだ、自分がかつて勤めていた白石建設が、本書に登場する土木家・白石直治の系譜に連なる企業（一九四八年〈昭和二十三〉、白石基礎工事会社の建築部として創業。初代社長を務めた白石宗城は直治の二男）だとは知る由《よし》もなかった。

翌一九九四年（平成六）、筆者は福岡・天神のイムズビルで軍艦島を紹介した。その際、長崎造船大学（現・長崎総合大学）時代の恩師であった片寄《かたよせ》俊秀先生から軍艦島の古写真を大量に頂いた。そのうち数点を会場に展示させてもらったのが昨日のことのように思い出される。

一九九六年（平成八）には、バルセロナで開催されたＵＩＡ（国際建築家連合）の大会で公募論文に応募し、幸いにも部門のファイナリストに選ばれたことから現地で発表することとなった。このとき「未来の委員会」の委員長を務めておられたのが池田武邦《たけくに》氏であった。もちろん当時は池田氏が竹内綱《つな》や白石直治《なおじ》の縁戚にあたるとは知らなかった。以来二五年にわたり、池田氏には様々な話をうかがってきた。船乗りの先輩でもある氏からは、自然と付合う作法など様々なことを教えられた。氏は日本設計を退職したのち、終《つい》の棲家《すみか》として長崎県西海《さいかい》市に茅葺《かやぶき》屋「邦久庵《ほうきゅうあん》」を建てられた。現在は夫人が体調不良のため東京に戻られたため、東京大学の永野真義《まさよし》助教を中心に保存活用の動きが始まっており、筆者も参加している。

他にも、「うちの爺さんが高島炭坑で働いていてね」と言われ、取材させて頂いたのが建築家の松田順吉氏である。氏の祖父が坑山師・松田武一郎だったことを知ったのはうかつにも取材の途中であった。氏は、父の軍平に代わって自分が整理したと言って、出版されたばかりの『松田武一郎小伝』をくださった。

その後、二〇〇〇年（平成一二）に「建築再生デザイン会議」（ＡＲＤＣ／代表：池田武邦氏）を長崎で開催した際には古谷誠章《のぶあき》、青木茂、上田紀行、藤枝和子、若林広幸の各氏らと一緒に端島に上陸した。残骸となった炭坑施設や居住施設の風景は強烈だったが、遺構が発する強烈なエネルギーをみな一様《いちよう》に感じ取っていた。

その後も建築活動の傍ら明治大正期の史資料を集めていたが、研究が大きく動き出したのは二〇〇七年（平成一九）ごろからである。このころ、世界文化遺産アジア国際研究会を国内で支援していた九州産業大学の網本義弘氏からの誘いで、北京で開かれた国際会議で端島についての研究発表をした。これもまた貴重な経験であった。

さらに同年、歴史家・林重太《じゅうた》氏の世話で、長崎県産炭地域活性化基金支援事業の一環として「地図情報と立体映像を融合した次世代アーカイブシステム構築」に、立体映像の先駆者・竹田仰《たかし》氏と共同で取り組む機会を得た。調査には阿久井《あくい》喜孝《よしたか》氏も協力してくださった。著作出版を初めて企画したのはこのときであった。書籍化に向け、ＡＲＤＣのメンバーだった秋葉美知子氏や上田紀行氏に協力してもらいながら出版元を探したが、なかなか引き受けてくれるところはなかった。

別府の写真家・藤田洋三氏と久々に再会したのはそのころのことだった。一九九〇年代前半、別府の温水プール（旧飛行機格納庫）の再生計画を手がけていたころからの〝同志〟のような人だ。この藤田氏の縁で九州大学の藤原恵洋《けいよう》教授と出会い、二〇〇九年（平成二一）に博士課程に入学。本業の建築設計活動と並行しながらの調査研究は文字通り苦難の道だった。

この間、二〇一五年（平成二七）に端島が「明治日本の産業革命遺産」の構成資産に登録されたため、博士論文の副査を務めてくださった片野博教授から「研究対象が世界遺産となったのだから、より厳しい審査になるだろう」と忠告を受けたときは、改めて身の引き締まる思いがした。三菱が所蔵する膨大な資料を相手に悪戦苦闘を続ける中、快く協力してくださった湯島ならびに長崎の三菱史料館、三菱造船所には心からの感謝を申し上げたい。

また長崎側の史資料は長崎市や長崎歴史文化博物館の他、軍艦島デジタルミュージアムの久遠夫妻、林一馬氏、町田信二氏、中村陽一氏などから貴重な所蔵・管理品を提供して頂いたほか、さまざまなお力添えをしてくださった元端島島民の方々、長崎市教育委員会、日本大学理工学部建築学科、唐津のまちはミュージアムの会、吉岡銅山を世界遺産にする会、保岡勝也の手がけた旧三菱合資会社若松支店を保存活用されている上野海運の方々、筆者のクライアントのみなさん、職人のみなさん、そして事務所のスタッフほか、ご協力くださったすべてのみなさんに厚く御礼申し上げる次第である。

結局博士の学位取得までに七年を要したが、その後書籍化にあたって校正作業を進めていた本年（二〇二〇年）三月末、三〇号棟の一部崩落を伝えるニュースが流れた。ＡＲＤＣメンバーだった横河健《よこがわけん》氏（横河民輔《たみすけ》玄孫）や国広ジョージ氏（岩崎彌太郎《やたろう》玄孫）らと上陸調査を行ったのはちょうど二年前の三月末のことだった。本書の出版には実にさまざまな縁が連なっているのである。

最後になったが、長きにわたって筆者の研究の意義を理解し、支えてくれたパートナーには最大の感謝を伝えたい。

二〇二〇年四月

著者識

資料　関連年表

＊〔　〕内の人名は、特にことわりのない場合は設計、施工者

〜江戸時代

長崎造船所／高島・端島／三菱周辺の動き

1710　五平太、高島で石炭発見
'87　深堀藩、鳥山平次郎に高島炭の長崎での販売許可
1810　端島（のちの軍艦島）で露出炭発見
'35　岩崎彌太郎、土佐国安芸郡にて生まれる
'51　岩崎彌之助生まれる
'54〜'55　オランダ海軍中佐ファビウス来崎
'55　永井尚志、製鉄所建設の人材と機材を独断でオランダに依頼
'57　飽之浦の溶鉄所（のち長崎製鉄所→長崎造船所）着工
'58　製鉄所内に煉瓦工場起工
カッテンディーケとハルデスが高島視察
'59　製鉄所で日本初の汽船が製造される
'61　長崎製鉄所竣工〔指導：ハルデス〕

技術の進展（建築・土木他／長崎・日本）

1634　長崎・眼鏡橋（石造）架橋
1852　鍋島藩、精錬方を設置
'53　鍋島藩、日本初の反射炉を築造
'55　長崎海軍伝習所開設
'57　伊豆韮山（幕府）と鹿児島・集成館（薩摩藩）に反射炉完成
ヤパン号（咸臨丸）、長崎入港
飽之浦の溶鉄所建設用にオランダからセメントが輸入される
'59　グラバー（'62年グラバー商会設立）、フルベッキ来崎
'59〜'60　大浦居留地の整備〔北野織部〕
'61　小島養生所開設
'63　グラバー住宅〔小山秀之進〕

〃（海外）

1756　J・スミートンのセメント研究
1824　アスプディンセメント特許
'50　フランスのランボット、鉄筋コンクリート製のボート建造
'51　ロンドン万博記念クリスタル・パレス〔パクストン〕
'55　パリ万博に鉄筋コンクリート（RC）製ボートが出展される
'57　造園師モニエがRCの特許取得
'60ごろ　イギリス国会

情勢

1550〜　ポルトガル人平戸に入港
'71　大村純忠、長崎開港
1639　第五次鎖国令
'41　オランダ商館出島へ移転
1760年代〜　産業革命
'76　アメリカ独立
1808　英軍艦フェートン号長崎港に侵入
'51　第一回万博（ロンドン）
'55　パリ万博
'56　日蘭和親条約
'58　修好通商条約
'59　出島オランダ商館閉鎖
長崎港開港
'61〜　南北戦争
'63　薩英戦争

～1870年（明治3）　～1880年（明治13）

'64 グラバー、鍋島藩へ蒸気船売却

'67 岩崎彌太郎、グラバーと出会う

後藤象二郎ら、土佐藩・開成館長崎出張所「土佐商会」開設（以降、九十九商会、三川商会等を経てのち三菱へ）

岩崎彌太郎、土佐商会主任として長崎赴任

'68 鍋島藩、軍艦ユージン丸（孟春丸）購入

鍋島藩とグラバー、高島坑開発の契約

日本初の鉄橋「くろがね橋」竣工〔長崎製鉄所〕

高島の第一竪坑・北渓井坑の開削開始（'69年着炭）、技師モーリスが指導

'69 小菅修船場竣工

「六海商社」が端島坑の採炭を手がけるも一年で廃業

6月、高島で坑夫らの暴動、藩が出動し制圧

'70 グラバー商会破綻（オランダ商会が事業継承）

高島の南洋井坑開削開始（71年着炭）

端島坑の「請負稼業願」を旧深堀鍋島家家臣の渡邊聞櫓らが提出

'71 岩崎彌之助がアメリカへ留学

長崎製鉄所、工部省所管となり長崎造船所へ改称

'72 高島坑の経営につき鍋島藩がオランダ商会との合弁を幕府に出願するも不許可となる

12月、高島の坑夫２００人が暴動

'73 2月、高島坑で坑夫４００人が暴動

三川商会から三菱商会へと改称。社長に岩崎彌太郎、副社長に彌之助が就任

'64 フューレ、プチジャン両神父来崎

大浦天主堂〔フュレ神父／小山秀之進〕

フルベッキ、幕府の要請で長崎英語伝習所の教師となる

'65 横須賀製鉄所開設（第一船渠でベトンが使用される）

ウォルト住宅〔小山秀之進〕

'68 グラバーの高島別邸〔小山秀之進〕

ド・ロ神父来崎

'69 リンガー住宅〔小山秀之進〕

フルベッキ、政府の依頼で大学設立準備

東京―横浜間に電信開通

横浜・二代目吉田橋（日本初の無橋脚鉄製トラス橋）〔ブラントン〕

'70 伊王島灯台（日本初の鉄製灯台）〔ブラントン〕

'71 大阪造幣寮〔ウォートルス〕

工学寮設立。御雇外国人による工学教育が始まる

長崎―上海間に日本初の国際電信開始

'72 富岡製糸場〔バスチャン〕

工部省鉱山寮開設（技術者教育の開始）

「鉱山心得」発令

新橋―横浜間に鉄道開通

'61 議事堂〔バリー〕

技師コワニエ、金属メッシュでコンクリート補強

'67 コワニエ、6階建のアパートを建設

モニエが鉄網モルタルの植木鉢をパリ万博に出品

'69 パリ国立図書館〔ラブルースト〕

スエズ運河開通

アメリカ大陸横断鉄道開通

'71 アメリカで初のセメント工場が創業

シカゴ大火

'73 アメリカの建設業者ワードがハドソン湖畔にＲＣ造住

'65 「亀山社中」結成

'67～ 戊辰戦争

'67 兵庫開港

浦上の潜伏キリシタンが投獄される

'68 新政府の天領没収

フルベッキ、大隈重信に近代化を進言

'69 版籍奉還

'70～ 普仏戦争

'71 廃藩置県

岩倉遣欧使節団出発

ドイツ帝国統一

'73 禁教の高札撤廃

ウィーン万博（日本政府、初の公式参加）

三菱、吉岡鉱山を買収
高島坑について政府がオランダ商社に対し賠償
'74 鉱山寮の仮出張所を長崎に設置。高島坑が官営となる。高取伊好が技手として赴任
三菱、本店を大阪から東京へ移す
三菱、フランス人技師フロランを雇用
深堀鍋島家の渡辺聞櫓、端島坑の「借区開坑願」
高島坑、後藤象二郎の「蓬莱社」に払い下げ
'75 三菱、内務省の命令により上海─横浜航路を開く
荘田平五郎、山脇正勝が三菱入社。荘田が「三菱汽船会社規則」を制定
小山秀、端島開発に関し渡辺聞櫓らと契約
12月、高島坑ガス爆発（『高島炭鉱史』には48人死亡との記載）
'76 北渓井坑、海水浸入で廃坑となる
6月、端島坑で浸水、7月には台風で坑内崩落
高島でコレラ発生（下期の採炭は70％ものダウン）
竹内綱が後藤象二郎より蓬莱社を継ぐ
ボイド商会との共同で横浜に三菱製鉄所を開く
'77 三菱、西南戦争に伴う輸送業務を担う
'78 7月、高島で坑夫2千人が暴動
福沢諭吉が高島坑の譲渡を岩崎彌太郎に仲介
'79 立神第一船渠竣工
峰眞興が中ノ島で竪坑開削に着手
ボイド商会から横浜・三菱製鉄所の全権利を取得
'80 長崎に戻ったグラバーが高島炭坑の支配人となる
三菱、フランス人技師レスカスを雇用
4月、高島坑でガス爆発（47人死亡）

'73 「日本坑法」発令
長崎─東京間に電信回線開通
'74 長崎県庁舎（洋風・木造2階）
為換バンク三井組〔清水喜助〕
「深川摂綿篤製造所」を工部省に移管
'75 「官営深川セメント製造所」が国産セメントの製造に成功
「羅典神学校（兼宿舎）」完成〔ド・ロ神父〕。フランスの建築技術「ピゼ」が導入される
'76～'79 第一回文部省留学生派遣
'77 工部寮廃止に伴い工部大学校設立、コンドル招聘
伊王島灯台吏員所（日本初の無筋コンクリート造）〔ブラントン／大渡伊勢吉〕
日本最古のコンクリート造住宅「小曽根邸」
第三回内国勧業博覧会（長崎）
コレラ上陸、女神避病院設立
'79 伊王島・大明寺教会〔大渡伊勢吉〕
'80 「工場払下規則」公布
長崎・女神検疫所設置

宅を建設
'75 モリス、モリス商会設立（アーツ・アンド・クラフツ運動の源流）
史上初のRC造橋が架橋
イギリスで職人労働者住宅改良法施行
'79 フランスのアンネビックが独学でコンクリートを使用

'74 台湾出兵
'77 西南戦争
東京大学設立
英領インド成立
'78 パリ万博

～1890年（明治23）

11月、高島で賃上げ要求の暴動
長谷川芳之助が三菱入社

'81
後藤象二郎から岩崎彌太郎へ高島坑譲渡（初代炭坑事務長は山脇正勝）
南部球吾が三菱入社
4月、高取伊好が三菱入社（8月退社）
長谷川芳之助が端島坑区の実測図を作成

'82
山口半六が三菱入社
近藤廉平が坑外部の元締役として高島に赴任
高島で納屋縮減に端を発する暴動発生
このころ、小山秀が天草に帰郷

'83
中ノ島坑で出炭開始（高取伊好が技師長を務める）
長谷川芳之助、吉岡鉱山長として赴任
深堀鍋島家旧当主・鍋島孫六郎が端島坑を取得
岩崎彌之助、端島の仮坑区券を下付される（三菱による実質的な関与の始まり）
9月、高島坑で減給に反対する暴動（7人死亡）
松田武一郎が三菱入社

'84
三菱と共同運輸の海運競争が激化
6月、三菱、政府より長崎の造船所を借り受け
三菱が中ノ島、二子島坑区の払い下げを受ける

'85
岩崎彌太郎死去。彌之助が二代目社長に就任
長谷川芳之助、製鉄所設立の請願書提出
8月、高島でコレラ発生（132人発病、80余名死亡）
三菱、海運部門を切り離し共同運輸と合併。日本郵船会社発足
12月、高島で天然痘発生（299名発病、99名死亡）

'86
三菱社設立

'81
神ノ島の仮聖堂（木造）〔ラゲ神父〕

'82
出津教会（レンガ造平屋）〔ド・ロ神父〕
活水女学校新校舎（ラッセル館）
上野博物館〔コンドル〕
日見峠一等県道開通（日本初の有料道路）
銀座に電灯（アーク灯）点火

'80年代前半
西郷従道邸〔レスカス〕

'83
共同運輸営業開始
白石直治が渡米
鹿鳴館〔コンドル〕

'84
官営深川セメント製造所、浅野総一郎らに払い下げ

'85
銀行集会所〔辰野金吾〕
高取伊好、竹内綱らが共同で芳ノ谷炭坑の事業に着手
日本郵船会社開業
横浜日本郵船会社〔レスカス〕

'86
ド・ロ神父、黒崎村出津に診療所設立

'81
ウィーン・自然史博物館〔ゼンパー〕

'82～
サグラダ・ファミリア聖堂〔ガウディ〕

'83
ウィーン市庁舎〔フリードリヒ・シュミット〕

'85
アムステルダム王立美術館レイクスムセール〔カイペルス〕

'86
ドイツのケーネン、

'81
イリ条約
大隈重信失脚（明治14年の政変）

'82
独・墺・伊三国同盟
伊藤博文、憲法調査のため渡欧

'84～'85
清仏戦争

'84
松方デフレ深刻

'85
長崎でコレラ大流行

'86
アメリカ労働総同

グラバー、三菱の顧問となる
高島で飲料用の蒸留水製造
深堀鍋島家の渡辺元が端島で竪坑開削（11月着炭）、石垣、堤防、埋立、貯炭場を設置
岩崎久彌、ペンシルベニア大へ留学

'87 「東京倉庫会社」（三菱倉庫の前身）、深川で設立
「夕顔丸」竣工（長崎港、高島、端島の連絡船）
三菱内で端島坑の決算勘定が始まる（筆者の推測）
6月、長崎造船所、三菱へ払い下げ
8月、官報に端島坑での事故（32名死亡）の記載
高島炭坑事件を福陵新報等が報道、社会問題となる
南部球吾が二代目高島炭坑長に就任（ストダートは顧問）
長谷川芳之助が三菱本社副支配人となる

'88 長谷川芳之助の主導により三菱の筑豊進出が進む
6月、雑誌『日本人』に高島の惨状が掲載される
8月、警保局長・清浦奎吾が高島炭坑事件の現地調査。9月、納屋制度の是正を勧告

'88～'89 三菱、神戸に造船所設立

'89 三菱、筑豊の中山、植木坑区の払い下げを受ける
長谷川芳之助案による「三菱製鉄業上申書」を農商務大臣へ提出
ロンドン出張中の荘田平五郎より丸ノ内の陸軍用地を買い取るべきとの打電が入る
このころ（'87～'90年）端島で北部BI区の埋立
岩崎家深川別邸〔コンドル〕

'90 曾禰達蔵が三菱入社
三菱、鍋島孫六郎から10万円で端島坑を譲受

日比谷官庁街計画〔コンドル〕
白石直治、ベルリン大に留学
工部大学校が帝国大学工科大学に組織変更
リンガーらが長崎に上水道整備を要望

'87 三角西港開港〔小山秀ら〕

'88 曾禰達蔵、造家学会でセメントの材料試験報告
渋沢栄一郎邸〔辰野金吾〕
出島橋（木と鉄の混合トラス）

'89 三井に三池炭鉱の払い下げ

'90 帝国ホテル〔渡辺譲〕
東京音楽大〔山口半六〕

鉄筋コンクリート構造の理論的計算法を提唱
ランサム、鉄筋コンクリート側橋を建設

'88 ウィーン・王立劇場〔ゼンパー〕

'89 エッフェル塔〔エッフェル〕

'90 イギリス、労働者階級住宅法施行

盟結成
グラバー、ジャパン・ブルワリー・カンパニー（麒麟麦酒）設立

'88 市政・町村制公布

'89 パリ万博
長崎市制施行
株価暴落、日本初の経済恐慌

'90 長崎でコレラ発生、流行地に指定（患

三菱、丸ノ内と神田の計10万坪を取得
「筑後川丸」竣工（日本初の鋼船）
中ノ島、端島の両坑を高島炭坑の支坑とする

'91
三菱、端島の「増借区」（21万2万坪を拡張）
岩崎久彌が帰国、三菱の副社長に就任
端島で飲料用の蒸留水機設置
端島での「海面埋立許可」（東側480m×160m）
三菱大阪支店〔曾禰達蔵〕

'92
高島・南洋井坑廃坑となる
「端島石炭坑採掘特許願」（26万坪に拡張）提出
「鉱夫使役規則」を明記
このころ（'91～'94）端島で東部C区の埋立
'86～'93年、三菱の総利益中約74%を炭坑部門が捻出
曾禰達蔵、造家学会でコンクリート建築を紹介

'93
三菱社立の尋常小学校が端島で設立
5月、中ノ島坑で大量の出水、廃坑となる
端島坑で第二竪坑の開削着手
長谷川芳之助が三菱退社
岩崎久彌が三代目社長に就任

'94
丸ノ内の三菱一号館〔コンドル／曾禰達蔵〕
端島坑、高島炭坑から独立、第三竪坑開削に着手
「端島炭坑鉱区訂正願届」提出
端島で坑夫200名が同盟罷業、待遇改善を要求。納屋等を破壊し警官出動、39人を逮捕
このころ（'94～'97）端島で南部D区の埋立
立神船渠延長工事（～'95）

'95
外洋汽船「須磨丸」竣工
飽之浦の第二船渠工事（～'96）

'91
若松―直方間に筑豊興業鉄道開通
日本初ダム式上水道、本河内高部ダム（石積み＋コンクリート）〔吉村長策〕
日本マリア会海星学校〔センネツ〕

'92
長崎市内に初めて電灯がつく
東京郵便電信局〔片山東熊〕
「日本坑法」に代わり「鉱業条例」施行
スタンフォード大学のRC建築情報を曾禰達蔵が『建築雑誌』に投稿

'93
大野教会（石造平屋）〔ド・ロ神父〕

'94
東京・秀英舎印刷工場（日本初の鉄骨造）〔若山鉉吉〕
東京府庁舎〔妻木頼黄〕
釜石・田中製作所操業開始

'95～
浦上天主堂起工（竣工は1914年）〔フレノ神父〕

'92
フランスのアンネビック、剪断補強筋による工法を発明し特許取得

'95
アンネビック社、ロンドンに設立

者858人）

'91
シベリア鉄道着工

'93
シカゴ万博
万国建築家会議（曾禰達蔵が出席）

'94～'95
日清戦争

'95
日清戦争終結（下関条約）

端島、第二竪坑完成
丸ノ内二、三号館〔曾禰達蔵／コンドル〕
'96 端島坑、高島炭坑の支山に戻る
端島、第三竪坑完成
大木良直、第三代高島炭坑長に就任
三菱、売炭部と鉱山部を設置
岩崎本宅〔コンドル〕
'97 3月、端島の第一竪坑が坑内火災に伴い水没、廃坑
4月、端島で170人が入坑拒否のストライキ
5月、坑夫一統から「願」、6月に追願書提出
荘田平五郎長崎造船所所長に任命
丸ノ内建築所の機能が一時神戸へ移される
端島坑、増区申請（「鉱区訂正」）
端島坑の年間出炭量が高島炭坑を上回る
三菱、納屋制度廃止の社長命令
'98 大型汽船「常陸丸」（三菱初のロイド級船）竣工
'99 白石直治、船渠視察と資材調達のため欧米へ
このころ（'98〜'99）端島で居住区E区の埋立が進む
1900 三菱銀行神戸支店〔曾禰達蔵〕
白石直治、神戸・和田建築所所長（嘱託）に就任
端島、直流発電機により坑内外点灯
保岡勝也が三菱入社、丸ノ内四、五号館の設計に従事（〜'02）
三菱が高取伊好から相知炭坑を買収
'01 高島炭坑社（木造2階洋館）
'02 高島坑に直流発電機を設置
このころ（'00〜'01）端島北部F区で埋立が進む
'03 保岡勝也、三菱を退社し大学院へ

'95 長崎税関監視部庁舎〔渡辺至〕
奈良県庁〔長野宇平治〕
'96 日銀本店〔辰野金吾〕
東京裁判所〔エンデ／ベックマン〕
製鉄所官制発布
'97 長崎—長与間に九州鉄道開通
神ノ島教会（レンガ造平屋）〔デュラン神父〕
二代目長崎駅舎（木造2階）
長崎ホテル〔コンドル〕
海星学園新校舎（レンガ造3階建）〔センネッツ〕
清心女学校・マリア園（レンガ造3階建）〔センネッツ〕
東京商工会議所〔妻木頼黄〕
'99 長崎市内で電話開通（九州初）
1900 日本初コンクリートダム、布引五本松ダム〔吉村長策〕
山口半六、長崎市街設計（同年没）
'01 八幡製鉄所操業開始
下田菊太郎邸（RC造）〔下田菊太郎〕
'02 長崎瓦斯会社設立
三井本館〔横河民輔〕
'03 日本初RC橋、琵琶湖疏水路

'96 アンネビック社、紡績工場をRC造で建設
'97 クリムト、ワグナーらがウィーン分離派結成
国際建築家会議（ブリュッセル）
'99 ショワジー、『建築史』刊行
1900 モニエ式床構造
アンネビック社、パリ万博に貯水槽を出展
'01 エジソンがセメント事業を開始
'02 クリストフが『鉄筋コンクリートとその応用』刊行
'03 アメリカ・インガ

'96 明治三陸地震
'97 台湾総督府設置
長崎で8県（九州沖縄）連合共進会開催
'98 岡倉天心らが日本美術院設立
'99〜'02 南ア戦争
1900 パリ万博&オリンピック
'02 シベリア鉄道開通
第一次日英同盟
'03〜'14 パナマ運河建設

'04
三菱の炭鉱事業が不振に陥る
荘田平五郎所長宅（占勝閣）〔曾禰達蔵〕
丸ノ内四、六、七号館竣工〔曾禰達蔵〕
端島で製塩事業開始

'05
端島の「公有水面埋立願」提出
台風で護岸破壊、島民1200人が学校に避難（納屋30棟全壊9棟半壊）
長崎造船所第三船渠開渠

'06
保岡勝也、丸ノ内建築所二代目技師長に就任
3月高島坑（蛎瀬）で坑内ガス爆発（307人死亡）
岩崎小彌太、アメリカより帰国、副社長就任
鉱山部を設置（鉱山部と営業部を統合）
坑夫扶助金改正、弔慰費3倍に引上げ
二代目常陸丸竣工〔内装設計：奥山恒五郎〕
曾禰達蔵、三菱退社
神戸和田岬の実験的RC造倉庫〔白石直治〕
白石直治、アメリカ土木学会誌で第三船渠築の論文
白石直治、神戸和田岬の埋立・護岸にケーソン工法を採用

'07
2月、長崎造船所で大規模な同盟罷業
三菱、造船部を設置
長崎造船所で日本初のコンクリート造船型試験水槽竣工
二子坑の斜坑開削に着手
高島—端島間に電話開通
このころ（'07～）端島の東南部G区、第三堅坑沿岸で埋立が進む。

本河内低部ダム（コンクリート造）〔吉村長策〕
第五回内国勧業博覧会にコンクリート梁が出品される

'04
香港上海銀行長崎支店〔下田菊太郎〕
出師橋（鉄骨トラス橋、のちの出島橋）
横浜正金銀行〔妻木頼黄〕
長崎・西山ダム（コンクリート造、国産セメント）〔吉村長策〕

'05
佐世保軍港内の第一烹炊所、潜水器具庫〔真島健三郎〕
長崎—浦上間に九州鉄道開通

'06
聖マリア学園（レンガ造3階建）
第一生命保険相互会社〔横河民輔〕

'07
梅香崎橋（コンクリート製アーチ橋）
佐野利器講演「鐵筋コンクリート」
長崎刑務所〔山下啓次郎〕
松田武一郎、満鉄撫順炭坑に招聘、炭坑街の計画に従事
日本製鋼所設立

ルスビル（RC造15階）〔ランサム〕
パッカード第10ビル〔アルバート・カーン〕
パリのフランクリン街アパート〔ペレ〕
ヒルハウス〔マッキントッシュ〕
パリ地下鉄アベス駅入口〔ギマール〕
アンネビックが屋上庭園・RC造の自邸を建設
ガルニエの工業都市計画案（'04～'17）

'04
ウィーン郵便貯金局第一期工事〔ワーグナー〕

'05
パリ・ポンテュー街の車庫〔ペレ〕
アメリカ・ラーキン社屋〔ライト〕
グラスゴー美術学校〔マッキントッシュ〕

'06
国際建築家会議（ロンドン）

'04～'05
日露戦争

'06
南満州鉄道設立
サンフランシスコ大地震

'07
英露協商（ハーグで万国平和会議）

~1910年（明治43）　~1920年（大正9）

'07~'08 「東京倉庫D棟」（RC造）〔白石直治〕
'08 岩崎彌之助死去
杉本恵が四代目高島炭坑長就任
日本初のタービン船「天洋丸」、「地洋丸」竣工。内装はアール・ヌーヴォー様式、設計はイギリスのアルダンヒールトン社
8月、端島で台風被害
三菱合資会社長崎支店唐津出張所〔保岡勝也〕
保岡勝也がウィーンの「建築家世界大会」参加のため渡欧（急遽日程変更のため参加できず）
「櫻丸」竣工〔内装設計：保岡勝也、本野精吾〕
10月、日露戦争後の不況に臨み職制改革。鉱山・銀行・造船・庶務の4部を設置し独立採算制へ
'09 「熱田丸」竣工〔内装設計：奥山恒五郎〕
端島で住宅各戸に点灯用の配電
'10 丸ノ内建築所が地所課所管となる（翌年地所部）
丸ノ内一二号館〔保岡勝也〕
端島坑で排水ポンプ等の動力電化
「雇傭規則賞罰規則」等を改定
東京倉庫G棟〔白石直治〕
白石直治、イギリス工師会にRC造の論文
三菱合資会社大阪支店〔曾禰達蔵／保岡勝也〕
'11 第三竪坑の坑内電気捲揚機落成
丸ノ内一三号館〔保岡勝也（内田祥三も参加）〕
グラバー死去
妻木栗造が第五代高島炭坑長就任
'12 三菱、8部に組織編成（鉱山と炭坑も分割）
丸ノ内一四号館（丸ノ内初のRC造）〔保岡勝也〕

'08 三橋四郎、学会で鉄筋コンクリートに関する講演
'09 迎賓館（赤坂離宮）〔片山東熊〕
住友倉庫（RC造）〔住友本店臨時建築部〕
渋沢倉庫（RC造）〔清水組〕
大倉土木社がアンネビック社より技師招聘
'10 横浜・三代目吉田橋（日本最初のカーン式RC橋）〔石橋絢彦〕
'11 三井物産横浜支店（RC造4階建）〔遠藤於菟〕
長崎県庁（煉瓦造3階建）〔山田七五郎〕
'12 慶応義塾図書館〔曾禰達蔵〕
三井貸事務所（6階建）〔横河民輔〕

'07 ドイツ工作連盟結成
'08 アドルフ・ロース『装飾と犯罪』刊行
国際建築家会議（ウィーン）
'09 AEGタービン工場〔ベーレンス〕
ロビー邸〔ライト〕
詩人マリネッティによる「未来主義創立宣言」
'10 ウィーン・ミヒャエル広場のロースハウス〔ロース〕
'11~'13 ファグス靴工場〔グロピウス／マイヤー〕

'09 三井合名会社設立
'11 辛亥革命
'12 中華民国成立

'12～ 保岡勝也、三菱退社（'13年まで嘱託）
日下部義太郎が欧米の炭坑視察

'13 1月、端島で暴風被害
三菱合資会社若松支店竣工〔保岡勝也〕
丸ノ内一四号館竣工（RC造）〔保岡勝也〕
日下部義太郎が六代目高島炭坑長就任
二子坑、端島と高島の中間で着炭し出炭開始
端島旧一四号棟竣工（木造5階／床屋根RC造、屋上庭園）

'14 丸ノ内二一号館（RC造）〔保岡勝也〕
岩崎久彌、長崎出張時に台風遭遇
端島で「四階建坑夫社宅」（のちの三〇号棟）建設を含む復旧予算を緊急計上
端島坑で12尺炭層発見
端島で三度の台風被害（6月には桟橋流出）

'16 端島・三〇号棟竣工（当初は4階建、継続して7階へ増築）
大阪朝日新聞で端島・三〇号棟の竣工を報道
岩崎小彌太、四代目社長に就任
長崎・三菱造船所材料試験所（実験場、RC造）
端島坑で少年、婦女の坑内使役促進
端島坑でガス爆発（死者3名）

'17 三菱造船株式会社長崎造船所設立
高島の二子坑―端島間に送電ケーブル敷設（12月

長崎・古川町橋RC造に改築

'13 今村天主堂〔鉄川与助〕
三代目長崎駅舎（木造洋風）
三井クラブ〔コンドル〕

'14 日本製粉久留米工場及び倉庫（RC造）〔清水組〕
長崎市庁（RC造2階建）〔山田七五郎〕
東京駅〔辰野金吾〕
下関・秋田商会（RC造4階建、屋上庭園）
不動貯金銀行長崎支店（RC造2階建）

'15 猪苗代発電所〔白石直治〕
大倉組本館〔三橋四郎〕
長崎大司教館〔ド・ロ神父／鉄川与助〕

'16 イギリス、鉄材輸出禁止
「工場法」施行（「鉱夫労役扶助規則」も同時）

'17 アメリカ、鉄材輸出禁止
古河邸〔コンドル〕

'13 シャンゼリゼ劇場〔ペレ〕
コルビュジエが事務所開設、ドミノシステムの開発に着手

'14 イタリアのアントニオ・サンテリーア、未来派に参加。「新都市案」

'16 「健康の家」のヴィラ（RC造）〔トッフ〕

'17 オランダで「デ・スティル」運動勃興

'14～'18 第一次世界大戦

'14 大正博覧会（東京・上野）
日本、第一次世界大戦参戦
日本軍が青島占領

'15 サンフランシスコ万博（パナマ運河開通記念）
長崎電気軌道、営業運転開始

'17 ロシア革命

'18～'20 スペイン風邪

〜1930年（昭和5）

送電開始）
'18〜 日給社宅（一六〜一八号棟、RC造。'20年に9階建に増築）
'18 三菱鉱業株式会社設立
高島炭鉱で「鉱夫扶助規則」施行
飽ノ浦・三菱病院（煉瓦造3階建、EV付）
'19 三菱造船株式会社長崎製鋼所設立
三菱造船所内でRC造の艀船建造〔末廣恭二〕
'21 長崎造船所で戦艦「土佐」進水（翌年、海軍軍縮条約をうけ建造中止）
二子島―端島間に海底電線敷設
長崎日日新聞で端島が「軍艦島」として紹介される
'23 丸ノ内ビルヂング〔桜井小太郎〕
'25 端島南部、台風による被害
第四竪坑完成
三菱銀行本店〔桜井小太郎〕
'27 端島で映画館（五〇号棟）が開館
'28 端島、一八、一九号棟（9階建社宅）

'18 海軍佐世保工廠にてRC船建造
東京海上ビル〔曾禰・中条事務所〕
田平教会〔鉄川与助〕
'20 レーモンド来日
日本工業倶楽部〔横河民輔〕
このころ、東京大の学生だった石本喜久治、堀口捨己らが分離派建築会を立ち上げる
'22 佐世保・針尾送信所の3本のRC造無線塔が完成
帝国ホテル〔ライト〕
日本郵船の貨客船「長崎丸」、日華連絡線「上海丸」（長崎丸の姉妹船）竣工
'23 内藤多仲らによる講演「建物の震動」
日本郵船ビルディング〔曾禰達蔵〕
'24 末広恭二講演「鉄筋コンクリート造建築物の振動」
聖フランシスコ病院（RC造3階建）〔鉄川与助〕
'26 同潤会中之郷アパート〔同潤会設計部〕
'28 聖路加病院（レーモンド／フォイエルシュタインが手がけるも途中で解雇）
'29 三井本館〔リヴィングストン社〕

'19 アメリカのコンクリート船（4500トン）が大西洋横断
'20 『エスプリ・ヌーボー』創刊
'21 「ガラスの摩天楼案」〔ローエ〕
アインシュタイン塔〔メンデルゾーン〕
'25 シュレーダー邸〔リートフェルト〕
'26 バウハウス・デッサウ校舎〔設計は校長のグロピウス〕
コルビュジエ「近代建築五原則」発表
'29 バルセロナ・パビリオン〔ローエ〕
'30 サヴォア邸〔コルビュジエ〕

大流行
'18 択捉島沖地震
'19 ワイマール共和国成立
パリ講和会議
'20 国際連盟発足（日本も加盟）
八幡製鉄所争議
'23 関東大震災
上海航路開設
'24 長崎交通船定期航路開始（大波止〜伊王島）
'27 南京事件
'29 アメリカで株大暴落、世界大恐慌勃発

（参考：『第一機械時代の理論とデザイン』。「建築士」2019年11月号P28の表に加筆・修正）

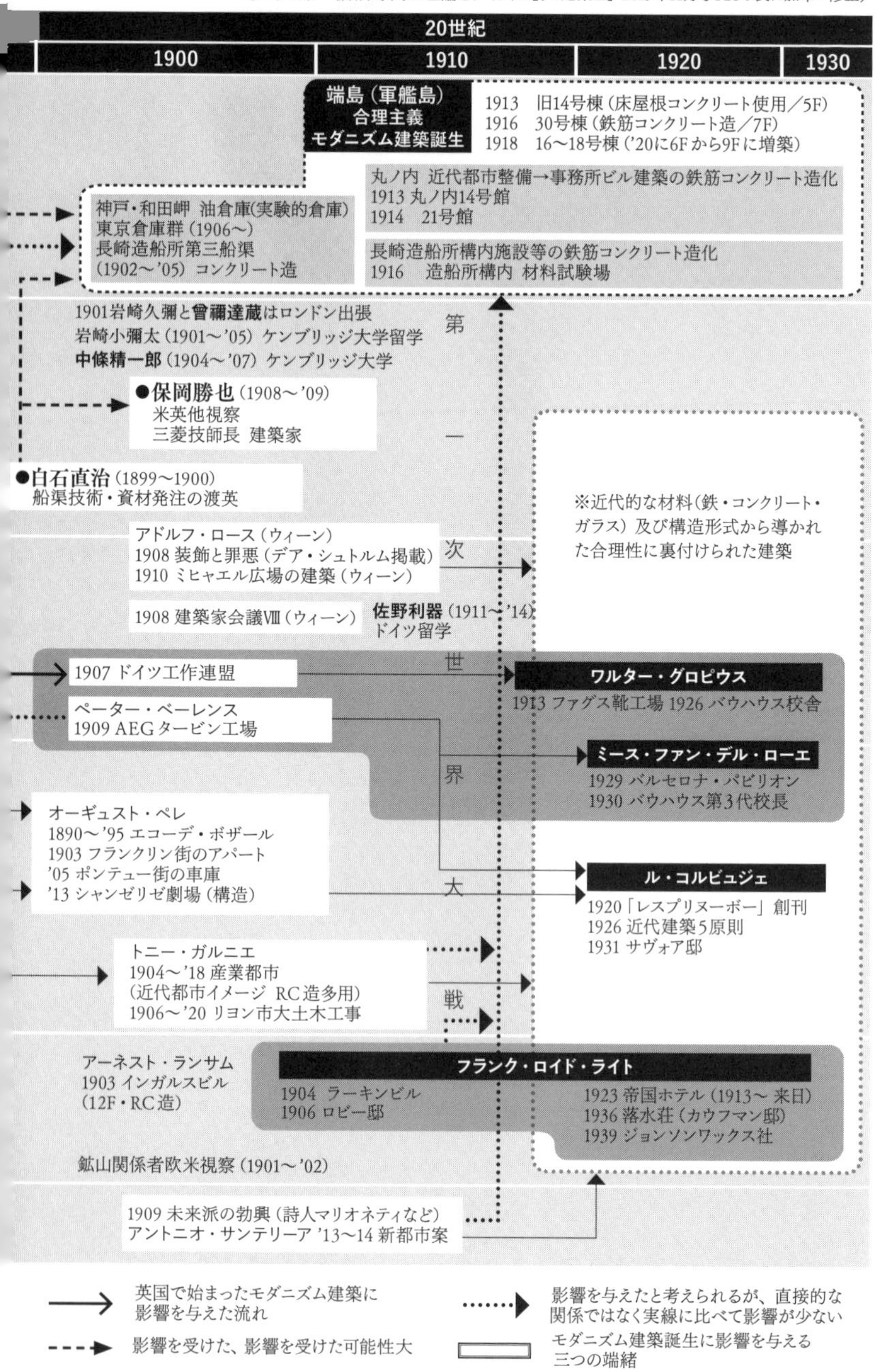

資料　モダニズム建築の潮流と日本・三菱への影響

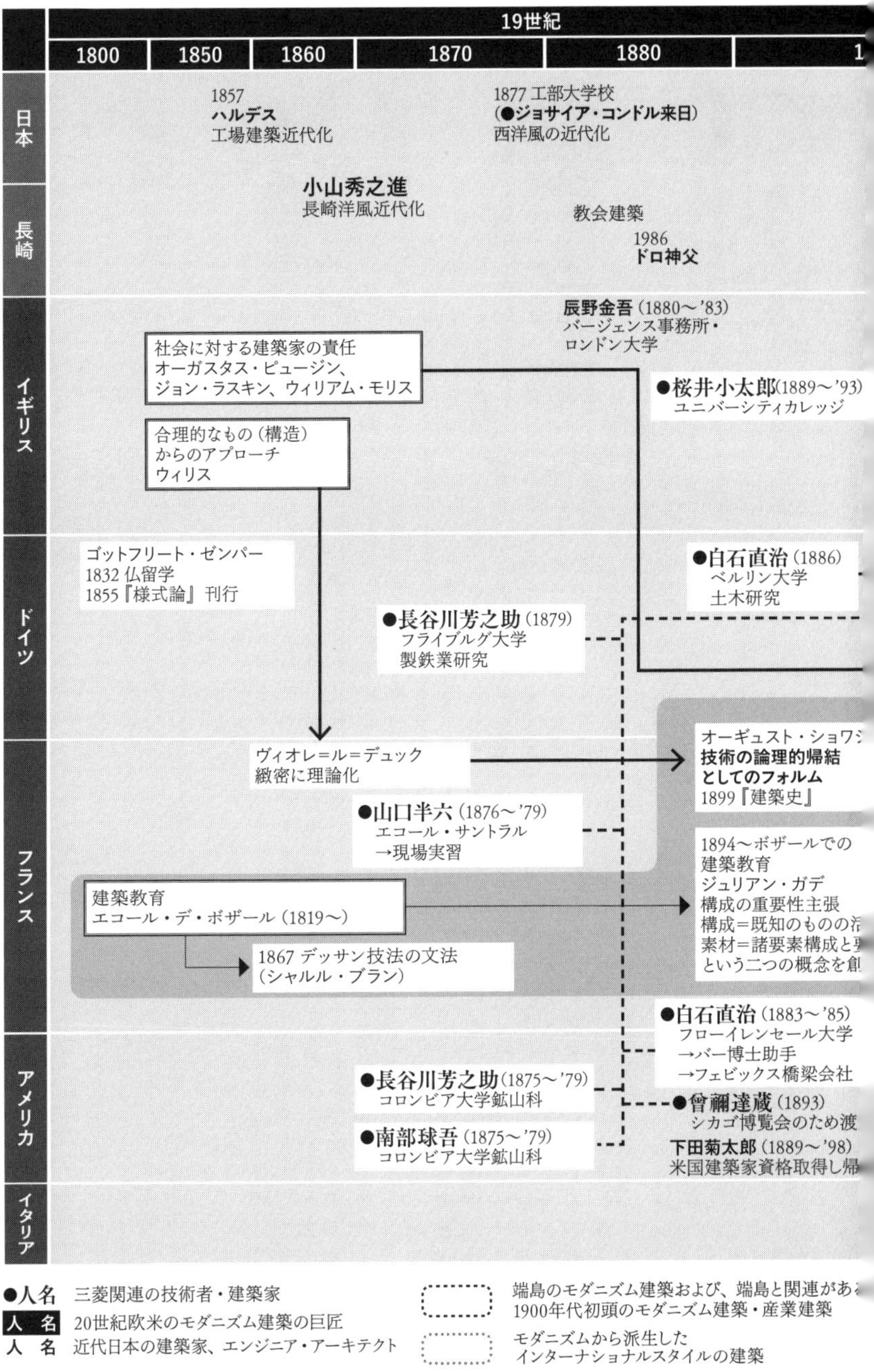

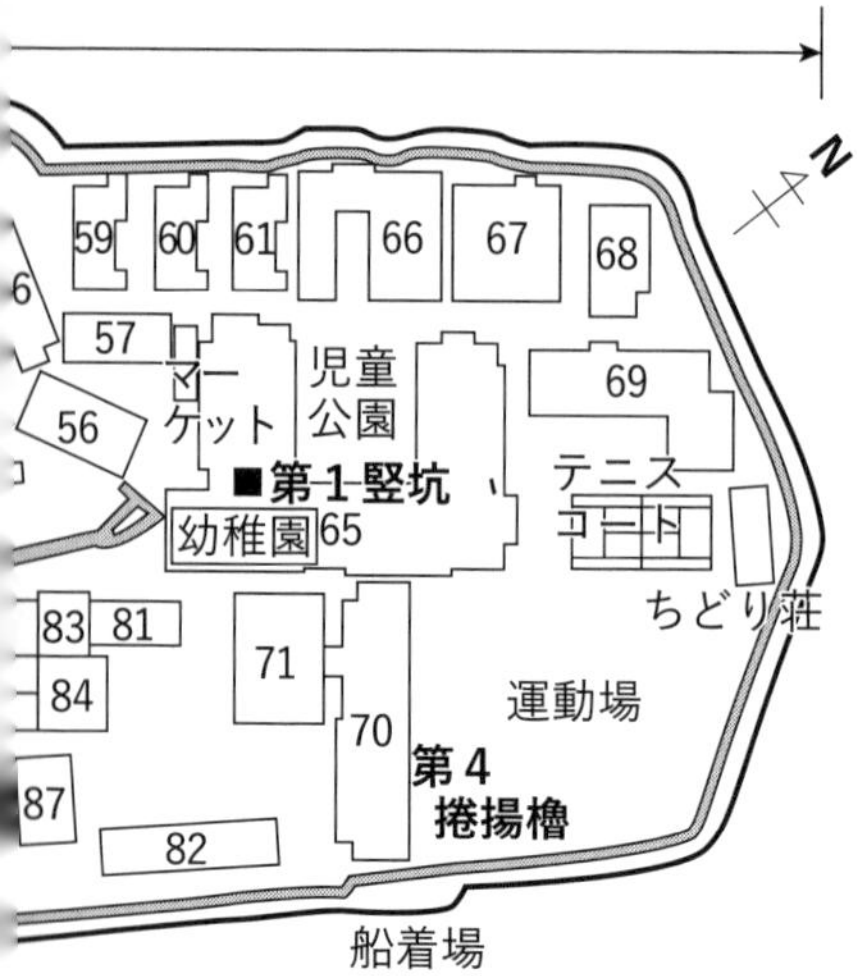

※周囲 1.2Km　海抜 47.7m

鉱業所の施設

81	圧気室
82	資材倉庫
83	変電所
84	第4竪坑捲座
85	扇風機圧気室
86	圧気室
87	清水タンク
89	積込室
90	電気倉庫
91	オリバーフィルター室
92	浮選機室
93	炭車修理工場
95	選炭機
97	坑口桟橋
98	1F:電気工場/2F:事務所
99	総合事務所
100	倉庫　資材倉庫（旧3坑捲座）
101	倉庫
102	第2竪坑捲座
103	下請住宅
104	仕上工場
106	製缶場
107	会議室
108	鍛冶工場
109	鉄柱工場
110	プール
111	ブロアー室

39号棟	1964	鉄筋コンクリート造3階	公民館
48号棟	1955	鉄筋コンクリート造5階	鉱員社宅、地下パチンコ屋
50号棟	1927	煉瓦造、一部鉄筋コンクリート	映画館（昭和館）
51号棟	1961	鉄筋コンクリート造8階	鉱員社宅
56号棟	1939	鉄筋コンクリート造3階	職員社宅
57号棟	1939	鉄筋コンクリート造4階	1階商店、職員社宅
59号棟	1953	鉄筋コンクリート造5階	鉱員社宅、地下購買部
60号棟	1953	鉄筋コンクリート造5階	鉱員社宅、地下購買部
61号棟	1953	鉄筋コンクリート造5階	鉱員社宅、地下共同浴場
65号棟	1945	鉄筋コンクリート造9階（新65号棟10階）	鉱員社宅、保育園
66号棟	1940	鉄筋コンクリート造4階	鉱員独身寮（啓明寮）
67号棟	1950	鉄筋コンクリート造4階	鉱員合宿所
68号棟	1958	鉄筋コンクリート造2階	隔離病棟
69号棟	1958	鉄筋コンクリート造4階	端島砿病院
70号棟	1958	鉄筋コンクリート造7階	端島小中学校
71号棟	1970	鉄筋コンクリート造1階、鉄骨2階	体育館

資料　閉山当時の端島の施設と住居

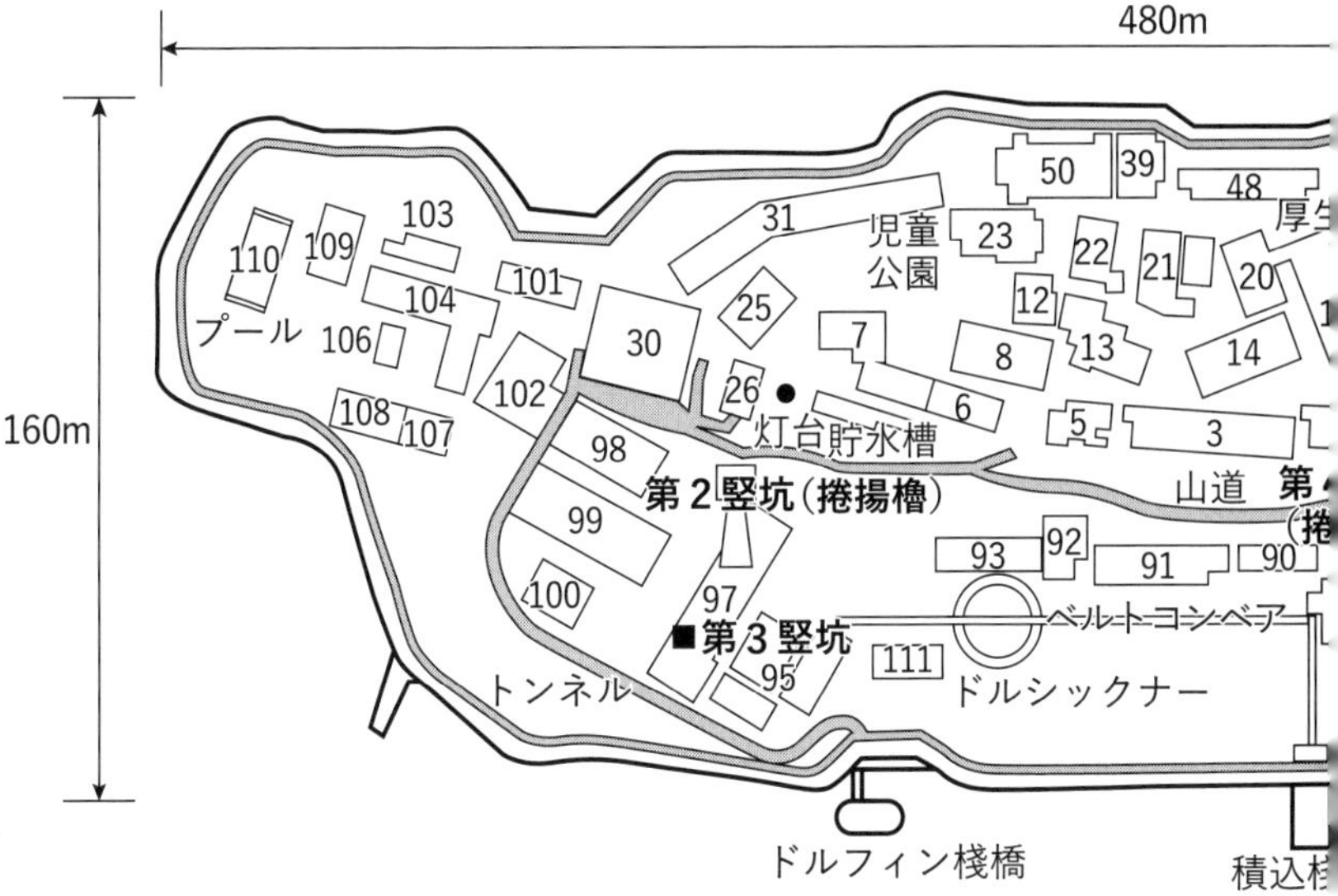

番号	竣工	仕様	用途
1号棟	1936	鉄筋コンクリート、一部木造	端島神社
2号棟	1950	鉄筋コンクリート造3階	職員住宅
3号棟	1959	鉄筋コンクリート造4階	職員住宅
5号棟	1950	木造2階	坑長社宅
6号棟	1936	木造2階	職員合宿所
7号棟	1953	木造2階	職員クラブハウス
8号棟	1919	鉄筋コンクリート1階、木造2階	1階共同浴場、職員社宅
12号棟	～1923	鉄筋コンクリート1階、木造2階	職員住宅
13号棟	1967	鉄筋コンクリート造4階	公営住宅（教職員用）
14号棟	1941	鉄筋コンクリート造5階	職員住宅（中央社宅）
16号棟	1918～	鉄筋コンクリート造9階	鉱員社宅（日給社宅）
17号棟	1918～	鉄筋コンクリート造9階	鉱員社宅（日給社宅）
18号棟	1918～	鉄筋コンクリート造9階	鉱員社宅（日給社宅）
19号棟	1922～	鉄筋コンクリート造9階	鉱員社宅（日給社宅）
20号棟	1922～	鉄筋コンクリート造6階	鉱員社宅（日給社宅）
21号棟	1954	鉄筋コンクリート造5階	鉱員社宅、1階派出所
22号棟	1953	鉄筋コンクリート造5階	1階役場、公営住宅（公務員）
23号棟	1921	木造2階、1階一部鉄筋コンクリート	1階独身寮、2階寺院
25号棟	1931	鉄筋コンクリート造5階	1階飲食店、2階宿泊所、職員社宅
26号棟	1966	プレハブ2階	下請作業員飯場（旧船頭長屋）
30号棟	1916	鉄筋コンクリート造4階→7階	旧鉱員社宅（下請飯場）
31号棟	1957	鉄筋コンクリート造6階	鉱員社宅、地下共同浴場、郵便局1階他

紀要，第54巻第3分冊，2002
堀勇良「日本における鉄筋コンクリート建築成立過程の構造技術史的研究」(東京大学学位請求論文)1982
松尾兼治編『高島町文化史』高島町，1949
前川雅夫『炭坑誌　長崎県石炭年表』葦書房，1990
前田裕子『ビジネス・インフラの明治　白石直治と土木の世界』名古屋大学出版会，2014
松田順吉「松田武一郎小伝」(稿本)1996
松山巖『まぼろしのインテリア』作品社，1985
丸山久志「私の住み方の記　軍艦島生活談」長崎造船大学卒業論文，1974
三橋四郎「鐵筋混凝土並に其應用」，『建築雑誌』22集264号，日本建築学会，1908
三菱鉱業セメント株式会社編『三菱鉱業社史』1976
三菱鉱業セメント株式会社高島炭砿史編纂委員会編『高島炭砿史』1989
三菱社誌刊行会編『三菱社誌』20〜26，東京大学出版会，1980
三菱重工業株式会社長崎造船所「史料館」，2007
「三菱重工長崎研究所船型試験水槽技術報告書」1968.1，長崎研究所史　資料その12
三菱創業百年記念事業委員会編『三菱の百年』1970
三菱造船株式会社『創業百年の長崎造船所』1957
宮川隆泰『岩崎小彌太　三菱を育てた経営理念』中央公論社，1996
宮島清一『時代を開いた唐津の先人』海鳥社，2019
宮谷慶一「横須賀製鉄所建設に使用された結合材および混和材について」清水建設研究報告第87号，2010
村野藤吾『様式の上にあれ　村野藤吾著作選』鹿島出版会，2008
村松貞次郎『日本建築技術史』地人書館，1959
村松貞次郎「日本建築近代化過程の技術史的研究」東京大学生産技術研究所報告第10巻第7号，東京大学生産技術研究所，1961
村松貞次郎『日本近代建築の歴史』日本放送出版協会，1977
村松貞次郎『日本の近代化とお雇い外国人』日立製作所，1995
森由起子，田上健一「端島高層アパートメントにおける住みこなしに関する研究：元鉱員社宅居住者のリビングヒストリー分析(建築計画)」1〜2，日本建築学会研究報告，2006
森田正『近代国家「明治」の養父　G.F.フルベッキ博士の長崎時代』長崎学院長崎外国語大学，2016
森永種夫『犯科帳第八巻』犯科帳刊行会，1960
保岡勝也「第五回内國勸業博覽會視察報告」，『建築雑誌』17集197号，日本建築学会，1903
保岡勝也「白耳義に於ける鐵筋混凝土」，『建築雑誌』19集228号，1905
保岡勝也「巻末附圖説明」，『建築雑誌』21集243号，日本建築学会，1907
保岡勝也「巻末附圖三菱合資會社第十二号十三号兩館設計説明」，『建築雑誌』295号，日本建築学会，1911
保岡勝也「今後の都市住宅」，『建築雑誌』33集390号，1919
矢野巍「船型試験場飽の浦時代(1)」長崎研究所
山口正一郎『博士長谷川芳之助』政教社，1913
山口光臣『長崎の洋風建築』長崎市教育委員会，1967
山田義勇「高島炭坑端島支坑報告書」九州大学実習報文，1918
ヤン・ギュンペル『建築の歴史　古代から現在まで』池田雅史，佐藤樹子，橋本ユキ訳，Könemann, 2001
ヨコハマ造船所「海軍コンクリート造船技術概要」ヨコハマ造船所(http://www.lares.dti.ne.jp/~obsidian/ysy/gihou/cons01.html)
吉田鋼市『トニー・ガルニエ』鹿島出版会，1993
ルイス・フロイス『日本史 1〜2』柳谷武夫訳，平凡社
ル・コルビュジエ『伽藍が白かったとき』生田勉，樋口清編，岩波書店，1957
レイナー・バンハム『第一機械時代の理論とデザイン』石原達二，増成隆士訳，鹿島出版会，1976
レイナー・バンハム『巨匠たちの時代　私説近代建築』山下泉訳訳，鹿島出版会，1978
労働運動史料刊行委員会編『日本労働運動史料』1963

筑豊石炭礦業史年表編纂委員会編『筑豊石炭礦業史年表』田川郷土研究会, 1973
チャールズ・ジェンクス『現代建築講義』黒川紀章訳, 彰国社, 1976
寺田寅彦「工学博士末広恭二君」,『寺田寅彦全随筆』第3巻, 岩波文庫, 1992
伝統技法研究会編『幻の小谷田瓦を追って　土と窯と技と』伝統技法研究会, 2007
東京電機大学阿久井研究室「特集実測軍艦島」(序)～⑤,『都市住宅』鹿島出版会, 1976年5月号～'77年11月号
東定宣昌「石炭産業における私雇外国人」九州大学,『経済学研究』62, 1996
豊島光夫『鉄筋最前線』建築技術, 1999
ドーラ・ウィーベンソン『工業都市の誕生　トニー・ガルニエとユートピア』松本篤訳, 井上書院, 1983
長崎県教育委員会編『大航海時代の長崎県　南蛮船来航の地を訪ねて』長崎県文化団体協議会, 1988
長崎県世界遺産登録推進室「フュレ回顧録・長崎編」,『長崎県内の多様な集落が形成する文化的景観保存調査報告書』長崎県文化財調査報告書第210集, 資料編1第3分冊, 2013
長崎市史編さん委員会編『新長崎市史第3巻(近代編)』長崎市, 2014
長崎水道局編『長崎水道百年史』1961
中西洋『日本近代化の基礎過程―長崎造船所とその労資関係：1855～1900年(上・中・下)』東京大学出版会, 1983
中村享一「明治期における端島の成立と展開に関する研究」,『産業考古学』150号, 2013
南海洋八郎『工学博士白石直治傳』工学博士白石直治伝編纂会, 1943
南部球吾「懐古談　高島炭坑の今昔」,『石炭時報』第1巻第75号, 1926
西澤泰彦「明治時代に建設された日本のドライドックに関する研究」,『土木史研究』第19号, 土木学会土木史研究委員会, 1999
西堀昭「明治時代の鉱山関係フランス人について(1)官営生野鉱山」,『横浜経営研究』第XII巻第3号, 1991
西山卯三, 扇田信「軍艦島の生活」,『住宅研究』財団法人住宅研究所, 1953
西山夘三『住み方の記』文藝春秋新社, 1965
西山卯三『日本のすまい3』勁草書房, 1980
日本近代史研究会編『画報近代百年史』第8集, 国際文化情報社, 1951
日本建築学会「神戸三菱船渠の設計」,『建築雑誌』15集172号, 日本建築学会, 1901
日本建築学会「ベトン製倉庫の建設」,『建築雑誌』19集222号, 日本建築学会, 1905
日本建築学会「新造大日本帝国義勇艦隊第一船さくら丸」,『建築雑誌』23集265号, 日本建築学会, 1909
日本建築学会「日本郵船株式会社新造船熱田丸諸公室装飾概要」,『建築雑誌』23集270号, 日本建築学会, 1909
日本建築学会「春洋丸を観る」,『建築雑誌』25集297号, 日本建築学会, 1911
日本建築学会編『近代日本建築学発達史(復刻版上・下)』文生書院, 2001
日本建築学会編『建築学用語辞典』岩波書店, 1993
日本建築学会編『建築論事典』彰国社, 2008
萩原博文『平戸オランダ商館』長崎新聞社, 2003
端島閉山40周年記念事業実行委員会編『GREAT HASHIMA　大いなる端島』忘羊社, 2014
畠山秀樹「三菱合資会社設立後の新入炭礦」(http://www.i-repository.net/contents/outemon/ir/102/102920425.pdf)
浜口隆一『ヒューマニズムの建築』雄鶏社, 1947
林えいだい『筑豊・軍艦島　朝鮮人強制連行、その後』弦書房, 2010
秀島成忠編『佐賀藩海軍史』知新会, 1917
秀村選三, 武野要子, 田中直樹, 細川章『明治前期肥前石炭礦業史料集』文献出版, 1977
兵藤釗『日本における労資関係の展開』東京大学出版会, 1971
フィリップ・ドゥルー『現代建築・第三の世代　移りゆく建築の意味』三宅理一訳, 鹿島出版会, 1975
藤森照信『日本の近代建築(上)幕末・明治篇』岩波書店, 1993
不動健治「世界一の人口密度緑なき島(端島)4」,『国際文化画報』第3巻6号, 国際文化情報社, 1951
文化財建造物保存技術協会編『重要文化財旧香港上海銀行長崎支店保存修理工事報告書』長崎市, 1996
深堀達夫「都市と実業教育：日仏交流史の視点山口半六と稲畑勝太郎の場合」大阪市立大学大学院文学研究科

川添硝子株式会社, 2001
北野典夫『天草海外発展史（上・下）』葦書房, 1985
北野典夫「華麗なる家譜　小山一族のこと」,『あまくさの民族と傳承』第6号,1986
木村至聖『産業遺産の記憶と表象「軍艦島」をめぐるポリティクス』京都大学学術出版会, 2014
桐敷真次郎『大浦天主堂』中央公論美術出版, 1968
桐敷真次郎『明治の建築　建築百年のあゆみ』日本経済新聞社, 1966
九州鉄道株式会社編『九州鉄道案内』1905
日下部義太郎「懐古談　相知、高島の二十年」,『石炭時報』第3巻第11号, 1928
草地勉「より高く美しく　鉄川与助とその時代」（西日本新聞連載, 全51回）
楠本寿一『長崎製鉄所　日本近代工業の創始』中央公論社, 1992
久保秀郎「近代都市における倉庫の空間的変遷」東京大学大学院修士論文, 2008
熊倉洋介, 末永航, 羽生修二, 星和彦, 堀内正昭, 渡辺道治『西洋建築様式史』美術出版社, 1995
ケネス・フランプトン『現代建築史』中村敏男訳, 青土社, 2003
『建築概論』彰国社, 1971
『建築用語辞典』技報堂, 196
小島恒久編『九州における近代産業の発展』九州大学出版会, 1988
後藤和雄, 松本逸也編『甦る幕末：写真集ライデン大学写真コレクションより』朝日新聞社, 1987
後藤惠之輔, 坂本道徳『軍艦島の遺産 風化する近代日本の象徴』長崎新聞社, 2005
小林正彬『八幡製鉄所』教育社, 1977
小林正彬他「特集軍艦島閉山20年」,『よむ』岩波書店, 1994
小林正彬「高島炭坑における官収と払下げ」関東学院大学経済学会研究論集、1974
小林正彬「後藤象二郎より買収以後の三菱高島炭鉱」関東学院大学,『経済系』第215集, 2003
小林正彬「“政商”より“財閥”へ―三菱とは何だったか」関東学院大学,『経済系』第222集, 2005
小松商工会議所機械金属業部会編『沈黙の巨星　コマツ創業の人・竹内明太郎伝』コマツ創業者竹内明太郎・中興の祖河合良成伝記発行と顕彰銅像建立委員会, 1996
佐木隆三『日本漂民物語』徳間書店, 1981
佐藤健正『英国住宅物語　近代のハウジングはどのようにつくられてきたか』市浦ハウジング＆プランニング, 2015
柴垣鼎太郎「鉄筋コンクリートに就いて」,『建築雑誌』19集219号, 1905
嶋田勝次「神戸和田岬における鉄筋コンクリート造（旧東京倉庫）について」日本建築学会近畿支部研究報告集, 1962
白石直治, 須山英次郎訳「神戸に於ける鐵筋混凝土倉庫（1）A ferro-concrete wartehouse at Kobe,（I）」,『建築雑誌』26巻308号, 日本建築学会, 1912
白石直治, 須山英次郎訳「神戸に於ける鐵筋混凝土倉庫 A ferro-concrete wartehouse at Kobe」,『建築雑誌』26巻311号, 日本建築学会, 1912
末広恭二「構造物振動の理論及其測定方法」,『建築雑誌』40集484号, 日本建築学会, 1926
杉谷昭『佐賀偉人伝01 鍋島直正』佐賀県立佐賀城本丸歴史館, 2010
杉山伸也『明治維新とイギリス商人　トマス・グラバーの生涯』岩波書店, 1993
関野貞『日本建築史講話』岩波書店, 1939
総合研究開発機構『子供と都市』学陽書房, 1982
曾禰達蔵「セメント及灰泥試験」,『建築雑誌』2集, 日本建築学会, 1888
曾禰達蔵「コンクリート造家屋」,『建築雑誌』6集61号, 日本建築学会, 1892
祖父江陽一「炭鉱機械化の先駆者・片山逸太」,『西日本文化』通巻460号, 一般社団法人西日本文化協会, 2012
祖父江陽一「炭鉱・機械化の先駆者・片山逸太」,『エネルギー史研究：石炭を中心として』第29号, 九州大学記録資料館産業経済資料部門, 2014
平幸治『肥前国深堀の歴史』長崎新聞社, 2002
高島町教育委員会編『端島（軍艦島）』2004
「高取伊好翁伝」（稿本）石炭研究資料叢書 №5, 九州大学石炭研究資料センター, 1984.3
高野江基太郎『日本炭礦誌』積善館支店, 1908
多田茂治『グラバー家の最期　日英のはざまで』葦書房, 1991
田中耕作『幕末の鍋島佐賀藩　10代藩主直正（閑叟）とその時代』佐賀新聞社, 2004

主な参考・引用文献（編・著者順）

Burke Gaffney Brian"HASHIMA:Ghost Island", Syowado Printhing Co.,Nagasaki, 1996

Ishii Tadahiro"The Report of Hashima Mine". Kyushu University, 1922

Sewell S. John"The Economical Design of Reinforced Concrete Floor Systems For Fire Resisting Structures". American Society of Civil Engineers. 1906 (Vol.LVI,Transactions.Paper No.1023)

Shiraishi Naoji "A New Graving Dock at Nagasaki,Japan". American Society of Civil Engineers. 1906 (Vol. LVI, No.1 Transactions.Paper No.1016)

阿久井喜孝, 滋賀秀實『軍艦島実測調査資料集』東京電機大学出版局, 1984

阿久井喜孝「軍艦島の近代建築群に関する実証的研究」1986

浅井淳『日本石炭讀本』古今書院, 1995, 復刻版

足立巻一『虹滅記』朝日新聞社, 1982

阿部公正『世界デザイン史(カラー版)』美術出版社, 1995

A.ジーボルト『ジーボルト最後の日本旅行』斎藤信訳, 平凡社 東洋文庫, 1981

アントニン・レーモンド『私と日本建築』三沢浩訳, 鹿島出版会, 1967

池上重康, 砂本文彦他『近代日本における企業社宅街の成立と展開に関する研究：金属鉱山系企業社宅街の比較分析』第一住宅建設協会, 2008

池上重康, 角哲他「大正・昭和初期の高島炭坑端島坑社宅街の変遷」日本建築学会, 2009, 学術講演梗概集

池田憲和「建築家・下田菊太郎に関する若干の考察」秋田県立博物館研究報告21号, 1996

伊藤哲夫『アドルフ・ロース』鹿島出版会, 1987

稲垣栄三『日本の近代建築 その成立過程』丸善, 1959

岩波書店編集部岩波映画製作所編『石炭』岩波書店, 2007

井上秀二『鉄筋コンクリート』丸善株式会社, 1906

宇田川勝「明治期財閥形成者の起業家精神」法政大学イネベーション・マネージメント研究センター, 2007

内田青蔵「生き続ける建築 9 保岡勝也」株式会社INAX, 2008, INAX REPORT175

内田青蔵『日本の近代住宅』鹿島出版会(改訂・新装版), 2016

越中哲也, 岡林隆敏, 堺屋修一『目で見る長崎市の100年』郷土出版社, 2002

NPO西山卯三記念すまい・まちづくり文庫編『軍艦島の生活1952/1970 住宅学者西山卯三の端島住宅調査レポート』創元社, 2015

オーギュスト・ショワジー『建築史』下巻, 桐敷真次郎訳, 中央公論美術出版, 2008

大淀昇一「明治期日本社会における先導的技術者養成機関の意義と変容(1)」島根大学教育学部紀要, 1987

オールコック『大君の都 幕末日本滞在記(上)』、岩波書店、1962

柿田清英『崩れゆく記憶—端島炭鉱閉山18年目の記録』葦書房, 1993

角哲, 池上重康他「明治期の高島炭坑端島坑の社宅街」日本建築学会, 2009, 学術講演梗概集

片寄俊秀, 赤松公人他「軍艦島の生活環境：(その1)生活環境形成史(都市計画)」日本建築学会研究報告第21号, 1974

片寄俊秀, 小林康博他「軍艦島の生活環境：(その2)島内生活管理の構造(都市計画)」日本建築学会研究報告第21号, 1974,

片寄俊秀, 藤永廣美「軍艦島の生活環境：建築経済・住宅問題」日本建築学会(大会学術講演梗概集), 1974

片寄俊秀「軍艦島の生活環境」(1〜3)日本住宅協会,『住宅』第23〜25巻, 1974

カッテンディーケ『長崎海軍伝習所の日々』水田信利訳, 平凡社, 1964

金関義則「古市公威の偉さ 1〜8」、『みすず』1974.6〜1992.12

嘉村国男『グラバー邸物語』長崎市, 1969

河合敦『岩崎弥太郎と三菱四代』幻冬舎, 2010

川内正治「シリーズわがふるさと36：『杵島炭』の名を天下にとどろかせた地元資本の雄 高取鉱業!!」,『町報おおまち』第137号, 1979

川勝平太『日本文明と近代西洋 「鎖国」再考』日本放送出版協会, 1991

川越市立博物館編『建築家保岡勝也の軌跡と川越：第37回企画展』2012

『川添硝子株式会社沿革年譜』

本文中の主な人名（五十音順）

［著者］

中村享一（なかむら・きょういち）

1951年、長崎市飽之浦生まれ。建築家。芸術工学博士。「一宇一級建築士事務所」代表。1974年、長崎造船大学工学部建築学科卒業後、白石建設株式会社に入社。1982年、福岡市で独立し「中村建築設計室」設立。1987年、松植樹の環境保護活動「はかた夢松原の会」に発足委員として参画。1997年、九州建築塾（JIA日本建築家協会九州支部）を創設、実行委員長としてプロフェッションによる建築教育を開始。2000年、「旧長崎水族館保存再生問題」を機に、建築の臨終と再生を考える「建築再生デザイン会議」を招集し、副議長を務める。2011年、長崎市に拠点を移動。2013年、「旧長崎市公会堂」の保存再生を求め「長崎都市遺産研究会」を設立、市民運動を展開。2016年、九州大学大学院にて芸術工学博士の学位取得（「明治期三菱端島坑の形成過程に関する研究～端島から軍艦島へ」）。主な受賞歴に1991年：JIA日本建築家協会オープンデザインコンペ銅賞（「長崎の都市の再構築」）、1996年：UIA 世界建築家連合バルセロナ大会公募論文「住居部門」最優秀、2003年：日本商環境設計家協会デザイン賞優秀賞（福砂屋松が枝店）、2004年：第5回JIA 環境建築賞（「E7-project」、現在シェアハウス一宇邨）

海の上の建築革命

近代の相克が生んだ超技師《スーパーエンジニア》の未来都市〈軍艦島〉

2020年9月1日　初版第1刷発行

著　者　中　村　享　一

発行者　藤　村　興　晴

発行所　忘《ぼう》　羊《よう》　社《しゃ》

〒810-0074　福岡市中央区大手門1-7-18

電　話 092-406-2036　FAX 092-406-2093

URL http://bouyousha.com

印刷・製本　シナノ・パブリッシングプレス

落丁本・乱丁本はお取替えいたします。定価はカバーに表示しています